Aktuelle Beiträge zum Öffentlichen Recht

herausgegeben von:

Rolf Gröschner
Martin Morlok
Helmuth Schulze-Fielitz

Band 8

Leistungssteigerung durch die Dienstrechtsreform 1997?

Eine Beurteilung der Wirkung von leistungsabhängigen Bezahlungselementen und der Vergabe von Ämtern mit leitender Funktion auf Zeit und Probe

Manfred Wießner

Centaurus Verlag & Media UG 2002

Zum Autor: **Manfred Wießner**, geb. 1972, studierte Rechtswissenschaften und promovierte 2002 mit dieser Arbeit an der Universität Würzburg. Er ist als Rechtsanwalt tätig.

Bibliographische Information der Deutschen Bibliothek
Die Deutsche Bibliothek verzeichnet diese Publikation in der Deutschen Nationalbibliographie; detaillierte bibliographische Daten sind im Internet über http://dnb.ddb.de abrufbar.

ISBN 978-3-8255-0392-5 ISBN 978-3-86226-432-2 (eBook)
DOI 10.1007/978-3-86226-432-2

ISSN 0941-4363

Satz: Vorlage des Autors
Umschlaggestaltung: DTP-Studio, Antje Walter, Hinterzarten

Vorwort

Die nachstehende Arbeit wurde im Wintersemester 2001/2002 von der Juristischen Fakultät der Bayerischen Julius-Maximilians-Universität zu Würzburg als Dissertation angenommen. Sie entstand von August 2000 bis September 2001.

Mein besonderer Dank gilt meinem Doktorvater Herrn Prof. Dr. Schulze-Fielitz, der mir diese Arbeit ermöglicht hat und der mir stets mit Rat und Tat zur Seite gestanden hat. Mein Dank gilt weiterhin Herrn Prof. Dr. Knemeyer für die zügige Erstellung des Zweitgutachtens.

Herzlich bedanken möchte ich mich auch bei Herrn ORR Zeisner vom Finanzamt Würzburg für den Einblick in die praktische Umsetzung der Vergabe von leistungsabhängigen Bezahlungselementen in der öffentlichen Verwaltung.

Nicht zuletzt gilt mein Dank meinen Eltern Rudolf und Honorate Wießner, die mich während meiner gesamten Ausbildung finanziell unterstützt haben, und die mir immer ein Zuhause boten, wo ich neue Kraft für meinen weiteren Lebensweg schöpfen konnte; ihnen ist diese Arbeit gewidmet.

Würzburg, im Juli 2002 Manfred Wießner

Gliederung

Literaturverzeichnis

Achterberg, Norbert, Das Leistungsprinzip im öffentlichen Dienstrecht, DVBl. 1977, S. 541-550.

Allgaier, Edwin, Gaußsche Normalverteilung und dienstliche Beurteilung, DÖD 1990, S. 27-31.

ders., Statistik als Entscheidungshilfe bei Beurteilungen, ArchPF 1979, S. 25-39.

Badura, Peter, Die hoheitlichen Aufgaben des Staates und die Verantwortung des Berufsbeamtentums, ZBR 1996, S. 321-327.

Battis, Ulrich, Beamtenrecht, in: Achterberg, Norbert/Püttner, Günter(Hrsg.), Besonderes Verwaltungsrecht, Band I, Heidelberg 1990, S. 899-970.
Zit.: *Battis*, in: Achterberg/Püttner(Hrsg.).

ders., Berufsbeamtentum und Leistungsprinzip, ZBR 1996, S. 193-198.

ders., Bundesbeamtengesetz, Kommentar, 2. Auflage, München 1997.

ders., Ein Aktionsprogramm zur Dienstrechtsreform?, DVBl. 1977, S. 663-668.

ders., Entwicklung des Beamtenrechts im Jahr 1997, NJW 1998, S. 1033-1039.

Battis, Ulrich/Schlenga, Hans Dieter, Die Verbeamtung der Lehrer, ZBR 1995, S. 253-260.

Bayer, Detlef, Ämter mit leitender Funktion, PersV 1999, S. 338-356.

Behrens, Fritz, Kostencontrolling und Haushaltsflexibilisierung als Instrumente einer modernen Justiz und Verwaltung, ZRP 1998, S. 386-388.

Beus, Hans-Bernd, Der öffentliche Dienst im Wandel, PersV 1998, S. 37-43.

Beus, Hans-Bernd/Bredendiek, Knut, Das Gesetz zur Reform des öffentlichen Dienstrechts, ZBR 1997, S. 201-206.

Bischof, Hans Helmut, Schlanker Staat – Große oder Vernünftige Justizreform, ZRP 1999, S. 353-356.

Böhm, Monika, Besetzung von Spitzenpositionen auf Zeit, DÖV 1996, S. 403-409.

dies., Leistungsanreize im öffentlichen Dienst im internationalen Vergleich, ZBR 1997, S. 101-107.

Böhmer, Wilhelm/Pfeifer, Karl-Heinz, Zur Wahl des Schulleiters und zu seiner Bestellung auf Zeit, ZBR 1975, S. 37-44.

Bönders, Thomas, Neue Leistungselemente in der Besoldung – Anreiz oder Flop?, ZBR 1999, S. 11-21.

Brede, Helmut, Möglichkeiten und Grenzen finanzieller Leistungsanreize im öffentlichen Dienst, in: Schanz, Günther(Hrsg.), Handbuch Anreizsysteme, Stuttgart 1991, S. 1129-1145.
Zit.: *Brede*, in: Schanz(Hrsg.).

Bredendiek, Knut/Meier, Wolfgang, Die Novelle des öffentlichen Dienstrechts: Reform oder Reförmchen?, NVwZ 1996, S. 444-450.

Busse, Peter, Spitzenpositionen von Beamten auf Zeit?, VR 1977, S. 337-341.

Clauß, Thomas, Budgetierung im Neuen Steuerungsmodell -Ein systematischer Überblick-, VR 1998, S. 418-420.

Clemens, Horst/Millack, Christian/Engelking, Helmut/Lantermann, Heinrich/Henkel, Karl-Heinz, Besoldungsrecht des Bundes und der Länder, Kommentar, Stuttgart (u. a.) Stand: August 2000 (55. Ergänzungslieferung).

Comelli, Gerhard/von Rosenstiel, Lutz, Führung durch Motivation – Mitarbeiter für Organisationsziele gewinnen, München 1995.

Dreier, Horst, Grundgesetz, Kommentar, Band II (Art. 20 – 82), Tübingen 1998.

Drumm, Hans Jürgen, Personalwirtschaftslehre, 3. Auflage, Berlin (u. a.) 1995.

Dulisch, Frank, Leistungsprämien als Motivationsanreiz im öffentlichen Dienst, VR 1996, S. 50-56.

Ellwein, Thomas, Führungsstruktur im Bundesland, DÖV 1987, S. 464-474.

Els, Stefan, Mitarbeitermotivation in der Beamtenschaft, RiA 1997, S. 162-169.

Erichsen, Hans-Uwe, Zur Verfassungswidrigkeit der Abwahl kommunaler Wahlbeamter, DVBl. 1980, S. 723-730.

Eyermann, Erich, Verwaltungsgerichtsordnung, Kommentar, 11. Auflage, München 2000.

Feindt, Erich, Arbeit und Leistung als Bestimmungsfaktoren des Beamtenlebens, ZBR 1977, S. 37-59.

Festinger, Leon, Theorie der kognitiven Dissonanz, in: Irle, Martin/Möntmann, Volker(Hrsg.), Bern (u. a.) 1978, S. 15-273.
Zit.: *Festinger*, in: Irle/Möntmann(Hrsg.).

Finkelnburg, Klaus, Über die Konkurrentenklage im Beamtenrecht, DVBl. 1980, S. 809-813.

Finkelburg, Klaus/Jank, Klaus Peter, Vorläufiger Rechtsschutz im Verwaltungsstreitverfahren, 4. Auflage, München 1998.

Fleig, Meinrad, Für eine „Ehe auf Zeit“ im Beamtenrecht, ZRP 1997, S. 177-180.

Fürst, Walther, Gesamtkommentar Öffentliches Dienstrecht, Band I (Beamtenrecht des Bundes und der Länder), Berlin Stand: Oktober 2000 (Ergänzungslieferung 8/2000).
Zit.: *Bearbeiter*, in: Fürst, GKÖD, Band I.

Fürst, Walther/Strecker, Arved, Beamtenrecht einschließlich Disziplinar- und Personalvertretungsrecht, Heidelberg 1987.

Ganßer, Walter, Mitarbeitermotivation – Förderung durch nicht-monetäre Faktoren, ZBR 1996, S. 304-309.

Gebert, Diether/von Rosenstiel, Lutz, Organisationspsychologie, 4. Auflage, Stuttgart (u. a.) 1996.

Göser, Hans/Schlatmann, Arne, Leistungsbezahlung in der Besoldung, München/Berlin 1998.

Gößler, Gerhard, Erfolgreiche Behörden; eine empirische Untersuchung des Rechnungshofs Baden-Württemberg über Erfolgsmerkmale, VerwArch 1995, S. 152-171.

Götz, Volkmar, Allgemeines Polizei- und Ordnungsrecht, 12. Auflage, Göttingen 1995.

ders., Innere Sicherheit, in: Isensee, Josef/Kirchhof, Paul, Handbuch des Staatsrechts, Band III, 2. Auflage, Heidelberg 1996, § 79, S. 1007-1035.
Zit.: *Götz*, in: Isensee/Kirchhof(Hrsg.), § 79.

von Golitschek, Herbert, Einstweiliger Rechtsschutz bei beamtenrechtlichen Auswahlentscheidungen, ThürVBl. 1996, S. 1-8.

Günther, Albert, Stärkung des Leistungsgesichtspunkts im Rahmen der Reform des öffentlichen Dienstrechts, VR 1997, S. 51-57.

Günther, Hellmuth, Führungsämter auf Zeit: unendliche Geschichte?, ZBR 1996, S. 65-82.

Haller, Robert, Privatisierung öffentlicher Aufgaben -Juristische Möglichkeiten und Schranken neuer Organisationsformen im öffentlichen Sektor-, DÖD 1997, S. 97-104.

Hammer, Felix, Private Sicherheitsdienste, staatliches Gewaltmonopol, Rechtsstaatsprinzip und „schlanker Staat", DÖV 2000, S. 613-621.

Happe, Rolf, Dienstliche Beurteilung und gleicher Beurteilungsmaßstab – Reflexionen über die Einführung eines einheitlichen Richtwerts, RiA 1978, S. 81-87.

Heckhausen, Heinz, Motivation: Kognitionspsychologische Aufspaltung eines summarischen Konstrukts, Psychologische Rundschau 1977, S. 175-189.

ders., Motivation und Handeln, 2. Auflage, Berlin (u. a.) 1989.

Herber, Otto, Beurteilung in der öffentlichen Verwaltung, PersV 1997, S. 8-20.

Herzberg, Frederick/Mausner, Bernhard/Syndermann, Barbara B., The motivation to work, 2. edition, New York (u. a.) 1966.

Hofmann, Reinhard, Das britische Modell der leistungsorientierten Beamtenbesoldung -Performance Related Pay System-, DÖV 1992, S. 347-351.

Isensee, Josef, Beamtentum – Sonderstatus in der Gleichheitsgesellschaft, ZBR 1988, S. 141-152.

Jann, Werner, Zukünftige Strukturen des öffentlichen Dienstes, in: Battis, Ulrich/Jann, Werner(Hrsg.), Rechtsfragen des öffentlichen Dienstes, Leipzig 1996, S. 33-49.
Zit.: *Jann*, in: Battis/Jann(Hrsg.).

Jarass, Hans/Pieroth, Bodo, Grundgesetz für die Bundesrepublik Deutschland, Kommentar, 5. Auflage, München 2000.

Keller, Josef A., Grundlagen der Motivation, München (u. a.) 1981.

Kernbach, Uwe, Die Rechtsschutzmöglichkeiten des unterlegenen Konkurrenten im beamtenrechtlichen Ernennungsverfahren, Tübingen 1994.

Kewenig, Wilhelm A., (Grund-)rechtliche Fundierung des Berufsbeamtentums aus heutiger Sicht, in: Lückerath, Carl August(Hrsg.), Berufsbeamtentum und Beamtenorganisation, Köln (u. a.) 1987, S. 17-34.
Zit.: *Kewenig*, in: Lückerath(Hrsg.).

Klages, Helmut, Verwaltungsmodernisierung „harte" und „weiche" Aspekte II, Speyer 1998.
Zit.: *Klages*, Verwaltungsmodernisierung II.

Klages, Helmut/Gensicke, Thomas, Anreize als Instrument der Motivierung von Mitarbeitern, in: Klages, Helmut(Hrsg.), Verwaltungsmodernisierung „harte" und „weiche" Aspekte II, Speyer 1998, S. 97-107.
Zit.: *Klages/Gensicke*, in: Klages(Hrsg.).

Klages, Helmut/Hippler, Gabriele, Führung und Arbeitsmotivation in Kommunalverwaltungen, Gütersloh 1989.

Klatt, Hartmut, Auf dem Weg zum Schlanken Staat, ZBR 1998, S. 381-383.

Klinkhardt, Volker, Dienstliche Beurteilungen, Beförderungsentscheidungen, Dienstpostenbewertungen – Rechtsschutz gegen Benachteiligungen der beruflichen Entwicklung, 2. Auflage, Bonn 1985.

Knack, Hans Joachim, Verwaltungsverfahrensgesetz, Kommentar, 7. Auflage, Köln (u a.) 2000.

Knaier, Werner, Kommunales Haushalts- und Dienstrecht im Wandel der Verwaltungsmodernisierung – Auswirkungen der neuen Steuerungsmodelle in der Kommunalverwaltung, Baden-Baden 1999.
Zit.: *Knaier*, Kommunales Haushalts- und Dienstrecht.

Koch, Rainer, Leistungsorientierte Mitarbeiterführung in der öffentlichen Verwaltung, in: Schanz, Günther(Hrsg.), Handbuch Anreizsysteme, Stuttgart 1991, S. 1167-1183.
Zit.: *Koch*, in: Schanz(Hrsg.).

Köhler, Gerd Michael, Richtwerte, Regelprädikate und Ranglisten im beamtenrechtlichen Beurteilungswesen, RiA 1990, S. 11-14.

König, Klaus, Zur Managerialisierung und Ökonomisierung der öffentlichen Verwaltung, Speyer 2000.

König, Klaus/Kroppenstedt, Franz, Neutralisierung der Bürokratie -Zum Problem der Spitzenpositionen auf Zeit im öffentlichen Dienst-, ZfP 1977, S. 240-261.

Kohler, Joachim/Teufel, Gerhard, Reform der Landesverwaltung in Baden-Württemberg, DÖV 1995, S. 1051-1058.

Kopp, Ferdinand O./Ramsauer, Ulrich, Verwaltungsverfahrensgesetz, Kommentar, 7. Auflage, München 2000.

Kopp, Ferdinand O./Schenke, Wolf-Rüdiger, Verwaltungsgerichtsordnung, Kommentar, 12. Auflage, München 2000.

Krauss-Hoffmann, Peter, Leistungsorientiertes Entgelt im öffentlichen Dienst, VR 2001, S. 89-93.

Krutzmann, Karl, Zur Überprüfung dienstlicher (Erst-)beurteilungen im Verwaltungsverfahren, ZBR 1982, S. 41-43.

Kube, Hanno, Neue Steuerung im Haushaltsrecht – Ein Kompetenzgefüge außer Balance?, DÖV 2000, S. 810-818.

Kübler, Hartmut, Das Bonner Modell der Personalbeurteilung -Neuer Wein in alten Schläuchen?-, DÖV 1984, S. 92-99.

Lecheler, Helmut, Das Laufbahnprinzip – Seine Entwicklung, seine rechtliche Grundlage und Bedeutung für das Berufsbeamtentum, Düsseldorf 1981.

ders., Der öffentliche Dienst, in: Isensee, Josef/Kirchhof, Paul(Hrsg.), Handbuch des Staatsrechts, Band III, 2. Auflage, Heidelberg 1996, § 72, S. 717-773.
Zit.: *Lecheler*, in: Isensee/Kirchhof(Hrsg.), § 72.

ders., Die Fürsorgepflicht des Dienstherrn – Eigenständiges Rechtsinstitut oder Brücke zum Arbeitsrecht?, ZBR 1972, S. 129-140.

ders., Die Zukunft des Berufsbeamtentums, ZBR 1996, S. 1-6.

ders., Reform oder Deformation? – Zu den „Februar-Reformen" des öffentlichen Dienstrechts, ZBR 1997, S. 206-211.

ders., Vertrauensschutz bei der Beamtenbesoldung und Beamtenversorgung, ZBR 1990, S. 1-6.

Leibholz, Gerhard/Rinck, Hans-Justus/Hesselberger, Dieter, Grundgesetz, Kommentar an Hand der Rechtsprechung des Bundesverfassungsgerichts, Stand: Juli 2000 (37. Ergänzungslieferung).

Leisner, Walter, Legitimation des Berufsbeamtentums aus der Aufgabenerfüllung, Bonn 1988.

ders., Leitungsämter auf Zeit, ZBR 1996, S. 289-298.

ders., Personaleinsparungen ohne Aufgabenreduktion?, ZBR 1998, S. 73-84.

Lemhöfer, Bernt, Die dienstliche Beurteilung im Beamtenrecht, DÖD 1971, S. 224-227.

Leuze, Dieter, Die politischen Pflichten des Beamten in Theorie und Praxis, DÖD 1994, S. 125-136.

Lindemann, Peter, Schlanker Staat und Justiz, ZRP 1999, S. 200-205.

Löhr, Ulrike/Schöneich, Michael, Verwaltungsmodernisierung und notwendige Änderungen des Dienstrechts, VR 1995, S. 188-193.

Lorse, Jürgen, Was leistet das Reformgesetz?, RiA 1998, S. 1-9.

Loschelder, Wolfgang, „Systemgerechte Regelung" – Sachargument oder Leerformel der Dienstrechtsdiskussion?, ZBR 1978, S. 133-138.

Manssen, Gerrit, Der Funktionsvorbehalt des Art. 33 Abs. 4 GG -Anmerkungen zu einem verfassungsrechtlichen Dauerproblem-, ZBR 1999, S. 253-257.

Martens, Wolfgang, Wandlungen im Recht der Gefahrenabwehr, DÖV 1982, S. 89-98.

Maslow, Abraham H., Motivation und Persönlichkeit, 2. Auflage, Olten 1978.

Maunz, Theodor/Dürig, Günter, Grundgesetz, Kommentar, München Stand: Oktober 1999 (36. Ergänzungslieferung).

Mayer, Franz, Besitzstandsschutz im öffentlichen Dienst, DÖV 1977, S. 347-350.

ders., Konturen einer künftigen Entwicklung des Rechts des öffentlichen Dienstes, BayVBl. 1977, S. 533-539.

Meyer-Teschendorf, Klaus G./Hofmann, Hans, Eine neue Balance zwischen rechtsstaatlicher Sicherheit und Optimierung der Justiz – Vorschläge des Sachverständigenrates „Schlanker Staat" zur Modernisierung und Entlastung der Justiz, ZRP 1998, S. 132-138.

Millack, Christian/Summer, Rudolf, Besoldungsrecht im Spiegel gesellschaftlicher Einflüsse, ZBR 1978, S. 138-152.

Müller, Richard, Der Bestandsschutz des Unterhaltsrechts der Beamten im Grundgesetz, Berlin 1997.

von Münch, Ingo/Kunig, Philip, Grundgesetz-Kommentar, Band 1 (Präambel. Art. 1 bis 19), 5. Auflage, München 2000 + Band 2 (Art. 21 bis Art. 69), 3. Auflage, München 1995.

Neßler, Volker, Führungspositionen auf Zeit, RiA 1997, S. 157-162.

Neumann, Manfred, Zum Ansehensverlust der öffentlichen Verwaltung, DÖD 1999, S. 145-150.

Oechsler, Walter A./Vaanholt, Silke, Dienstrechtsreform – klein, aber auch nicht fein, DBW 1997, S. 529-540.

Penski, Ulrich, Staatlichkeit öffentlicher Verwaltung und ihre marktmäßige Modernisierung
-Vereinbarkeit oder Widerspruch?-, DÖV 1999, S. 85-96.

Pickuth, Harald, Kritische Bemerkungen zur Reform des dienstlichen Beurteilungswesens -unter besonderer Berücksichtigung rechtlicher Aspekte-, ArchPF 1975, S. 91-132.

Plamper, Harald, Leistungsprämien in Kommunen, Der Städtetag 1994, S. 797-799.

Rauth, Stefan, Leistungsbezogenes Entgelt für den öffentlichen Dienst, 2. Auflage, München 1998.

Redeker, Konrad/von Oertzen, Hans-Joachim, Verwaltungsgerichtsordnung, Kommentar, 13. Auflage, Stuttgart (u. a.) 2000.

Reichard, Christoph, Motivationsförderungssysteme in der öffentlichen Verwaltung, in: Klages, Helmut(Hrsg.), Öffentliche Verwaltung im Umbruch – neue Anforderungen an Führung und Arbeitsmotivation, Gütersloh 1990, S. 56-74.
Zit.: *Reichard*, in: Klages(Hrsg.).

Reinermann, Heinrich, Das Internet und die öffentliche Verwaltung -Von der bürokratischen zur interaktiven Verwaltung-, DÖV 1999, S. 20-25.

Richter, Manfred, Personalführung – Grundlagen und betriebliche Praxis, 4. Auflage, Stuttgart 1999.

Rheinberg, Falko, Motivation, 3. Auflage, Stuttgart (u. a.) 2000.

Ritter, Ernst-Hasso, Das Recht als Steuerungsmedium im kooperativen Staat, in: Grimm, Dieter(Hrsg.), Wachsende Staatsaufgaben – sinkende Steuerungsfähigkeit des Rechts, Baden-Baden 1990, S. 69-112.
Zit.: *Ritter,* in: Grimm(Hrsg.).

Rittmeier, Bernd, Berufserwartung und Arbeitszufriedenheit im öffentlichen Dienst – Ausgewählte Ergebnisse der empirischen Verwaltungsforschung, in: Klages, Helmut/Schäfer, Peter(Hrsg.), Leistungsmotivation und Leistungsanreize im öffentlichen Dienst, Speyer 1985, S. 41-77.
Zit.: *Rittmeier,* in: Klages/Schäfer(Hrsg.).

Röhl, Klaus F., Justiz als Wirtschaftsunternehmen – Budgetierung, Controlling und Professionalisierung der Justizverwaltung, DRiZ 2000, S. 220-230.

Ronellenfitsch, Michael, Der vorläufige Rechtsschutz im beamtenrechtlichen Konkurrentenstreit, VerwArch 1991, S. 121-143.

von Rosenstiel, Lutz, Die motivationalen Grundlagen des Verhaltens in Organisationen – Leistung und Zufriedenheit, Berlin 1975.
Zit.: *von Rosenstiel,* Motivationale Grundlagen.

Rüfner, Wolfgang, Daseinsvorsorge und soziale Sicherheit, in: Isensee, Josef/Kirchhof, Paul(Hrsg.), Handbuch des Staatsrechts, Band III, 2. Auflage, Heidelberg 1996, § 80, S. 1037-1085.
Zit.: *Rüfner,* in: Isensee/Kirchhof(Hrsg.), § 80.

Sangmeister, Diethelm, Einführung des Verwaltungscontrollings in die öffentliche Verwaltung des Landes Nordrhein-Westfalen -Kritische Betrachtung am Beispiel einer Bezirksregierung-, DÖD 1996, S. 190-192.

Sauter, Alfred, Die neue Bauordnung und der „schlanke Staat“, BayVBl. 1998, S. 2-7.

Schaefer, Rolf, Die dienstliche Beurteilung -Probleme, Entwicklungen, Lösungsmöglichkeiten-, ZBR 1983, S. 173-180.

Scheuring, Ottheinz, Spitzenpositionen auf Zeit, PersV 1978, S. 59-65.

Schindler, Gerhard, Modernisierung des Personaleinsatzes, in: König, Klaus/Füchtner, Natascha(Hrsg.), Verwaltungsmodernisierung im Bund – Schwerpunkte der 13. Legislaturperiode, Speyer 1999, S. 51-81.
Zit.: *Schindler*, in: König/Füchtner(Hrsg.).

Schlatmann, Arne, Leistungsbezahlung im öffentlichen Dienst -Eine neue Aufgabe für Führungskräfte und Personalvertretungen-, PersV 1999, S. 109-118.

Schmitt-Kammler, Arnulf, Konkurrentenklage im Beamtenrecht? -Ein Beitrag zum Arbeitskreis V des 6. Deutschen Verwaltungsrichtertages-, DÖV 1980, S. 285-292.

Schneider, Klaus/Schmalt, Hans-Dieter, Motivation, 3. Auflage, Stuttgart 2000.

Schnellenbach, Helmut, Beamtenrecht in der Praxis, 4. Auflage, München 1998.

ders., Das Gesetz zur Reform des öffentlichen Dienstrechts (Reformgesetz), NVwZ 1997, S. 521-526.

ders., Die dienstliche Beurteilung der Beamten und der Richter, 2. Auflage, Heidelberg 1995.

ders., Leistungsprämien und Leistungszulagen im öffentlichen Dienst, DVBl. 1995, S. 1153-1158.

ders., Öffentliches Dienstrecht im Umbruch -Statusfragen und Leistungselemente-, ZBR 1998, S. 223-229.

ders., Richtwertvorgaben bei dienstlichen Beurteilungen, DÖD 1999, S. 1-7.

Schütz, Erwin, Die dienstliche Beurteilung im Beamtenrecht, DÖD 1971, S. 121-126.

ders., Übertragung von Spitzenpositionen auf Zeit, DÖD 1977, S. 241-243.

Schwab, Siegfried, Instrumentelle Steuerungsinstrumente eines modernen Verwaltungsmanagements, DÖD 1995, S. 57-61.

Schwandt, Eberhard Ulrich, Übertragung von Beförderungsämtern auf Zeit aus verfassungsrechtlicher Sicht, ZBR 1976, S. 205-212.

Schwegmann, Bruno/Summer, Rudolf, Bundesbesoldungsgesetz, Kommentar, München Stand: 1. Mai 2000 (92. Ergänzungslieferung).

Siedentopf, Heinrich, Führungsfunktionen auf Zeit in der staatlichen Verwaltung, DÖV 1985, S. 1033-1042.

Sprenger, Reinhard K., Mythos Motivation -Wege aus einer Sackgasse-, 16. Auflage, Frankfurt a. M./New York 1999.

Staehle, Wolfgang H., Management, 8. Auflage, München 1999.

Stern, Klaus, Das Staatsrecht der Bundesrepublik Deutschland, Band I, Grundbegriffe und Grundlagen des Staatsrechts, Strukturprinzipien der Verfassung (§§ 1-24), 2. Auflage, München 1984 + Band III, 1. Halbband, Allgemeine Lehren der Grundrechte (§§ 58-76), München 1988.
Zit.: *Stern*, Staatsrecht.

Stein, Ekkehart/Götz, Frank, Staatsrecht, 17. Auflage, Tübingen 2000.

Stelkens, Paul/Bonk, Heinz Joachim/ Sachs Michael, Verwaltungsverfahrensgesetz, Kommentar, 5. Auflage, München 1998.

Stoermer, Siegfried, Das Verhältnis von Leistung und Besoldung im öffentlichen Dienst zwingt zu Reformen, PersV 1997, S. 102-106.

Studenroth, Stefan, Zeitlich begrenzte Ernennungen im Beamtenrecht -Zur Zulässigkeit und Notwendigkeit der Vergabe von Führungspositionen auf Zeit im Rahmen der Dienstrechtsreform-, ZBR 1997, S. 212-224.

Studienkommission für die Reform des öffentlichen Dienstrechts, Bericht, Baden-Baden 1973.
Zit. Studienkommission 1973, Bericht.

Studienkommission für die Reform des öffentlichen Dienstrechts, Anlageband 5, *Forsthoff, Ernst/von Münch, Ingo/Schick, Walter/Thieme, Werner/Ule, Carl Hermann/Mayer, Franz*, Verfassungsrechtliche Grenzen einer Reform des öffentlichen Dienstrechts, Baden-Baden 1973.
Zit.: Studienkommission 1973, Anlageband 5.

Studienkommission für die Reform des öffentlichen Dienstrechts, Anlageband 7, *Luhmann, Niklas/Mayntz, Renate*, Personal im öffentlichen Dienst - Eintritt und Karrieren -, Baden-Baden 1973.
Zit.: Studienkommission 1973, Anlageband 7.

Studienkommission für die Reform des öffentlichen Dienstrechts, Anlageband 10, *Triebe, Johannes K./Fischer, Hardi/Ulich, Eberhard*, Auswahl von Bewerbern für den öffentlichen Dienst, Bericht des Arbeitskreises zur Bewertung von Eignung und Leistung, Bericht des Arbeitskreises Dienstpostenbewertung, Baden-Baden 1973.
Zit.: Studienkommission 1973, Anlageband 10.

Summer, Rudolf, Die hergebrachten Grundsätze des Berufsbeamtentums – ein Torso, ZBR 1992, S. 1-6.

ders., Die Spitzenposition auf Zeit im Beamtenrecht – verfassungskonforme Fortentwicklung oder grundgesetzwidriger Systemeinbruch?, DÖV 1986, S. 713-721.

ders., Gedanken zu den „Besoldungsprivilegien“, ZBR 1984, S. 57-63.

ders., Leistungsanreize/Unleistungssanktionen, ZBR 1995, S. 125-138.

ders., Neue Aspekte zur Fürsorgepflicht – Einerseits Entzauberung, andererseits weitere Anwendungen, ZBR 1998, S. 151-154.

ders., Nochmals: Funktionen auf Zeit, ZBR 1997, S. 119-121.

Summer, Rudolf/Rometsch, Gerd, Alimentationsprinzip gestern und heute, ZBR 1981, S. 1-20.

Thiele, Willi, Alimentationsgrundsatz – wesentlicher Grundsatz des Berufsbeamtentums oder bloße Leerformel des Beamtenrechts?, DVBl. 1981, S. 253-259.

Thieme, Werner, Deutsches Hochschulrecht, 2. Auflage, Köln (u. a.) 1986.

ders., Führungsämter auf Zeit in der öffentlichen Verwaltung, DÖV 1987, S. 933-943.

ders., Verwaltungslehre, 4. Auflage, Köln (u. a.) 1984.

Tondorf, Karin, Leistungszulagen als Reforminstrument? – Neue Lohnpolitik zwischen Sparzwang und Modernisierung, Berlin 1995.

Ule, Carl Hermann, Befristete Übertragung von Führungspositionen in der staatlichen Verwaltung?, ZBR 1987, S. 1-9.

ders., Öffentlicher Dienst, in: Bettermann, Karl August/Nipperdey, Hans Carl(Hrsg.), Die Grundrechte – Handbuch der Theorie und Praxis der Grundrechte, Vierter Band, 2. Halbband, Berlin 1962, S. 537-671.
Zit.: *Ule*, in: Bettermann/Nipperdey(Hrsg.).

ders., Rechtsstaat und Verwaltung, VerwArch 1985, S. 129-157.

ders., Übertragung von Spitzenpositionen auf Zeit, DVBl. 1986, S. 1029-1031.

Vroom, Victor H., Work and motivation, Second printing, New York (u. a.) 1996.

Wächter, Hartmut, Lohnanreiz und Arbeitsmotivation, in: Emmerich, Knut/Hardes, Heinz-Dieter/Sadowski, Dieter/Spitznagel, Eugen(Hrsg.), Einzel- und gesamtwirtschaftliche Aspekte des Lohnes, Nürnberg 1989, S. 39-51.
Zit.: *Wächter*, in: Emmerich/Hardes/Sadowski/Spitznagel(Hrsg.).

ders., Tendenzen der betrieblichen Lohnpolitik in motivationstheoretischer Sicht, in: Schanz, Günther(Hrsg.), Handbuch Anreizsysteme, Stuttgart 1991, S. 195-214.
Zit.: *Wächter*, in: Schanz(Hrsg.).

Weiß, Hans-Dietrich, Das Alimentationsprinzip in den Grenzen seiner beschränkenden Wirkungen, ZBR 1972, S. 289-300.

Weiß, Hans/Niedermaier, Franz, Bayerisches Beamtengesetz mit beamtenrechtlichen Nebengesetzen und Vollzugsvorschriften, Kommentar, München/Berlin Stand: 01.Juli 2000 (110. Ergänzungslieferung).

Wichmann, Manfred, Parteipolitische Patronage -Vorschläge zur Beseitigung eines Verfassungsverstoßes im Bereich des öffentlichen Dienstes-, ZBR 1988, S. 365-380.

Wiese, Walter, Beamtenrecht, 3. Auflage, Köln 1988.

Wilke, Ulrich, Zielorientierung in Kommunalverwaltungen, VR 2000, S. 124-128.

Wiswede, Günter, Motivation und Arbeitsverhalten: Organisationspsychologische und industriesoziologische Aspekte der Arbeitswelt, München/Basel 1980.

Wittkowski, Bernd, Die Konkurrentenklage im Beamtenrecht (unter besonderer Berücksichtigung des vorläufigen Rechtsschutzes), NJW 1993, S. 817-823.

Wood, Robert, Private pay for public work – Performance-related pay for public sector managers, Paris 1993.

Ziemske, Burkhardt, Alimentation und Arbeitszeit, ZBR 2001, S. 1-6.

ders., Öffentlicher Dienst zwischen Bewahrung und Umbruch, DÖV 1997, S. 605-616.

I. Einleitung

Das Schlagwort „Schlanker Staat“ ist im Rahmen leerer öffentlicher Kassen immer mehr Thema der Diskussion in den Medien und auch in der juristischen Literatur geworden[1]. Wie der Begriff „Schlanker Staat“ schon erkennen läßt, geht es im Kern darum, den Staatsapparat zu verkleinern und die Ausgaben für diesen Bereich zu senken, wobei mit Staatsapparat in diesem Sinne vor allem der Bereich der Verwaltung gemeint ist.

Um dieses Ziel zu erreichen, bieten sich verschiedene Möglichkeiten: Zum einen kann der Staat bestimmte Aufgaben, die er bisher in hoheitlicher Form wahrgenommen hat, der privaten Wirtschaft übertragen. Beispiele hierfür sind vor allem die Privatisierung von Post und Bahn. Einem derartigen Vorgehen stehen allerdings verfassungsrechtliche Grenzen gegenüber, da gewisse Aufgaben, vor allem der Bereich der Eingriffsverwaltung, ausschließlich dem Staat vorbehalten sind. Dabei handelt es sich um sogenannte hoheitsrechtliche Befugnisse, die nach Art. 33 Abs. 4 GG als ständige Aufgabe in der Regel Angehörigen des öffentlichen Dienstes zu übertragen sind, die in einem öffentlichen Dienst- und Treueverhältnis stehen[2].

Aus diesem Grund konzentriert sich die angesprochene Diskussion auch mehr und mehr auf die Frage, mit welchen Maßnahmen man die Effizienz und Effektivität der Verwaltung steigern kann, um die von der Legislative definierten staatlichen Aufgaben kostengünstiger erledigen zu können. Gefordert wird zum einen eine grundlegende Umgestaltung der bestehenden Verwaltungsorganisation, wobei verstärkt betriebswirtschaftliche Elemente berücksichtigt werden sollen. Die in dieser Hinsicht gemachten Vorschläge lassen sich überwiegend den Begriffen Budgetierung, Zielvereinbarung, Controlling und Dezentralisierung zuordnen, welche wiederum unter dem Oberbegriff „Neues Steuerungsmodell“ zusammengefaßt werden können[3].

---

[1] Mit dem Thema „Schlanker Staat“ befassen sich sehr viele Veröffentlichungen in der juristischen Fachliteratur der letzten Jahre, so z. B. *Klatt*, ZBR 1998, S. 381 ff.; *Haller*, DÖD 1997, S. 97 ff.; *Meyer-Teschendorf/Hofmann*, ZRP 1998, S. 132 ff.; *Bischof*, ZRP 1999, S. 353 ff.; *Hammer*, DÖV 2000, S. 613 ff.; *Sauter*, BayVBl. 1998, S. 2 ff.; *Lindemann*, ZRP 1999, S. 200 ff.

[2] Nach ganz h. M. sind damit Beamte i. S. des Art. 33 Abs. 5 GG gemeint. Vgl. z. B. *Lübbe-Wolf*, in: Dreier, Grundgesetz, Art. 33, Rn. 56; *Maunz*, in: Maunz/Dürig, Grundgesetz, Art. 33, Rn. 39; *Pieroth*, in: Jarass/Pieroth, Grundgesetz, Art. 33, Rn. 30; *Manssen*, ZBR 1999, S. 254; *Battis/Schlenga*, ZBR 1995, S. 254.

[3] Vgl. zu dieser Thematik z. B. die Veröffentlichungen von *Sangmeister*, DÖD 1996, S. 190 ff.; *Schwab*, DÖD 1995, S. 57 ff.; *König*, Zur Managerialisierung und Ökonomisierung der öffentlichen Verwaltung; *Penski*, DÖV 1999, S. 85 ff.; *Kube*, DÖV 2000, S. 810 ff.; *Clauß*, VR 1998, S. 418 ff.; *Röhl*, DRiZ 2000, S. 220 ff.; *Wilke*, VR 2000, S. 124 ff.; *Behrens*, ZRP 1998, S. 386 ff.

Eine andere Ebene betrifft die Modernisierung des Personalsektors in der öffentlichen Verwaltung. Zur Stärkung von Effizienz und Effektivität der Verwaltung wurde bereits seit langem eine Umgestaltung des Dienstrechts der Beamten gefordert. Mit Beschluß vom 27. Februar 1970 hat der Deutsche Bundestag die Bundesregierung ersucht, „eine Kommission unabhängiger Fachleute zu berufen, die ... Vorschläge für eine zeitgemäße Weiterentwicklung eines modernen öffentlichen Dienstes unterbreitet“[4]. Daraufhin hat die Bundesregierung den Bundesminister des Innern mit der Bildung einer entsprechenden Kommission beauftragt[5]. Diese „Studienkommission für die Reform des öffentlichen Dienstrechts“ machte in ihrem Bericht im Jahr 1973 entsprechende Vorschläge, die jedoch in der unmittelbaren Folgezeit nicht umgesetzt wurden.

Erst im Jahr 1994 wurde von der Bundesregierung ein neuer erfolgversprechender Vorstoß unternommen, als diese ihren sogenannten Perspektivbericht vorlegte, den das Bundeskabinett in seiner Sitzung vom 19. Juli 1994 beschlossen hatte[6]. Die in diesem Bericht vorgeschlagenen Maßnahmen zur Reformierung des öffentlichen Dienstrechts führten schließlich dazu, daß am 24. Februar 1997 das Gesetz zur Reform des öffentlichen Dienstrechts verabschiedet wurde[7], das am 01. Juli 1997 in Kraft trat. Das Reformgesetz eröffnet unter anderem die Möglichkeit einer leistungsabhängigen Bezahlung (in Form von Leistungsstufen/Verbleiben in der bisherigen Grundgehaltsstufe, Leistungszulagen und Leistungsprämien) und die Vergabe von Führungspositionen auf Zeit und auf Probe. Die Bundesregierung weist in ihrer Begründung zum Entwurf des Gesetzes ausdrücklich darauf hin, daß die angesprochenen Neuerungen zur Stärkung des Leistungsgedankens beitragen sollen[8].

Die nachstehende Arbeit soll nun untersuchen, inwieweit die angesprochenen Neuerungen tatsächlich geeignet sind, den Leistungsgedanken in der Verwaltung verstärkt zur Geltung zu bringen und die Beamten verstärkt zur Leistung zu motivieren. Dabei soll insbesondere auch auf Probleme eingegangen werden, die die neuen Instrumente an sich und ihre rechtliche und praktische Umsetzung in der Bundesverwaltung und

---

[4] Vgl. BR-Drs. 116/70.
[5] Studienkommission 1973, Bericht, Rn. 1.
[6] Bericht der Bundesregierung über die Fortentwicklung des öffentlichen Dienstrechts -Perspektivbericht-; *Beus/Bredendiek*, ZBR 1997, S. 201.
[7] BGBl. I, 1997, 322 ff.
[8] BT-Drs. 13/3994, S. 1 und S. 27.

in der Verwaltung des Freistaates Bayern betreffen. Im Rahmen dieser Untersuchung werden auch einzelne Aspekte des Beurteilungswesens angesprochen, weil die Beurteilungen vor allem in Bayern eine wichtige Grundlage für die Vergabe von Leistungsstufen darstellen.

II. Leistungsbezogene Bezahlungselemente

Das Dienstrechtsreformgesetz (DRRG) sieht neue, leistungsabhängige Bezahlungselemente vor. Hierbei handelt es sich um Leistungsstufen/Verbleiben in der bisherigen Stufe, Leistungszulagen und Leistungsprämien.

Die Bundesregierung begründet in ihrem Entwurf des DRRG die angestrebten besoldungsrechtlichen Maßnahmen damit, daß der Leistungsgesichtspunkt stärker als bisher berücksichtigt und ein zeitgemäßes, bedarfsgerechtes und transparentes Bezahlungssystem geschaffen werden soll[9]. Zugleich soll der Personalführung ein Instrument an die Hand gegeben werden, um unterhalb der Schwelle der Beförderung und der auf sie zugeschnittenen Regelbeurteilung auf fachliche Leistungen der Mitarbeiter reagieren zu können[10].

Auch die Studienkommission für eine Reform des öffentlichen Dienstrechts sprach sich in ihrem Bericht im Jahr 1973 für eine leistungsgerechte Bezahlung aus. Um dem Leistungsgesichtspunkt verstärkt Geltung zu verschaffen und um die Bediensteten zu höherer Leistung zu motivieren, sei es erforderlich, nicht nur die Arbeitsanforderungen einer Funktion, sondern auch die Art und Weise, wie der Amtsinhaber seine Aufgabe erfülle, zu berücksichtigen. Das bisherige System war nach Auffassung der Kommission nicht geeignet, individuelle Leistungsunterschiede hinreichend zu berücksichtigen und auf Dauer zu motivieren, weil Beförderungen und Höhergruppierungen auch im Fall eines Leistungsabfalls grundsätzlich nicht rücknehmbar seien, und damit der finanzielle Zuwachs auch in Zukunft erhalten bleibe. Die Kommission schlug deshalb für Bedienstete mit aufsteigenden Gehältern eine Leistungszulage vor, die an etwa 15% der Mitarbeiter für die Dauer eines Bewertungszeitraums (vorgesehen waren zwei Jahre) gewährt werden kann. Für den umgekehrten Fall, nämlich daß Bedienstete mit aufsteigenden Gehältern den an sie gestellten Anforderungen nicht genügen, sollte das Aufsteigen in die einzelnen Steigerungsstufen

---

[9] BT-Drs. 13/3994, S. 29.
[10] BT-Drs. 13/3994, S. 30.

um zwei Jahre hinausgeschoben werden. Eine Ausnahme sollte für den Fall gelten, daß der Bedienstete bereits das 55. Lebensjahr vollendet hat, oder die Leistungsminderung auf einem Arbeitsunfall oder einer Berufskrankheit beruht oder sonst in ursächlichem Zusammenhang mit der dienstlichen Tätigkeit steht, und der Bedienstete die Leistungsminderung weder vorsätzlich noch grob fahrlässig herbeigeführt hat[11]. Das vorgeschlagene System wurde von der politischen Ebene zunächst nicht eingeführt.

Im Bereich der Deutschen Bundespost wurde aufgrund der Ermächtigung des § 50 Abs. 2 Postverfassungsgesetz vom 08. Juni 1989[12] die Postleistungszulagenverordnung vom 12. Juli 1989[13] erlassen. Nach dieser Verordnung konnten Beamte der Deutschen Bundespost eine Zulage zur Abgeltung von Leistungen erhalten, die die regelmäßigen Anforderungen im Hinblick auf Güte, wirtschaftlichen Erfolg oder geleistete Arbeitsmenge erheblich überschreiten (Leistungszulage)[14]. Die Höhe der Zulage war vierstufig ausgestaltet und wurde nach Qualität, Quantität und wirtschaftlichen Auswirkungen der erbrachten Arbeit bemessen[15]. Aus der Begründung der Bundesregierung zum Entwurf des Postverfassungsgesetzes ergibt sich, daß eine Übertragung der Zulagenregelung auf andere Verwaltungsbereiche gerade nicht vorgesehen war[16], da die zukünftigen Anforderungen an die Unternehmen der Deutschen Bundespost nicht mit denen anderer Verwaltungen vergleichbar seien und die Deutsche Bundespost, auch weil sie sich zunehmend dem Wettbewerb stellen muß, in immer stärkerem Maße auf Leistungen ihrer Bediensteten angewiesen sei, die über die regelmäßigen Anforderungen deutlich hinausgehen[17]. Auch nach der Privatisierung der Postunternehmen können dort beschäftigte Beamte weiterhin Leistungszulagen erhalten[18].

Eigentlich muß die Diskussion um eine Leistungssteigerung durch zusätzliche Bezahlungselemente im Beamtenrecht etwas verwundern, da sich der Beamte seinem

---

[11] Studienkommission 1973, Bericht, Rn. 680ff.
[12] BGBl. I, 1989, 1026 ff. (1038).
[13] BGBl. I, 1989, 1467 f.
[14] § 1 Postleistungszulagenverordnung vom 12. Juli 1989.
[15] §§ 4 Abs. 1, 5 Abs. 2, 6 Abs. 2, 7 Abs. 2 Postleistungszulagenverordnung vom 12. Juli 1989.
[16] Ebenso *Lorse*, RiA 1998, S. 1.
[17] BT-Drs. 11/2854, S. 53.
[18] Vgl. § 10 Postpersonalrechtsgesetz vom 14. September 1994, BGBl. I, 1994, 2353 ff. (2357); Postleistungszulagenverordnung vom 03. Dezember 1996, BGBl. I, 1996, 1833 f.

Beruf mit der vollständigen Hingabe seiner Arbeitskraft zu widmen hat[19]. Dies ergibt sich aus dem besonderen Treueverhältnis, in welchem der Beamte zu seinem Dienstherrn steht und welches als hergebrachter Grundsatz des Berufsbeamtentums im Sinne des Art. 33 Abs. 5 GG anerkannt ist[20]. Dieser Grundsatz findet seine einfachgesetzliche Ausprägung darüber hinaus in § 54 S. 1 BBG und Art. 64 Abs. 1 S. 1 BayBG.

Offenbar geht allerdings der Gesetzgeber davon aus, daß zumindest nicht alle Beamte ihre volle Leistungsfähigkeit bei der Ausführung ihres Amtes einsetzen. Dieser Einschätzung ist grundsätzlich zuzustimmen. Allerdings soll hier nicht die von vielen Stimmen aus den Medien und auch aus der Politik vertretene Auffassung unterstützt werden, daß Beamte weniger fleißig sind als in anderen Bereichen beschäftigte Personen. Diese Meinung beruht auf vielerlei Ursachen, die grundsätzlich nichts mit einer mangelnden Leistungsbereitschaft der Beamten zu tun haben. Genannt seien hier nur einige: Zum einen versuchen viele Politiker, den Beamten die Schuld für die immer geringer werdende finanzielle Handlungsfähigkeit von Bund, Ländern und Gemeinden in die Schuhe zu schieben, weil die Ausgaben für Gehälter und Pensionen der Beamten große Teile des zur Verfügung stehenden Budgets ausmachen[21]. Dabei gilt es jedoch zu bedenken, daß die Politik hierfür selbst die Ursachen gesetzt hat, weil sie der Verwaltung immer neue Aufgaben zugewiesen hat[22], was eine Aufblähung des Beamtenapparats erforderlich machte. Grund für diese Ausweitung der Staatsaufgaben war auch das gesteigerte Anspruchsdenken der Gesellschaft an den Staat[23]. Ein weiterer Grund für das negative Bild der Beamten in der Öffentlichkeit ist, daß die Verwaltung auch Anliegen und Anträge der Bürger ablehnen und somit enttäuschen muß[24]. Die „Schuld“ daran wird häufig den jeweiligen Amtsinhabern

[19] Ebenso *Lorse*, RiA 1998, S. 3, der monetäre Leistungsanreize sogar als Mißtrauen des Dienstherrn gegenüber seinen beamteten Mitarbeitern bezeichnet, weil diese ihre Verpflichtung offenbar nur unzureichend erfüllen.
[20] Z. B. *Lecheler*, in: Isensee/Kirchhof(Hrsg.), § 72, Rn. 53; *Maunz*, in: Maunz/Dürig, Grundgesetz, Art. 33, Rn. 66; BVerfG (Urteil des Zweiten Senats vom 27. April 1959), BVerfGE 9, S. 268ff. (286).
[21] Ebenso *Neumann*, DÖD 1999, S. 146, der darauf hinweist, daß vor allem die steigenden Versorgungslasten neben dem Schuldendienst die Haushalte des Bundes und insbesondere der alten Bundesländer stark belasten.
[22] Z. B. *Ritter*, in: Grimm(Hrsg.), S. 71, der als Grund für diese Entwicklung die immer komplexer werdende Industriegesellschaft nennt, in der die Menschen vom Staat mehr Stabilität und Perspektiven fordern.
[23] Neben *Ritter*, in: Grimm(Hrsg.), S. 71; z. B. auch *Reinermann*, DÖV 1999, S. 22, der anspricht, daß die Bürger heute ein individuelles Eingehen auf die persönliche Lage erwarten und höhere Anforderungen an die Leistungsqualität der öffentlichen Verwaltung stellen.
[24] *Neumann*, DÖD 1999, S. 145.

gegeben, wobei gerne vergessen wird, daß diese ja grundsätzlich nur den gesetzlichen Vorgaben und damit dem Willen des Gesetzgebers Rechnung tragen. Schließlich ist auch die allgemeine Staatsverdrossenheit ein Grund für den schlechten Ruf der Beamten. *Jann* drückt dieses Phänomen sehr plastisch aus: „Viele schlagen auf den Sack öffentlicher Dienst ein und meinen in Wirklichkeit den Esel Sozialstaat“[25].

Grundsätzlich läßt sich entgegen der allgemeinen Beamtenschelte folgendes sagen: Die Mehrzahl der Beamten erbringt eine den Anforderungen der Funktion, die sie innehaben, entsprechende Leistung. Die Tatsache, daß vor allem die Beamten innerhalb kurzer Zeit in den neuen Bundesländern eine funktionierende Verwaltung aufgebaut haben, ist für diese Behauptung das beste Beispiel aus der jüngsten Vergangenheit. Man kann allerdings davon ausgehen, daß bei den meisten verbeamteten Mitarbeitern, die eine anforderungsgerechte Leistung erbringen, unausgeschöpfte Leistungsreserven existieren. Ein Beleg hierfür sind Mitarbeiterbefragungen, die von der Hochschule für Verwaltungswissenschaften in Speyer in den letzten Jahren durchgeführt wurden. Eine repräsentative Umfrage bei 1200 Mitarbeitern in einer größeren Stadtverwaltung zeigt, daß sich die Mehrzahl der Befragten eine höhere Arbeitsbelastung wünscht, obwohl sie nach ihrer Auffassung bereits eine verhältnismäßig hohe Arbeitsbelastung wahrnehmen[26]. Diese unausgeschöpften Leistungsreserven sollen mit Hilfe von leistungsabhängigen Bezahlungselementen aktiviert[27] und damit für die Verwaltung nutzbar gemacht werden. Sinn und Zweck von leistungsabhängigen Besoldungselementen ist also hauptsächlich diejenigen Mitarbeiter, die bisher eine anforderungsgerechte Leistung erbringen, zu überdurchschnittlicher Leistung anzuspornen. Daneben sollen diejenigen Mitarbeiter belohnt werden, die bereits herausragende Leistungen erbringen, um sie zu einer Beibehaltung dieses Niveaus zu motivieren. Schließlich sollen diejenigen Beamten, die nur unterdurchschnittliche Leistungen erbringen, durch ein Nichtaufsteigen in höhere Gehaltsstufen gemaßregelt werden.

---

[25] *Jann*, in: Battis/Jann(Hrsg.), S. 34.

[26] Vgl. die Graphik bei *Klages*, Verwaltungsmodernisierung II, S. 81. Obwohl aus dem Zusammenhang nicht klar hervorgeht, daß hier nur Beamte befragt wurden, wird man davon ausgehen können, daß die mögliche Einbeziehung von Angestellten und Arbeitern des öffentlichen Dienstes das Ergebnis nicht merklich verändert hat.

[27] *Klages*, Verwaltungsmodernisierung II, S. 83, weist aufgrund der Umfrageergebnisse darauf hin, daß es entgegen einer weit verbreiteten Meinung gar nicht darum geht, Leistungsbereitschaft zu erzeugen, sondern daß diese bereits latent bei den Mitarbeitern vorhanden ist und lediglich freigesetzt oder aktualisiert werden muß.

III. Leistungsstufen/Verbleiben in der bisherigen Stufe

Um dem Leser einen Überblick über die neuen leistungsabhängigen Besoldungselemente Leistungsstufe/Verbleiben in der Stufe zu geben, sollen zunächst die für diese Arbeit interessanten Regelungen im Bundesbesoldungsgesetz (BBesG) angesprochen und im Anschluß die hierzu ergangenen Verordnungen der Bundesregierung[28] und der Bayerischen Staatsregierung[29] dargestellt werden. Dabei soll, soweit zum besseren Verständnis erforderlich, bereits hier auf die zu den Verordnungen ergangenen Durchführungshinweise des Bundesministeriums des Innern[30] und des Bayerischen Staatsministeriums der Finanzen[31] eingegangen werden.

1. Gesetzliche Ausgestaltung

1.1. Die Normierung im Bundesbesoldungsgesetz (§ 27 Abs. 3 BBesG)

Durch das DRRG wurde als neues leistungsabhängiges Bezahlungselement in § 27 Abs. 3 BBesG die bereits angesprochene Leistungsstufe eingeführt. Nach bisherigem Recht stieg das Grundgehalt eines Beamten ausgehend vom Besoldungsdienstalter (§ 28 BBesG) automatisch in zeitlichen Abständen von jeweils zwei Jahren (sogenannte Dienstaltersstufen), sofern das von dem Beamten innegehabte Amt einer Besoldungsgruppe angehörte, für welche die Besoldungsordnungen aufsteigende Gehälter vorsahen[32]. Dies hatte, unabhängig von einer Beförderung, eine gleichmäßige Bezahlungsverbesserung bis zum Erreichen der in der jeweiligen Besoldungsgruppe vorgesehenen höchsten Stufe (Endgrundgehalt) zur Folge. Das Endgrundgehalt wurde je nach Besoldungsgruppe zwischen der Vollendung des 35. und des 49. Lebensjahres erreicht[33]. Diesem System lag zum einen die Vorstellung zugrunde, daß mit zunehmender Berufserfahrung grundsätzlich auch die Qualität der Leistung eines Beamten zunimmt[34]. Daneben war bei dieser Form der Besoldung auch das Alimentationsprinzip berücksichtigt. Man ging davon aus, daß mit zunehmendem Lebensal-

---

[28] Leistungsstufenverordnung (LStuV) vom 01. Juli 1997, BGBl. I, 1997, 1600 f.

[29] Leistungsstufenverordnung (LStuV) vom 20. Februar 1998, GVBl. 1998, S. 62f., geändert durch Verordnung vom 15. Dezember 1998, GVBl. 1998. S. 1019.
Anm.: Zur besseren Unterscheidung wird im folgenden die bayerische Leistungsstufenverordnung mit BayLStuV abgekürzt.

[30] Durchführungshinweise zur LStuV vom 26. September 1997, abgedruckt bei *Göser/Schlatmann*, Leistungsbezahlung in der Besoldung, S. 181 ff.

[31] FMBek. betr. BayLStuV vom 08. April 1998, FMBl. 1998, S. 116 ff., geändert durch FMBek. vom 08. November 1999, FMBl. 1999, S. 334.

[32] Da sich diese Arbeit mit dem Bereich der Verwaltung beschäftigt, waren dies die Besoldungsgruppen im Anwendungsbereich der Besoldungsordnungen A; vgl. § 20 Abs. 2 und 3 BBesG.

[33] Vgl. die Aufstellung bei *Sander*, in: Schwegmann/Summer, Bundesbesoldungsgesetz, § 27, Rn. 1.

[34] Studienkommission 1973, Bericht, Rn. 597; *Summer*, ZBR 1984, S. 62.

ter die finanziellen Bedürfnisse eines Beamten bedingt durch Familiengründung, Unterhalt und Ausbildungskosten für Kinder steigen[35].

Schon die Studienkommission für eine Reform des öffentlichen Dienstrechts hatte eine Änderung dieses Systems angeregt. Sie sprach sich mit dem Argument der Leistungszunahme für die Beibehaltung von aufsteigenden Gehältern aus. Außerdem würde dadurch der Erwartung im öffentlichen Dienst entsprochen, daß sich mit längerer Beschäftigungszeit auch die Bezahlung erhöht. Der Aufstieg in eine höhere Stufe sollte allein von der Beschäftigungszeit abhängen. Schließlich sollten nur etwa fünf Steigerungsstufen für alle Besoldungsgruppen vorgesehen werden, die jeweils nach Ablauf von drei Jahren erreicht werden, weil sich nach Erreichen der höchsten vorgesehenen Stufe[36] eine weitere Bezahlungsverbesserung nicht mehr mit einer weiteren Qualitätszunahme der Leistung rechtfertigen lasse, sofern der Beamte während des Durchlaufens der Stufen die gleiche Funktion wahrnimmt[37].

Durch das DRRG wurde im Gegensatz zum früheren Recht der Abstand bis zum Erreichen der nächsten Stufe modifiziert[38], und die Anzahl der Stufen in den einzelnen Besoldungsgruppen verändert. Dies führt dazu, daß in der Besoldungsordnung A ab der Besoldungsgruppe A5 das Endgrundgehalt später als bisher erreicht wird[39]. Der Gesetzgeber hat die Höhe des Endgrundgehalts der einzelnen Besoldungsgruppen nicht verändert. Allerdings hat er die Höhe der einzelnen Stufenbeträge so gestaltet, daß Beamte, die sich in den unteren Stufen befinden, grundsätzlich höhere Gehälter als bisher beziehen. Die Modifizierung des zeitlichen Aufsteigens in den Stufen und der Stufenanzahl führt bei Beamten ab der Besoldungsgruppe A5 neben dem späteren Erreichen des Endgrundgehalts dazu, daß grundsätzlich auch die dem früheren Recht entsprechenden Grundgehaltsbeträge in den höheren Stufen unterhalb der höchsten Stufe zu einem späteren Zeitpunkt als bisher gezahlt werden[40]. Die Anhebung der Beträge in den unteren Stufen soll nach der Begründung der Bundesre-

---

[35] *Summer*, ZBR 1984, S. 62.

[36] Bei fünf Steigerungsstufen also nach 15 Jahren Beschäftigungsdauer.

[37] Studienkommission 1973, Bericht, Rn. 597.

[38] Vgl. § 27 Abs. 2, wonach bis zur fünften Stufe ein Abstand von zwei Jahren, bis zur neunten Stufe ein Abstand von drei Jahren und für darüber hinausgehende Stufen ein zeitlicher Abstand von vier Jahren vorgesehen ist.

[39] Auflistung bei *Sander*, in: Schwegmann/Summer, Bundesbesoldungsgesetz, § 27, Rn. 1. Das Endgrundgehalt wird nunmehr in den genannten Besoldungsgruppen zwischen der Vollendung des 38. und des 53. Lebensjahres erreicht.

[40] Vgl. die Tabellen bei *Sander*, in: Schwegmann/Summer, Bundesbesoldungsgesetz, § 27, Rn. 19.

gierung zum Entwurf des DRRG vor allem jüngere Familien fördern[41]. Verringerungen des Grundgehalts aufgrund der Einordnung der Beamten in die neuen Stufen werden durch eine ruhegehaltfähige Überleitungszulage ausgeglichen. Diese Überleitungszulage verringert sich bei Erhöhungen des Grundgehalts durch Aufsteigen in den Stufen und durch Beförderungen bis zur vollen Höhe der Bezügeverbesserung, bei allgemeinen Erhöhungen der Dienstbezüge zu einem Drittel des Erhöhungsbetrages[42]. Neuerdings bestimmt sich das Aufsteigen in den Stufen darüber hinaus nicht mehr nur nach dem Besoldungsdienstalter, sondern auch nach der Leistung[43] [44].

Grundsätzlich führt diese Mitberücksichtigung der vom Beamten gezeigten Leistung dazu, daß sein Grundgehalt entsprechend der neu festgesetzten Stufen nach § 27 Abs. 2 BBesG steigt, sofern nicht eine Ausnahme nach Abs. 3 der Norm gegeben ist[45]. § 27 Abs. 3 S. 1 und 2 sehen vor, daß bei maximal zehn Prozent der Beamten eines Dienstherrn, die das Endgrundgehalt noch nicht erreicht haben, die nächste Stufe bereits frühestens nach der halben Zeit bis zu ihrem normalen Erreichen festgesetzt werden kann (Leistungsstufe), sofern diese dauerhaft herausragende Leistungen erbringen. Die Leistungsstufe führt dazu, daß der Beamte die Bezahlung aus der vorzeitig festgesetzten Stufe für einen längeren Zeitraum als normal vorgesehen erhält[46].

Für den Fall, daß die Leistung eines Beamten nicht den mit seinem Amt verbundenen durchschnittlichen Anforderungen entspricht, ist entgegen der Regelaufstiegszeit ein Verbleiben in der bisherigen Stufe vorgesehen, bis seine Leistung den Aufstieg wieder rechtfertigt[47]. Sollte sich der Beamte ohne die Hemmung des Aufstiegs bereits in einer darüber liegenden Stufe befinden[48], so darf diese erst nach einem einjährigen

---

[41] BT-Drs. 13/3994, S. 29.
[42] Art. 14, § 1 Abs. 1 S. 1 bis 3 DRRG, BGBl. I, 1997, 322 ff. (341).
[43] Vgl. § 27 Abs. 1 S. 2 BBesG.
[44] In den Besoldungsgruppen C und R hingegen ist bewußt von einem leistungsabhängigen Aufsteigen im Grundgehalt abgesehen worden, um eine Einflußnahme der Exekutive auf den Hochschulbereich und auf die Richter zu vermeiden; so *Bredendiek/Meier*, NVwZ 1996, S. 448.
[45] Nach *Sander*, in: Schwegmann/Summer, Bundesbesoldungsgesetz, § 27, Rn. 5, stehen Abs. 2 und Abs. 3 dogmatisch in einem Regel-Ausnahme-Verhältnis.
[46] Sofern nicht wiederum eine Leistungsstufe festgesetzt wird. Diese erneute Leistungsstufe könnte allerdings erst ab dem Zeitpunkt ergehen, ab welchem sie ohne die vorhergehende Leistungsstufe nach der Grundregel des § 27 Abs. 3 S. 1 BBesG festgesetzt werden könnte. Eine Leistungsstufe hat also keinen Einfluß auf den normalen Verlauf der Stufen und den Zeitpunkt, ab dem in der nächsten Stufe eine Leistungsstufe festgesetzt werden kann; sie führt lediglich zu einer befristeten Bezahlungsverbesserung. Vgl. z. B. *Bönders*, ZBR 1999, S. 12; *Schlatmann*, PerV 1999, S. 111.
[47] Vgl. § 27 Abs. 3 S. 3 BBesG.
[48] Also bei normalem Aufstieg in den Stufen nach der Grundregel des § 27 Abs. 2.

Verbleiben in der nach Ende der Aufstiegshemmung erreichten Stufe festgesetzt werden, sofern die in dieser Zeit gezeigte Leistung durchschnittlichen Anforderungen entsprach[49]. Eine Leistungsstufe und das Verbleiben in einer Stufe dürfen nicht bei Beamten in leitender Funktion im Beamtenverhältnis auf Probe nach § 12 a Beamtenrechtsrahmengesetz (BRRG) festgesetzt werden. Die Entscheidung hierüber wird von der zuständigen obersten Dienstbehörde oder der von ihr bestimmten Stelle getroffen und ist dem Beamten schriftlich mitzuteilen. Widerspruch und Anfechtungsklage haben keine aufschiebende Wirkung[50].

Schließlich ermächtigt der Bundesgesetzgeber die Bundesregierung und die Landesregierungen jeweils für ihren Bereich nähere Regelungen zur Gewährung von Leistungsstufen und zur Hemmung des Aufstiegs durch Rechtsverordnung zu treffen[51]. Das DRRG setzt den Ländern eine Frist bis zum 31. Dezember 1998, um entsprechende Verordnungen zu erlassen und somit ihrer Verpflichtung aus Art. 75 Abs. 3 GG nachzukommen[52]. Der Bundesrat hatte sich in seiner Stellungnahme zum Entwurf des DRRG nachdrücklich für eine Erweiterung der Ermächtigungsnorm derart ausgesprochen, daß in den zu erlassenden Verordnungen nicht nur die nähere Ausgestaltung von Leistungsstufen und Hemmung des Aufstiegs geregelt werden kann, sondern daß der Verordnungsgeber darüber hinaus die Möglichkeit erhält, über die generelle Einführung der beiden Leistungselemente zu entscheiden, um eine an den Bedürfnissen des jeweiligen Landes orientierte Regelung treffen zu können[53]. Mit dieser Forderung konnte sich der Bundesrat im Gesetzgebungsverfahren jedoch nicht durchsetzen.

1.2. Die Rechtsverordnung der Bundesregierung

Die Bundesregierung hat am 01. Juli 1997 ihre Verordnung über das leistungsabhängige Aufsteigen in den Grundgehaltsstufen (LStuV) erlassen[54]. Die Durchführungshinweise hierzu stammen vom Bundesministerium des Innern[55]. Die LStuV trifft folgende über § 27 Abs. 3 BBesG hinausgehende Regelungen: Leistungsstufen und Verbleiben in den Stufen können bei Bundesbeamten und Soldaten in Besoldungs-

---

[49] § 27 Abs. 3 S. 4 BBesG.
[50] Geregelt in § 27 Abs. 4 BBesG.
[51] § 27 Abs. 3 S. 5 BBesG.
[52] Art. 15, § 4 DRRG, BGBl. I, 1997, 322 ff. (342).
[53] BT-Drs. 13/3994, S. 65.
[54] Siehe Anm. 28.
[55] Siehe Anm. 30.

gruppen der Bundesbesoldungsordnung A angewandt werden, sofern sich diese nicht in der laufbahnrechtlichen Probezeit befinden[56].

Die Leistungsstufe soll eine dauerhaft herausragende Gesamtleistung honorieren und wird aufgrund einer aktuellen Leistungseinschätzung vergeben, welche die dauerhaft herausragende Gesamtleistung dokumentiert[57]. Nach den Durchführungshinweisen kann auch derjenige Beamte, für den eine Leistungsstufe festgesetzt ist, zusätzlich eine Leistungsprämie oder -zulage erhalten, sofern die Voraussetzungen hierfür vorliegen[58]. Eine Definition des Begriffs „dauerhaft herausragende Gesamtleistung" findet sich weder in der LStuV noch in den Durchführungshinweisen. Allerdings ist in den Durchführungshinweisen geregelt, daß bei der Entscheidung über die Vergabe einer Leistungsstufe das gesamte Leistungsbild des betreffenden Beamten betrachtet werden soll[59]. Leistungsstufen können in einem Kalenderjahr an bis zu zehn Prozent der am 01. Januar vorhandenen Beamten eines Dienstherrn der Bundesbesoldungsordnung A, die sich noch nicht in der höchsten in ihrer jeweiligen Besoldungsgruppe vorgesehenen Stufe befinden, gewährt werden[60]. Vorhanden in diesem Sinne sind alle einer Dienststelle angehörenden teilzeit- und vollzeitbeschäftige Beamte zuzüglich der von anderen Bundesbehörden zu dieser Dienststelle abgeordnete Beamte. Die so errechnete Zahl vermindert sich allerdings um die von der betreffenden Dienststelle zu anderen Bundesbehörden und Dienstherrn abgeordneten Beamten. Zur Ermittlung der Quote stellt das Bundesamt für Finanzen für die Dienststellen seines Zuständigkeitsbereichs Aufstellungen zur Verfügung[61]. Die Zehn-Prozent-Grenze darf nicht durch Rundung für den gesamten Bereich des Dienstherrn Bund überschritten werden[62]. Die Bundesregierung hat in ihrer LStuV bestimmt, daß bei Anstalten, Stiftungen und Körperschaften des Bundes mit weniger als zehn der Bun-

---

[56] § 1 LStuV; nach den Durchführungshinweisen hierzu sind Beamte in der Probezeit deshalb ausgenommen, um den Verlauf der Probezeit nicht durch besoldungsrechtliche Maßnahmen zu präjudizieren.

[57] § 2 Abs. 1 LStuV; die aktuelle Leistungseinschätzung ist deshalb erforderlich, da nach den Durchführungshinweisen die Vergabe ohne Bindung an die dienstliche Beurteilung und darüber hinaus ohne Unterstützung durch die Personalverwaltung erfolgen soll.

[58] Das Bundesministerium des Innern weist in den Durchführungshinweisen zu § 2 Abs. 1 LStuV zugleich darauf hin, daß sich bei einer Kumulation verschiedener Leistungselemente in der Person eines Beamten bei seinen Kollegen in besonderer Weise ein Akzeptanzproblem ergeben kann.

[59] Als Gegenbeispiel wird in den Durchführungshinweisen zu § 2 Abs. 1 LStuV die Postleistungszulagenverordnung genannt, wo nur auf drei Ausschnitte aus dem Leistungsbild (vgl. Abschnitt II.) abgestellt wird.

[60] § 2 Abs. 2 S. 1 LStuV.

[61] Siehe die Regelung in den Durchführungshinweisen zu § 2 Abs. 2 LStuV.

[62] Durchführungshinweise zu § 2 Abs. 2 LStuV.

desbesoldungsordnung A angehörenden Beamten in jedem Kalenderjahr einem Beamten eine Leistungsstufe verliehen werden kann[63]. Damit hat sie von der Ermächtigung in § 27 Abs. 3 S. 6 BBesG Gebrauch gemacht. Wie bereits angesprochen, hat die Verleihung einer Leistungsstufe keinen Einfluß auf das Aufsteigen in die nächsthöheren Stufen[64]. Dies hat die Bundesregierung in der LStuV noch einmal explizit ausgesprochen[65]. Eine Leistungsstufe soll nicht innerhalb eines Jahres nach der letzten Verleihung eines Amtes mit höherem Endgrundgehalt[66] vergeben werden[67]. Schließlich regelt § 2 Abs. 3 S. 4 LStuV, daß durch eine dauerhaft herausragende Gesamtleistung kein Anspruch auf die Gewährung einer Leistungsstufe entsteht[68].

Anders als bei der Leistungsstufe erfolgt die Feststellung über das Verbleiben in der bisherigen Stufe nach der LStuV nicht aufgrund einer aktuellen Leistungseinschätzung, sondern auf der Grundlage der letzten dienstlichen Beurteilung. Sofern diese älter als zwölf Monate ist, müssen die Minderungen der Leistung in einer aktuellen Ergänzung dargestellt werden[69]. Für das Verbleiben in einer Stufe ist eine eigenständige Entscheidung notwendig. Eine Beurteilung, aus der sich ergibt, daß die Leistung eines Beamten nicht den mit seinem Amt oder seinem Dienstposten verbundenen durchschnittlichen Anforderungen entspricht, führt also nicht automatisch zu einem Verbleiben in der Stufe[70]. Voraussetzung für eine Berücksichtigung der Minderleistung in einer derartigen Entscheidung ist, daß der Beamte vor der Entscheidung auf die Minderung der Leistung hingewiesen worden ist[71]. Der Beamte steigt erst dann wieder in die nächsthöhere Stufe auf, wenn festgestellt wird, daß seine Leistung den Aufstieg wieder rechtfertigt. Grundlage für diese Feststellung ist eine Leistungseinschätzung, die die Leistungssteigerung dokumentiert[72]. Für Schwerbehinderte gilt § 13 Abs. 3 BLV entsprechend, so daß bei einer erforderlichen Leistungseinschätzung die durch die Behinderung verursachte Minderung der Arbeits- und Verwendungsfähigkeit zu berücksichtigen ist[73].

---

[63] § 2 Abs. 2 S. 2 LStuV.
[64] Siehe Anm. 46.
[65] § 2 Abs. 3 S. 2 LStuV.
[66] Beförderung; vgl. § 12 Abs. 1 BLV.
[67] § 2 Abs. 3 S. 3 LStuV.
[68] Als Grund hierfür wird in den Durchführungshinweisen zu § 2 Abs. 3 LStuV genannt, daß die Leistungsstufe ein Personalführungsinstrument darstellt.
[69] § 3 Abs. 1 S. 2 LStuV.
[70] Vgl. Durchführungshinweise zu § 3 LStuV.
[71] § 3 Abs. 1 S. 4 LStuV.
[72] § 3 Abs. 2 S. 1 und 2 LStuV.
[73] Vgl. Durchführungshinweise zu § 3 LStuV.

In der LStuV des Bundes wird nicht abschließend geregelt, wer über die Vergabe einer Leistungsstufe oder über das Verbleiben in einer Stufe entscheidet. In den obersten Bundesbehörden sind die Leiter der Abteilungen für die Entscheidung zuständig[74]. In den übrigen Bundesbehörden bestimmt deren Leiter die Entscheidungsberechtigten, wobei er den Grundsatz der dezentralen Vergabe zu berücksichtigen hat[75]. Der Entscheidungsberechtigte kann an bis zu zehn Prozent der ihm unterstellten Beamten, die die Voraussetzungen erfüllen, Leistungsstufen vergeben[76]. Unterstellt in diesem Sinne sind alle Beamte, die in seinem Bereich tätig sind, einschließlich der von anderen Bundesbehörden abgeordneten Beamten[77]. Bei der Entscheidung sollen alle Laufbahngruppen berücksichtigt werden[78], wodurch allerdings keine anteilige Verteilung der Vergabemöglichkeiten auf alle Laufbahngruppen vorgeschrieben wird, obgleich diese mittelfristig angestrebt wird[79]. Da der Grundsatz der dezentralen Vergabe nicht verlangt, daß immer der Leiter der kleinsten Organisationseinheit entscheidet[80], sieht § 4 Abs. 2 S. 3 LStuV vor, daß vor der Entscheidung die übrigen Vorgesetzten des Beamten angehört werden sollen. Leistungsstufen dürfen schließlich nur vergeben werden, wenn Haushaltsmittel zur Verfügung stehen[81].

1.3. Die Rechtsverordnung des Freistaates Bayern

Die Bayerische Staatsregierung hat ihre Umsetzungspflicht fristgerecht erfüllt und am 20. Februar 1998 ebenfalls eine Leistungsstufenverordnung erlassen[82]. Die entsprechenden Durchführungshinweise sind am 08. April 1998 ergangen[83]. Aus der BayLStuV ergeben sich folgende über § 27 Abs. 3 BBesG hinausgehende Voraussetzungen für die Vergabe einer Leistungsstufe beziehungsweise für das Verbleiben in der bisherigen Stufe:

---

[74] § 4 Abs. 1 S. 1 LStuV; für Bereiche, die keinem Abteilungsleiter unterstehen, legt nach § 4 Abs. 1 S. 2 LStuV der Leiter der obersten Bundesbehörde die Entscheidungsberechtigten fest.

[75] § 4 Abs. 1 S. 3 LStuV; der Leiter der obersten Bundesbehörde kann nach § 4 Abs. 1 S. 4 LStuV hiervon abweichende Regelungen treffen, wobei auch er den Grundsatz der dezentralen Vergabe zu berücksichtigen hat.

[76] § 4 Abs. 2 S. 1 LStuV.

[77] Vgl. Durchführungshinweise zu § 4 Abs. 2 LStuV.

[78] § 4 Abs. 2 S. 2 LStuV.

[79] Vgl. Durchführungshinweise zu § 4 Abs. 2 LStuV.

[80] Durchführungshinweise zu § 4 Abs. 2 LStuV.

[81] Vgl. § 4 Abs. 5 LStuV und die Durchführungshinweise hierzu.

[82] Siehe Anm. 29.

[83] Siehe Anm. 31.

Die BayLStuV gilt für Beamte in Besoldungsgruppen der Besoldungsordnung A, die vom Bayerischen Beamtengesetz und vom Bayerischen Hochschullehrergesetz erfaßt werden. Kommunale Wahlbeamte unterfallen dagegen nicht ihrem Anwendungsbereich[84]. Voraussetzung für die Vergabe einer Leistungsstufe sind nach § 2 Abs. 1 S. 1 BayLStuV dauerhaft herausragende Leistungen. Der Vergabeberechtigte hat bei seiner Entscheidung die Leistung der ihm unterstellten Beamten derselben Besoldungsgruppe und, soweit möglich, derselben Laufbahn zu vergleichen[85]. Die Leistungseinschätzung erfolgt auf der Grundlage der letzten dienstlichen Beurteilung oder aktuellen Leistungsfeststellung. Erforderlich ist, daß der Beamte aufgrund des Ergebnisses dieser Beurteilung oder Leistungsfeststellung zu den herausragenden Spitzenkräften innerhalb der Vergleichsgruppe gehört, wobei hierfür nicht Voraussetzung ist, daß der Beamte eine bestimmte absolute Wertung erhalten hatte. Daneben ist bei dieser Ermittlung der Spitzenkräfte die besondere Beurteilungspraxis für Anfangsämter zu berücksichtigen[86].

Von dem in dieser Weise ermittelten Kreis von Beamten, die grundsätzlich für eine Leistungsstufe in Betracht kommen, sind diejenigen herauszunehmen, bei denen seit der letzten Beurteilung eine derartige Leistungsminderung eingetreten ist, daß ihre gegenwärtige Leistung die Vergabe einer Leistungsstufe nicht mehr rechtfertigt. Der Leistungsabfall kann allerdings nur dann berücksichtigt werden, wenn er in einer aktuellen Leistungseinschätzung festgestellt wurde[87]. Die verbleibende Zahl von potentiellen Stufenempfängern vermindert sich darüber hinaus um diejenigen Beamten, bei denen die maßgebliche Beurteilung bereits als Grundlage für eine Beförderung diente[88].

Übersteigt die nach diesem Verfahren ermittelte Anzahl von Beamten die zur Verfügung stehenden Vergabemöglichkeiten, so soll der Vergabeberechtigte eine Auswahlentscheidung treffen[89]. Diese soll zum einen dem Interesse des Dienstherrn

---

[84] § 1 BayLStuV.
[85] § 2 Abs. 2 S. 1 BayLStuV.
[86] Vgl. Anm. 2.2.1. der Durchführungshinweise zur BayLStuV. Diese besondere Beurteilungspraxis für Anfangsämter erfolgt in der Weise, daß junge Beamte im Durchschnitt schlechtere Beurteilungsprädikate erhalten als Beamte mit längerer Berufserfahrung, obwohl sie bezogen auf ihre Ämter im statusrechtlichen Sinne und ihre Dienstposten vergleichbare Leistungen erbringen. Vgl. z. B. *Günther*, VR 1997, S. 53; *Herber*, PersV 1997, S. 14.
[87] § 2 Abs. 2 S. 2 BayLStuV und Anm. 2.2.2. der Durchführungshinweise zur BayLStuV.
[88] § 2 Abs. 2 S. 3 BayLStuV.
[89] § 2 Abs. 2 S. 4 BayLStuV.

Rechnung tragen, eine möglichst große Zahl von Beamten zu motivieren, und zum anderen sollen dabei alle Laufbahngruppen und Altersstufen berücksichtigt werden[90]. Bei seiner Festlegung kann der Entscheidungsberechtigte beispielsweise berücksichtigen, daß bei einem Beamten während der Dauer einer Leistungsstufe eine Beförderung zu erwarten ist, oder daß dieser bereits früher eine Leistungsstufe erhalten hatte[91]. Aufgrund der Soll-Regelung des § 2 Abs. 2 S. 7 BayLStuV kommt die Vergabe einer Leistungsstufe innerhalb eines Jahres nach einer Beförderung nur in Ausnahmefällen in Betracht.

Nach dem Gesagten kann die Auswahlentscheidung also von verschiedenen Faktoren abhängen. Wichtig ist jedoch, daß die Gründe, die für die Entscheidung maßgebend waren, von den Bediensteten nachvollzogen werden können[92]. Genau wie in der LStuV des Bundes wird auch in der BayLStuV ein Anspruch auf eine Leistungsstufe ausgeschlossen[93]. Nach § 2 Abs. 3 S. 1 BayLStuV ist die Festsetzung einer Leistungsstufe insbesondere bei einem Leistungsabfall unwiderruflich. Auch eine Beförderung, eine Beurlaubung oder Freistellung des Beamten vom Dienst führt nicht zu ihrem Wegfall[94]. Eine etwaige Überleitungszulage, die nach Art. 14 § 1 Abs. 1 S. 1 DRRG gewährt wird, weil sich wegen der Umstellung der Grundgehaltstabellen die Bezüge eines Beamten verringert haben[95], vermindert sich in Bayern grundsätzlich nicht durch die Erhöhung des Grundgehalts aufgrund der Verleihung einer Leistungsstufe. Die Durchführungshinweise zu § 2 Abs. 1 BayLStuV regeln hierzu, daß eine Leistungsstufe gerade nicht als ein Fall des Aufsteigens in den Stufen des Grundgehalts im Sinne des Art. 14 § 1 Abs. 1 S. 3 DRRG anzusehen ist und damit nicht zur Aufzehrung der Überleitungszulage führt. Allerdings gilt dies insoweit nicht, als der Gesamtbetrag von Grundgehalt inklusive Leistungsstufe und Überleitungszulage das Endgrundgehalt einer Besoldungsgruppe übersteigen würde.

Auch für das Pendant zur Leistungsstufe, das Verbleiben in der bisherigen Stufe, trifft die BayLStuV nähere Regelungen. Ein Beamter steigt nicht nach der Grundregel des § 27 Abs. 2 BBesG in die nächsthöhere Stufe auf, wenn er in seiner letzten

---

[90] § 2 Abs. 2 S. 5 und 6 BayLStuV.
[91] Anm. 2.2.3. der Durchführungshinweise zur BayLStuV.
[92] Vgl. den expliziten Hinweis an den Entscheidungsberechtigten in Anm. 2.2.4. der Durchführungshinweisen zur BayLStuV.
[93] § 2 Abs. 2 S. 8 BayLStuV.
[94] Anm. 2.3.3. der Durchführungshinweise zur BayLStuV.
[95] Vgl. Abschnitt III.1.1.

dienstlichen Beurteilung oder einer aktuellen Leistungseinschätzung das Gesamturteil „entspricht nicht den Anforderungen" erhalten hatte[96]. Dies setzt voraus, daß der Beamte seine Leistungsverpflichtung nur unzureichend erfüllt und von sechzehn maximal möglichen Bewertungspunkten[97] nur ein oder zwei Punkte erhalten hatte[98]. Im Fall einer derartigen Beurteilung oder aktuellen Leistungseinschätzung wird anläßlich eines bevorstehenden Aufsteigens in die nächsthöhere Stufe das Verbleiben in der bisherigen Stufe festgestellt, ohne daß es noch einer Ermessensentscheidung über die Hemmung des Aufstiegs bedarf[99]. Liegt die Eröffnung der dienstlichen Beurteilung oder aktuellen Leistungseinschätzung bezogen auf den Zeitpunkt des bevorstehenden Aufsteigens länger als zwölf Monate zurück, so ist eine erneute aktuelle Leistungseinschätzung erforderlich[100]. Ist das Verbleiben in der Stufe festgestellt, so hat der Entscheidungsberechtigte in jährlichen Abständen bezogen auf den Zeitpunkt des normalen Aufsteigens nach § 27 Abs. 2 BBesG zu prüfen, ob die Leistung wieder den Anforderungen genügt. Ist das der Fall, so hat er auf der Grundlage einer aktuellen Leistungseinschätzung, die die Leistungssteigerung dokumentiert, das Aufsteigen festzustellen[101].

Das vorzeitige Aufsteigen in die nächste Stufe und das Verbleiben in der bisherigen Stufe werden auf der Grundlage des Gesamturteils der letzten dienstlichen Beurteilung festgestellt[102]. Eine aktuelle Leistungseinschätzung, die an die Stelle der dienstlichen Beurteilung tritt, ist auf Antrag des Beamten zu erstellen, wenn dieser nicht in das periodische Beurteilungsverfahren einbezogen ist, weil er sich in einem Amt der Besoldungsgruppe A16 mit Amtszulage und höher befindet[103], oder weil er auf Anordnung der obersten Dienstbehörde mit Zustimmung des Landespersonalausschusses nicht periodisch beurteilt wird[104]. Die aktuelle Leistungseinschätzung soll im Zusammenhang mit der dienstlichen Beurteilung der Beamten derselben Laufbahngruppe erstellt werden. Für die Bewertung und das Verfahren gelten die Beurteilungsvorschriften entsprechend[105].

[96] § 3 Abs. 1 S. 1 BayLStuV
[97] Vgl. § 52 Abs. 1 S. 1 BayLbV.
[98] Anm. 3. der Durchführungshinweise zur BayLStuV.
[99] Anm. 3.1. der Durchführungshinweise zur BayLStuV.
[100] Anm. 3.1. der Durchführungshinweise zur BayLStuV.
[101] § 3 Abs. 2 BayLStuV.
[102] § 4 S. 1 BayLStuV.
[103] §§ 4 S. 2 BayLStuV; 49 Abs. 3 S. 1 Nr. 1 BayLbV.
[104] §§ 4 S. 2 BayLStuV; 49 Abs. 3 S. 1 Nr. 3 BayLbV.
[105] Vgl. Anm. 4. der Durchführungshinweise zur BayLStuV.

Zur Ermittlung des maßgeblichen Personenkreises übermittelt die Bezirksfinanzdirektion München den jeweiligen Behörden jährlich Personallisten zum Stand 01. November des Vorjahres. Diese enthalten insbesondere folgende von den Bezügestellen gespeicherte Daten der bei den jeweiligen Behörden beschäftigten Beamten: Besoldungsgruppe, Laufbahngruppe, Zeitpunkt, ab dem der Beamte der Besoldungsgruppe angehört, Besoldungsdienstalter, Stufe, in der sich der Beamte befindet und Zeitpunkt, ab dem diese Stufe maßgeblich ist, Zeitpunkt, ab dem eine Leistungsstufe vergeben werden kann, Zeitpunkt des nächsten normalen Aufsteigens, Betrag der Erhöhung des Grundgehalts durch eine Leistungsstufe und Anzahl der auf den jeweiligen Personenkreis entfallenden Vergabemöglichkeiten[106].

Zuständig für die Entscheidung über die Vergabe einer Leistungsstufe beziehungsweise über das Verbleiben in der bisherigen Stufe ist der unmittelbare Dienstvorgesetzte für die ihm unterstellten Beamten einschließlich der Leiter unmittelbar nachgeordneter Behörden. Bei abgeordneten Beamten ist der unmittelbare Dienstvorgesetzte der Stammdienststelle entscheidungsberechtigt[107]. Leistungsstufen können an bis zu zehn Prozent der Beamten eines Dienstherrn gewährt werden.

Für die Ermittlung dieser Quote sind die am 01. November des Vorjahres berücksichtigungsfähigen Beamten der jeweiligen Behörde maßgeblich[108]. Seit diesem Zeitpunkt eingetretene Änderungen der Anzahl der berücksichtigungsfähigen Beamten führen nicht zu einer Änderung der Vergabemöglichkeiten[109]. Da die Zehn-Prozent-Grenze nicht durch Rundung überschritten werden darf, gilt auf Behördenebene ein Abrundungsgebot. Rechnerische Bruchteile werden vom nächsthöheren Dienstvorgesetzten zusammengefaßt und den betroffenen Vergabeberechtigten zugewiesen. Ergeben sich danach Bruchteile auf verschiedenen Behördenstufen, können sie vom obersten Dienstvorgesetzten zusammengefaßt und zugewiesen werden[110]. Der jeweilige Vergabeberechtigte darf Leistungsstufen nur in dem Umfang bewilligen, daß höchstens zehn Prozent der ihm unterstellten Beamten gleichzeitig eine Leistungsstufe beziehen. Dies bedeutet, daß er nach voller Ausschöpfung der Quote erst dann wieder an einen Beamten eine Leistungsstufe vergeben darf, wenn

---

[106] Vgl. Anm. 5.1. der Durchführungshinweise zur BayLStuV.
[107] § 5 Abs. 1 S. 1 BayLStuV.
[108] § 6 S. 1 BayLStuV.
[109] Vgl. Anm. 5.4.3. der Durchführungshinweise zur BayLStuV.
[110] § 5 Abs. 1 S. 2 bis 5 BayLStuV.

die an einen anderen Beamten vergebene Leistungsstufe endet[111]. Bayern hat von der Ermächtigung des § 27 Abs. 3 S. 6 BBesG Gebrauch gemacht und in § 6 S. 1 BayLStuV geregelt, daß bei den unter der Aufsicht des Staates stehenden Dienstherrn mit weniger als zehn Beamten eine Leistungsstufe vergeben werden kann.

Schließlich regelt die BayLStuV, daß bei den obersten Landesbehörden bestimmt werden kann, daß die Leiter der Abteilungen anstelle der unmittelbaren Dienstvorgesetzten vergabeberechtigt sind[112]. Bei den übrigen Staatsbehörden kann die oberste Dienstbehörde die Zuständigkeit durch Rechtsverordnung abweichend regeln[113].

2. Verfassungsrechtliche Zulässigkeit des leistungsabhängigen Aufsteigens in den Stufen und der Neustrukturierung der Grundgehaltstabellen

Es soll nun geklärt werden, ob die durch das DRRG eingeführten Neuregelungen in § 27 BBesG mit Verfassungsrecht vereinbar sind.

2.1. Änderungen der Grundgehaltstabellen

Zunächst soll die Neugestaltung der zeitlichen Abstände bis zum Erreichen der nächsten Stufe und die Veränderung der Stufenanzahl in den einzelnen Besoldungsgruppen betrachtet werden. Wie bereits angesprochen, führt die Umgestaltung der Grundgehaltstabellen dazu, daß Beamte ab der Besoldungsgruppe A5 die unverändert gebliebenen Grundgehaltsbeträge in der höchsten Stufe (Endgrundgehalt) und in höheren Besoldungsgruppen auch der unmittelbar darunter liegenden Stufen erst mit einem höheren Besoldungsdienstalter und damit Lebensalter als nach bisherigem Recht erhalten[114]. Trotz der Tatsache, daß Beamte aller Besoldungsgruppen in den Stufen etwa bis zum Erreichen des 40. Lebensjahres höhere Bezüge als bisher erhalten, weil durch das DRRG die Grundgehaltssätze in den unteren Stufen erhöht wurden[115], wirkt sich die spätere Zahlung der Grundgehaltsbeträge der höheren Stufen dahingehend aus, daß Beamte des gehobenen und höheren Dienstes bezogen auf ihre Gesamtlebensarbeitszeit ein geringeres Einkommen als bisher erhalten[116]. Bezogen auf alle Beamten mit aufsteigenden Gehältern soll sich die Umgestaltung der Grundge-

---

[111] Anm. 5.4.2. der Durchführungshinweise zur BayLStuV.
[112] § 5 Abs. 2 S. 1 BayLStuV.
[113] § 5 Abs. 2 S. 2 BayLStuV.
[114] Vgl. Abschnitt III.1.1.
[115] Vgl. Abschnitt III.1.1.
[116] Dies ergibt sich aus den Tabellen bei *Sander*, in: Schwegmann/Summer, Bundesbesoldungsgesetz, § 27, Rn. 19.

haltstabellen nach der Begründung der Bundesregierung zum DRRG nach einer Übergangszeit im Bereich des Bundes kostenneutral verhalten, während sie auf Länderebene zu Minderausgaben für die Besoldung führen soll[117].

Die Tatsache, daß Beamte ab Besoldungsgruppe A5 das Endgrundgehalt und in den höheren Besoldungsgruppen auch die unmittelbar darunter liegenden Grundgehaltssätze später als bisher beziehen, könnte gegen das Alimentationsprinzip verstoßen. Dieses Prinzip besagt, daß der jeweilige Dienstherr seinen Beamten einen angemessenen Unterhalt zu gewähren hat. Die Bezüge müssen so bemessen sein,. daß sie dem Beamten und seiner Familie eine Lebensführung gestatten, welche an der Bedeutung des von dem Beamten innegehabten Amtes ausgerichtet ist[118]. Weiterhin muß die Besoldung die mit der Funktion verbundene Verantwortung sowie die Entwicklung der allgemeinen wirtschaftlichen und finanziellen Verhältnisse berücksichtigen[119]. Daneben muß die Höhe der Bezüge so ausgerichtet sein, daß sie es dem Beamten ermöglicht, seine Amtsgeschäfte ohne Beeinflussung durch die politische Ebene in verfassungs- und gesetzmäßiger Weise zu erledigen[120]. Das Alimentationsprinzip ist als hergebrachter Grundsatz des Berufsbeamtentums im Sinne des Art. 33 Abs. 5 GG anerkannt[121]. Da es sich nach der Rechtsprechung des Bundesverfassungsgerichts um einen besonders wesentlichen Grundsatz handelt, ist er vom Gesetzgeber nicht nur zu berücksichtigen, sondern sogar zu beachten[122]. Anerkannt ist ebenfalls, daß der Gesetzgeber bei der Frage, welcher Unterhalt angemessen ist, einen weiten Beurteilungsspielraum hat[123].

---

[117] BT-Drs. 13/3994, S. 52 f.

[118] Z. B. *Ule*, in: Bettermann/Nipperdey(Hrsg.), S. 592; *Lecheler*, in: Isensee/Kirchhof(Hrsg.), § 72, Rn. 54; *Maunz*, in: Maunz/Dürig, Grundgesetz, Art. 33, Rn. 69.

[119] BVerfG (Beschluß des Ersten Senats vom 11. Juni 1958), BVerfGE 8, S. 1 ff. (14); BVerfG (Beschluß des Zweiten Senats vom 7. Mai 1963), BVerfGE 16, S. 94 ff. (115); BVerfG (Beschluß des Zweiten Senats vom 30. März 1977), BVerfGE 44, S. 249 ff. (265); *Ziemske*, ZBR 2001, S. 3.

[120] Neben anderen *Wiese*, Beamtenrecht, S. 183; *Ziemske*, ZBR 2001, S. 3; Leibholz/Rinck/Hesselberger, Grundgesetz, Art. 33, Rn. 271; BVerfG (Beschluß des Zweiten Senats vom 14. Juni 1960), BVerfGE 11, S. 203 ff. (216 f.).

[121] *Ule*, in: Bettermann/Nipperdey(Hrsg.), S. 593; *Maunz*, in: Maunz/Dürig, Grundgesetz, Art. 33, Rn. 69.

[122] Leibholz/Rinck/Hesselberger, Grundgesetz, Art. 33, Rn. 271; *Wiese*, Beamtenrecht, S. 183; BVerfG (Beschluß des Ersten Senats vom 11. Juni 1958), BVerfGE 8, S. 1 ff. (16 f.); BVerfG (Beschluß des Zweiten Senats vom 14. Juni 1960), BVerfGE 11, S. 203 ff. (210); BVerfG (Beschluß des Zweiten Senats vom 30. September 1987), BVerfGE 76, S. 256 ff. (298); BVerfG (Beschluß des Zweiten Senats vom 24. November 1998), BVerfGE 99, S. 300 ff. (314).

[123] *Kunig*, in: von Münch/Kunig, Grundgesetz, Art. 33, Rn. 63; Leibholz/Rinck/Hesselberger, Grundgesetz, Art. 33, Rn. 306; *Wiese*, Beamtenrecht, S. 185; BVerfG (Beschluß des Zweiten Senats vom 14. Juni 1960), BVerfGE 11, S. 203 ff. (210); BVerfG (Beschluß des Zweiten Senats vom 10. Oktober

Es ist nicht ersichtlich, daß der Gesetzgeber durch die Umgestaltung der Grundgehaltstabellen diesen Gestaltungsspielraum überschritten hat, indem er das Erreichen des Endgrundgehalts und der Grundgehaltsbeträge der höheren Stufen bezogen auf das Besoldungsdienstalter[124] verzögert hat. Man kann nicht davon ausgehen, daß den davon betroffenen Beamten zu irgendeinem Zeitpunkt während des entsprechenden Zeitraums ein angemessener Unterhalt nicht mehr gewährt würde[125], zumal das spätere Erreichen der entsprechenden Grundgehaltsbeträge nur zu relativ geringfügigen Einkommensverschlechterungen bezogen auf die Höhe der nach altem Recht bei gleichem Besoldungsdienstalter gewährten Bezüge führt[126]. Im übrigen kann man auch die in Frage stehenden bisherigen Stufenbeträge nicht als unterste Grenze eines gerade noch angemessenen Unterhalts bezeichnen, so daß es dem Gesetzgeber möglich war, die angesprochenen Modifizierungen vorzunehmen, ohne gegen das Alimentationsprinzip zu verstoßen.

Darüber hinaus trägt der Gesetzgeber dem Alimentationsprinzip auch weiterhin in der Weise Rechnung, daß er ältere Beamte grundsätzlich höher besoldet als jüngere Beamte in der gleichen Besoldungsgruppe, weil im Alter aufgrund verminderter Leistungsfähigkeit und durch Krankheiten erhöhte finanzielle Bedürfnisse auftreten[127]. Dieser Grundsatz bedingt jedoch nicht in jedem Fall ein zwingendes Ansteigen des Grundgehalts mit zunehmendem Lebensalter. Vielmehr ist ein Ansteigen nur dann erforderlich, wenn ansonsten der gewährte Unterhalt ab einem bestimmten Lebensalter unter Berücksichtigung der zunehmenden finanziellen Bedürfnisse nicht mehr als angemessen angesehen werden könnte. Das Alimentationsprinzip garantiert damit gerade nicht, daß der ältere Beamte immer höher besoldet wird als der jüngere, sondern lediglich, daß dem Beamten in jedem Lebensalter zumindest angemessene Bezüge gewährt werden[128]. Diese verfassungsrechtliche Vorgabe ist durch das Hinausschieben des Erreichens des unverändert gebliebenen Endgrundgehalts in keiner

---

1978), BVerfGE 49, S. 260 ff. (271 f.); BVerfG (Beschluß des Zweiten Senats vom 7. Juli 1982), BVerfGE 61, S. 43 ff. (57); BVerfG (Beschluß des Zweiten Senats vom 22. März 1990), BVerfGE 81, S. 363 ff. (375 f.).

[124] Und damit zugleich bezogen auf das Lebensalter; vgl. § 28 BBesG.

[125] Ebenso *Sander*, in: Schwegmann/Summer, Bundesbesoldungsgesetz, § 27, Rn. 17.

[126] Vgl. Tabellen bei *Sander*, in: Schwegmann/Summer, Bundesbesoldungsgesetz, § 27, Rn. 19.

[127] *Ule*, in: Studienkommission 1973, Anlageband 5, S. 441 ff. (517); *Sander*, in: Schwegmann/Summer, Bundesbesoldungsgesetz, § 27, Rn. 1.

[128] Bei einer anderen Sichtweise müßte man das relativ frühzeitige Erreichen des Endgrundgehalts als Verstoß gegen das Alimentationsprinzip ansehen. Im übrigen wären dann die festen Grundgehälter in den Besoldungsordnungen B schwer mit diesem Prinzip in Einklang zu bringen.

Weise verletzt: Nach den bisherigen Stufentabellen wurde das Endgrundgehalt in den Besoldungsgruppen A5 aufwärts im Normalfall zwischen der Vollendung des 37. und des 49. Lebensjahres erreicht[129]. Eine weitere Erhöhung der Bezüge erfolgt bis zur Versetzung in den Ruhestand nicht[130]. Die Höhe des Ruhegehalts beträgt maximal 75% des zuletzt gewährten Grundgehalts[131] [132], wobei ebenfalls keine altersabhängige Erhöhung mehr erfolgt. Der Gesetzgeber bringt mit diesen Regelungen zum Ausdruck, daß nach seiner Auffassung das relativ frühzeitig gewährte Endgrundgehalt auch bei älteren Beamten und Ruhestandsbeamten trotz steigender finanzieller Bedürfnisse noch den angemessenen Unterhalt darstellt. Da die Angemessenheit auch bei diesen Beamten nicht in Frage gestellt wird, hätte der Gesetzgeber das Erreichen des Endgrundgehalts noch weiter zeitlich hinausschieben können, ohne gegen das Alimentationsprinzip zu verstoßen, da ein erhebliches Nachlassen der körperlichen und geistigen Kräfte, welches einer finanziellen Kompensation bedarf, normalerweise frühestens ab dem Eintritt in den Ruhestand zu erwarten ist. Einen früheren Zeitpunkt für dieses Nachlassen wird man schon deshalb nicht annehmen können, weil ansonsten ein Widerspruch zur Festlegung des Ruhestandsalters entstünde.

Auch unter dem Gesichtspunkt, daß mit zunehmendem Lebensalter die finanziellen Bedürfnisse durch Familiengründung, Unterhalt und Ausbildungskosten für Kinder steigen[133], läßt sich ein durch das Alimentationsprinzip zwingend gebotenes Ansteigen des Grundgehalts nicht begründen. Der Gesetzgeber wollte diesem Umstand ersichtlich durch die Gewährung von entsprechenden Zuschlägen[134] Rechnung tragen[135]. Nach dem Gesagten läßt sich folgendes feststellen: Sofern man das in der untersten Stufe der jeweiligen Besoldungsgruppe gewährte Grundgehalt nach hier ver-

---

[129] Je nach zugehöriger Besoldungsgruppe; vgl. *Sander*. in: Schwegmann/Summer, Bundesbesoldungsgesetz, § 27, Rn. 1.

[130] Beförderungen und allgemeine Besoldungserhöhungen sind an dieser Stelle unbeachtlich, weil die zusätzlichen Bezüge nicht deshalb gewährt werden, um die altersbedingten höheren finanziellen Bedürfnisse auszugleichen.

[131] Vgl. §§ 14 i. V. m. 5 BeamtVG.

[132] Die Kürzung im Verhältnis zu den Bezügen im aktiven Dienst erfolgt nach *Ule*, in: Studienkommission 1973, Anlageband 5, S. 441 ff. (516), deshalb, weil der Beamte im Ruhestand weniger Geld als der aktive Beamte gleichen Rangs benötigt, um ein seinem letzten Amt entsprechendes Leben zu führen.

[133] Vgl. *Summer*, ZBR 1984, S. 62.

[134] Vgl. § 40 Abs. 1 bis 3 BBesG.

[135] Es dürfte allerdings zweifelhaft sein, ob diese Zuschläge bei volljährigen Kindern in der Berufsausbildung selbst bei Berücksichtigung der Weiterzahlung von Kindergeld (§§ 62 ff. EStG) bzw. Weitergewährung des Kinderfreibetrages (§ 32 EStG) ausreichend sind, um die damit verbundenen Kosten zu decken. Dies soll im Rahmen dieser Arbeit jedoch nicht weiter diskutiert werden.

tretener Auffassung als angemessenen Unterhalt ansieht, läßt sich aus dem Alimentationsprinzip kein zwingender Grund für ein altersabhängiges Ansteigen des Grundgehalts herleiten. Erst mit Erreichen des Ruhestandsalters muß eine Erhöhung des Grundgehalts stattfinden, weil hier nach allgemeiner Erfahrung aufgrund von starker Abnahme der Leistungsfähigkeit und durch Krankheiten in vielen Fällen erhöhte finanzielle Bedürfnisse entstehen[136].

Die Tatsache, daß das Endgrundgehalt auch nach der Neuregelung der Grundgehaltstabellen bereits zu einem relativ frühen Zeitpunkt im Berufsleben erreicht wird, und damit die Beamten höher besoldet werden als dies nach dem Alimentationsprinzip geboten ist, ist dennoch begrüßenswert. Zum einen bleibt dadurch der öffentliche Dienst für gute Absolventen der Schulen und Hochschulen attraktiv, wodurch die Qualität der öffentlichen Dienstleistungen sichergestellt ist. Zum anderen honoriert der Dienstherr auch weiterhin faktisch die Zunahme der Berufserfahrung und bietet seinen Beamten einen finanziellen Anreiz, ihm auch weiterhin diese Berufserfahrung zur Verfügung zu stellen und nicht zu einem privaten Arbeitgeber zu wechseln.

Auch die Tatsache, daß Beamte ab der Besoldungsgruppe A5 durch die genannten Modifizierungen zu bestimmten Zeiten in ihrem Berufsleben ein geringeres Grundgehalt als nach der früheren Regelung beziehen, ist verfassungsrechtlich unbedenklich. Es existiert kein hergebrachter Grundsatz des Berufsbeamtentums nach Art. 33 Abs. 5 GG derart, daß eine bestimmte, betragsmäßig fixierte Besoldung garantiert wäre. Insbesondere das Bundesverfassungsgericht hat wiederholt festgestellt, daß der Gesetzgeber nicht daran gehindert ist, die Höhe der Bezüge für die Zukunft auch nach unten zu verändern, solange die Angemessenheit gewahrt bleibt[137]. Teilweise wird vertreten, daß eine derartige Änderungsbefugnis des Gesetzgebers zusätzlich

---

[136] Wobei die Erhöhung der Bezüge auch in der Weise erfolgen könnte, daß bei Eintritt in den Ruhestand der 25%ige Abschlag nach § 14 BeamtVG nicht vorgenommen wird, so daß faktisch eine Erhöhung vorliegt, weil der Ruhestandsbeamte weniger Geld benötigt als der aktive Beamte, um ein seinem letzten Amt entsprechendes Leben zu führen; vgl. oben Anm. 132.

[137] BVerfG (Beschluß des Ersten Senats vom 11. Juni 1958), BVerfGE 8, S. 1 ff. (13 f.); BVerfG (Beschluß des Zweiten Senats vom 7. Mai 1963), BVerfGE 16, S. 94 ff. (112 f.); BVerfG (Beschluß des Zweiten Senats vom 30. März 1977), BVerfGE 44, S. 249 ff. (269); BVerfG (Beschluß des Zweiten Senats vom 10. Oktober 1978), BVerfGE 49, S. 260 ff. (272); BVerfG (Urteil des Ersten Senats vom 28. Februar 1980), BVerfGE 53, S. 257 ff. (307); BVerfG (Beschluß des Zweiten Senats vom 4. Februar 1981), BVerfGE 56, S. 146 ff. (165); ebenso *Stern*, Staatsrecht, § 11, S. 357; *Ule*, in: Bettermann/Nipperdey(Hrsg.), S. 593.

durch den Gesichtspunkt des Bestands- und Vertrauensschutzes eingeschränkt sei[138]. Diese Ansicht würde dazu führen, daß der Gesetzgeber die Höhe der Bezüge grundsätzlich nicht bis zur Grenze der Angemessenheit im Sinne des Alimentationsprinzips verringern dürfte, sondern die einmal normierte Besoldungshöhe aufrecht erhalten müßte, sofern er nicht besondere Gründe für eine Absenkung darlegen kann. Eine derartige Sichtweise ist jedoch abzulehnen, da die Mindesthöhe der Beamtenbesoldung ausschließlich durch das im Verhältnis zum rechtsstaatlichen Grundsatz des Vertrauensschutzes speziellere Alimentationsprinzip bestimmt wird[139]. Nach der Rechtsprechung des Bundesverfassungsgerichts garantiert Art. 33 Abs. 5 GG gerade keine wohlerworbenen Rechte des Beamten derart, daß nach seiner Ernennung eine Verschlechterung der Rechtslage durch Gesetz unzulässig wäre[140]. Bei genauer Betrachtung ergibt sich sogar, daß sich die Höhe der aktuellen Besoldung durch das Inkrafttreten des DRRG in keinem Fall vermindert hat, da Verringerungen des Grundgehalts aufgrund der Einordnung der Beamten in die neuen Stufen durch eine ruhegehaltfähige Überleitungszulage in Höhe des Unterschiedsbetrages zwischen den Grundgehaltsbeträgen nach altem und neuen Recht ausgeglichen werden[141]. Die Umgestaltung der Grundgehaltstabellen führt also lediglich dazu, daß die Erwartung der genannten Beamten nicht mehr erfüllt wird, mit einem bestimmten Besoldungsdienstalter und damit Lebensalter eine ziffernmäßig bestimmte Besoldung zu erhalten. Wenn aber der Gesetzgeber verfassungsrechtlich nicht gehindert ist, die aktuelle Besoldungshöhe für die Zukunft in den Grenzen des Alimentationsgrundsatzes zu verringern, so gilt dies erst recht für die Höhe der Bezüge, die zu einem späteren

---

[138] *Müller*, Der Bestandsschutz des Unterhaltsrechts der Beamten im Grundgesetz, S. 156 ff.; *Lecheler*, ZBR 1990, S. 4 f.; ebenso *Knaier*, Kommunales Haushalts- und Dienstrecht, S. 122, der davon ausgeht, daß eine Änderung der Besoldungsvorschriften „aufgrund des Rechts auf Besitzstandswahrung" ausgeschlossen sei.

[139] Im Ergebnis ebenso Leibholz/Rinck/Hesselberger, Grundgesetz, Art. 33, Rn. 261; BVerfG (Beschluß des Zweiten Senats vom 7. November 1979), BVerfGE 52, S. 303 ff. (345); BVerfG (Beschluß des Zweiten Senats vom 7. Januar 1981), BVerfGE 55, S. 372 ff. (396); BVerfG (Beschluß des Zweiten Senats vom 10. April 1984), BVerfGE 67, S. 1 ff. (14); BVerfG (Beschluß des Zweiten Senats vom 15. Mai 1985), BVerfGE 70, S. 69 ff. (84).

[140] BVerfG (Beschluß des Ersten Senats vom 2. Dezember 1958), BVerfGE 8, S. 332 ff. (342, 350); BVerfG (Beschluß des Zweiten Senats vom 7. Mai 1963), BVerfGE 16, S. 94 ff. (115). Nach *Maunz* gilt dies allerdings nur für die ziffernmäßige Höhe der Besoldung, nicht aber für die Voraussetzungen des Besoldungsanspruchs, wie z. B. Lebensalter und lebenslange Anstellung; vgl. *Maunz*, in: Maunz/Dürig, Grundgesetz, Art. 33, Rn. 70.

[141] Vgl. Abschnitt III.1.1.

Zeitpunkt zu erwarten sind[142]. Die Angemessenheit der neuen Grundgehaltsbeträge wurde bereits bejaht.

2.2. Leistungsabhängiges Aufsteigen und Leistungsstufen

Nunmehr soll die Frage geklärt werden, ob das leistungsabhängige Vorrücken in den Grundgehaltsstufen und die Einführung von Leistungsstufen unter verfassungsrechtlichen Gesichtspunkten zulässig sind.

2.2.1. Alimentationsprinzip

Einer Berücksichtigung der individuellen Leistung beim Aufsteigen in die höheren Grundgehaltsstufen könnte das Alimentationsprinzip entgegenstehen. Wie bereits erwähnt, besagt dieses Prinzip zum einen, daß der Dienstherr seinen Beamten amtsangemessene Bezüge zu gewähren hat. Darüber hinaus bringt es zum Ausdruck, daß die Besoldung eines Beamten gerade keine Gegenleistung für dessen konkrete Dienste darstellt[143]. Würde man diesen Gedanken auf das gesamte Berufsleben eines Beamten projizieren, so käme man zu dem merkwürdigen Ergebnis, daß der Dienstherr seinen Beamten Unterhalt gewährt, ohne eine Gegenleistung in Form einer Arbeitsleistung von ihnen zu verlangen. Diese Sichtweise des Alimentationsprinzips wäre schließlich auch kaum mit dem Leistungsprinzip des Art. 33 Abs. 2 GG in Einklang zu bringen. Das Leistungsprinzip besagt, daß neben der Eignung und Befähigung auch die fachliche Leistung über den Zugang zum Beamtendienst und zu jedem höheren Amt entscheidet. Nach allgemeiner Ansicht gehört es genau wie das Alimentationsprinzip zu den hergebrachten Grundsätzen des Berufsbeamtentums nach Art. 33 Abs. 5 GG[144]. Stellt man nun das Alimentationsprinzip in der erwähnten Auslegung dem Leistungsprinzip gegenüber, so ergibt sich als widersprüchliches Ergebnis, daß für den Zugang zum Beamtendienst und zu höheren Ämtern auf die fachliche

---

[142] Ebenso *Sander*, in: Schwegmann/Summer, Bundesbesoldungsgesetz, § 27, Rn. 17; Leibholz/Rinck/Hesselberger, Grundgesetz, Art. 33, Rn. 262; BVerfG (Beschluß des Zweiten Senats vom 13. Oktober 1964), BVerfGE 18, S. 159 ff. (166 f.); BVerfG (Beschluß des Zweiten Senats vom 15. Mai 1985), BVerfGE 70, S. 69 ff. (79).

[143] *Kunig*, in: von Münch/Kunig, Grundgesetz, Art. 33, Rn. 63; Leibholz/Rinck/Hesselberger, Grundgesetz, Art. 33, Rn. 272; *Lübbe-Wolff*, in: Dreier, Grundgesetz, Art. 33, Rn. 80; BVerfG (Beschluß des Zweiten Senats vom 30. März 1977), BVerfGE 44, S. 249 ff. (264); BVerfG (Beschluß des Zweiten Senats vom 25. November 1980), BVerfGE 55, S. 207 ff. (241); BVerfG (Beschluß des Zweiten Senats vom 15. Oktober 1985), BVerfGE 71, S. 39 ff. (63).

[144] *Lecheler*, in: Isensee/Kirchhof(Hrsg.), § 72, Rn. 58; *Stern*, Staatsrecht, § 11, S. 356; *Maunz*, in: Maunz/Dürig, Grundgesetz, Art. 33, Rn. 74; BVerfG (Beschluß des Zweiten Senats vom 14. Dezember 1982), BVerfGE 62, S. 374 ff. (383); BVerfG (Beschluß des Zweiten Senats vom 10. Dezember 1985), BVerfGE 71, S. 255 ff. (268).

Leistung abgestellt wird, während dieser Aspekt im Rahmen der Ausführung der Amtsgeschäfte durch den Beamten unberücksichtigt bleiben müßte.

Dieses nicht hinnehmbare Ergebnis läßt sich jedoch vermeiden, wenn man sich der überwiegenden Auffassung anschließt, daß der Beamte für die Gewährung einer angemessenen Alimentation durchaus eine Gegenleistung zu erbringen hat, nämlich daß er sich ganz dem öffentlichen Dienst als Lebensberuf widmet und gemäß den jeweiligen Anforderungen seine Dienstpflicht nach Kräften erfüllt[145] [146]. In diesem Sinne äußern sich auch *Summer/Rometsch* mit der Feststellung, daß die Alimentation zu keiner Zeit als leistungslose Unterhaltsrente verstanden wurde. Das Wesentliche des Alimentationsprinzips ist, daß die Bezüge nur bei vorübergehendem Wegfall der Dienstleistung weiter bezahlt werden. Wird dagegen die Dienstleistung längere Zeit nicht erbracht, so wird entweder das Zwangspensionierungsverfahren oder das Disziplinarverfahren mit dem Ziel der Entlassung aus dem Dienst durchgeführt[147]. *Summer* vertritt dementsprechend unter Fortführung der These, daß der Beamte als Ge-

---

[145] *Lübbe-Wolff*, in: Dreier, Grundgesetz, Art. 33, Rn. 80; Leibholz/Rinck/Hesselberger, Grundgesetz, Art. 33, Rn. 273; *Kunig*, in: von Münch/Kunig, Grundgesetz, Art. 33, Rn. 63; *Thiele*, DVBl. 1981, S. 258; BVerfG (Beschluß des Zweiten Senats vom 12. März 1975), BVerfGE 39, S. 196 ff. (200 f.); BVerfG (Beschluß des Zweiten Senats vom 30. März 1977), BVerfGE 44, S. 249 ff. (264); BVerfG (Beschluß des Zweiten Senats vom 25. November 1980), BVerfGE 55, S. 207 ff. (241); BVerfG (Beschluß des Zweiten Senats vom 15. Oktober 1985), BVerfGE 71, S. 39 ff. (63).

[146] *Ziemske*, DÖV 1997, S. 607, leitet diese Leistungspflicht aus dem Leistungsprinzip ab. Diese Sichtweise entspricht jedoch nicht dem Leistungsprinzip im Sinne des Art. 33 Abs. 2 GG; vgl. *Ule*, in: Studienkommission 1973, Anlageband 5, S. 441 ff. (518), Aus diesem Grund kann man die Auffassung, daß der Beamte als Gegenleistung für die Alimentation auch eine Dienstleistung zu erbringen hat, nicht auf das Leistungsprinzip nach Art. 33 Abs. 2 GG als Verfassungsprinzip stützen, welches das Alimentationsprinzip einschränkt. Die genannte Sichtweise kann wohl nur damit begründet werden, daß der Dienstherr das Beamtenverhältnis nicht begründet, um den Beamten zu alimentieren, sondern um ihn mit Aufgaben zu betrauen, so daß das zugrunde liegende Beamtenverhältnis immanent mit einer Dienstleistungsverpflichtung behaftet ist, was seine Entsprechung im Alimentationsprinzip findet. Clemens/Millack/Engelking/Lantermann/Henkel, Besoldungsrecht, Band I, Teil II, § 1, S. 7, sehen die Leistungspflicht ebenfalls als einen dem Alimentationsprinzip immanenten Grundsatz. *Weiß*, ZBR 1972, S. 291, weist darauf hin, daß Alimentationspflicht und Dienstleistungspflicht in einer synallagmatischen Verknüpfung stehen. *Summer*, ZBR 1995, S. 128, bezeichnet dementsprechend das Alimentationsprinzip als „weiches Prinzip des Art. 33 Abs. 5 GG, das einer näheren Bestimmung durch den Gesetzgeber offensteht, solange die Grundstruktur gewahrt bleibt". Teilweise wird diese Leistungspflicht auch als Leistungsprinzip bezeichnet; vgl. z. B. Clemens/Millack/Engelking/Lantermann/Henkel, Besoldungsrecht, Band I, Teil II, § 2, S. 3, obwohl diese Bezeichnung irreführend ist. *Ziemske*, a. a. O., leitet diese Verpflichtung zur Leistung aus dem Leistungsprinzip des Art. 33 Abs. 2 GG ab, was nach hier vertretener Auffassung nicht korrekt ist. Zur eindeutigen Klärung sei noch einmal darauf hingewiesen, daß das Leistungsprinzip des Art. 33 Abs. 2 GG nur zum Ausdruck bringt, daß das berufliche Fortkommen eines Beamten unter anderem von seiner fachlichen Leistung abhängt. Eine Verpflichtung zur Leistung kann demgegenüber nur der erwähnten Sichtweise des Alimentationsprinzips entnommen werden.

[147] *Summer/Rometsch*, ZBR 1981, S. 8.

genleistung für die Alimentation seine Dienstpflicht nach Kräften zu erfüllen hat, die Auffassung, daß Gesamtlebensdienstleistung und Gesamtalimentation in einem Austauschverhältnis stehen. Der Gesetzgeber kann dieses Verhältnis grundsätzlich modifizieren, solange jedem Beamten weiterhin angemessene Bezüge gewährt werden. Insbesondere steht nach *Summer* das Alimentationsprinzip leistungsbezogenen Bezahlungsdifferenzierungen nicht entgegen[148]. Diese Ansicht ist vor allem unter dem Gesichtspunkt zu unterstützen, daß unsere Gesellschafts- und Wirtschaftsordnung grundlegend vom Leistungsprinzip geprägt ist, und sich auch das Beamtenverhältnis trotz seiner Besonderheiten an den bestehenden Gesellschaftsprinzipien auszurichten hat.

Um allerdings eine weitgehende Aufgabe des Alimentationsprinzips und eine Annäherung der Beamtenbesoldung an den echten Leistungslohn des allgemeinen Arbeitsrechts zu vermeiden, muß in jedem Fall die amtsangemessene Besoldung gewahrt bleiben. Daneben dürfen kurzfristige Leistungsschwankungen die Besoldungshöhe nicht beeinflussen, da es zum Kern des Alimentationsprinzips gehört, daß sogar der vorübergehende völlige Wegfall der Dienstleistung nicht zum Entfallen des Besoldungsanspruchs führt[149]. Außerdem würde die Berücksichtigung der kurzfristig von einem Beamten gezeigten Leistung bei der Besoldung dazu führen, daß die gewährten Bezüge als Gegenleistung für dessen konkrete Dienste und damit als Leistungslohn anzusehen sind, was einen grundlegenden Verstoß gegen das Alimentationsprinzip darstellt.

Ein Verstoß des leistungsabhängigen Aufsteigens in den Grundgehaltsstufen gegen diese Sichtweise des Alimentationsprinzips ist nicht ersichtlich: Der Dienstherr kann von seinen Beamten als Gegenleistung für die diesen gewährte Besoldung durchschnittliche Leistungen verlangen[150]. Erbringt der Beamte durchschnittliche Leistungen, so steigt er normal in den Grundgehaltsstufen nach § 27 Abs. 2 BBesG auf. Entspricht die Leistung nicht den mit dem Amt oder Dienstposten des Beamten verbundenen durchschnittlichen Anforderungen, so kommt eine Hemmung des Aufstiegs in die nächsthöhere Gehaltsstufe in Betracht. Dies gilt jedoch nur dann, wenn die Min-

[148] *Summer*, ZBR 1995, S. 128.
[149] *Summer/Rometsch*, ZBR 1981, S. 8.
[150] *Schnellenbach*, DVBl. 1995, S. 1155. Dieser Ansicht ist wohl auch *Ule*, Studienkommission 1973, Anlageband 5, S. 441 ff. (*Ule*) (518), der anspricht, daß die Besoldungsordnung auf durchschnittliche Leistungen aller zu einer Besoldungsgruppe gehörenden Beamten abstellt.

derleistung vorwerfbar ist[151]. Dadurch, daß die dienstliche Beurteilung, die ja immer die gesamte fachliche Leistung eines Beurteilungszeitraums und nicht Einzelleistungen darzustellen hat[152], den Anknüpfungspunkt für das Nichtaufsteigen bildet[153], wird vermieden, daß die konkrete oder über einen kurzen Zeitraum vom Beamten gezeigte Leistung Auswirkungen auf die normale Besoldung hat[154].

Die Angemessenheit des Grundgehalts steht auch im Fall einer längeren Hemmung des Aufstiegs nicht in Frage. Der Beamte erhält in jedem Fall das Grundgehalt aus der untersten Stufe seiner Besoldungsgruppe, da eine Kürzung der Bezüge nicht vorgenommen wird. Die Höhe dieses Stufenbetrags stellt nach hier vertretener Meinung auch im Fall eines dauerhaften Verbleibens in der Anfangsstufe noch den angemessenen Unterhalt dar[155]. Daß einem Beamten aufgrund einer dauerhaften Hemmung des Stufenaufstiegs verminderte Versorgungsbezüge gewährt werden, welche aufgrund der erhöhten finanziellen Bedürfnisse ab Erreichen der Ruhestandsgrenze als unangemessen angesehen werden könnten, ist allenfalls theoretisch denkbar, da der Beamte durch eine schuldhafte Minderleistung gegen seine dem Alimentationsprinzip immanente Pflicht zur Erbringung durchschnittlicher Leistungen[156] verstößt und damit ein Dienstvergehen begeht[157]. Bei hartnäckiger Weigerung des Beamten, sein Verhalten zu ändern, müßte bei korrekter Handhabung in einem förmlichen Disziplinarverfahren als ultima ratio die Entfernung aus dem Dienst erfolgen[158]. Grundsätzlich wird man jedoch davon ausgehen können, daß der Beamte sein Verhalten bereits dann ändert, wenn er aufgrund seiner Minderleistung nicht in die nächsthöhere

---

[151] Obwohl in den bereits vorgestellten Normen die Vorwerfbarkeit nicht als Voraussetzung für den Nichtaufstieg explizit ausgesprochen wird, wird die weitere Diskussion zeigen, daß nur die schuldhafte Minderleistung eine Hemmung des Aufstiegs bewirken kann.

[152] *Schnellenbach*, Die dienstliche Beurteilung, Rn. 198.

[153] Vgl. §§ 3 Abs. 1 S. 2 LStuV; 3 Abs. 1 S. 1 BayLStuV.

[154] Die Beurteilung bezieht sich beim Bund auf einen Zeitraum von höchstens fünf Jahren (vgl. § 40 Abs. 1 S. 1 BLV) und in Bayern auf einen Zeitraum von höchstens vier Jahren (vgl. § 49 Abs. 1 S. 1 BayLbV). Auch wenn die obersten Dienstbehörden für ihren Bereich teilweise kürzere Beurteilungsperioden vorsehen, steht außer Frage, daß in allen Fällen eine langfristige Leistungsbewertung erfolgt.

[155] Vgl. Abschnitt III.2.1.

[156] Einfachgesetzliche Ausprägung in § 54 S. 1 BBG und Art. 64 Abs. 1 S. 1 BayBG (Pflicht zur vollen Hingabe an den Beruf).

[157] § 77 Abs. 1 S. 1 BBG; Art. 84 Abs. 1 S. 1 BayBG.

[158] Vgl. § 28 Abs. 2 BDO, wonach zwingend ein förmliches Disziplinarverfahren einzuleiten ist, wenn in Vorermittlungen nicht zweifelsfrei der Verdacht ausgeräumt wird, daß der Beamte fortgesetzt und vorwerfbar Minderleistungen unter Verstoß gegen § 54 S. 1 BBG erbracht hat. Im Bereich des Bundes genügt nunmehr der Verdacht einer fortgesetzten und vorwerfbaren Minderleistung, um dem Dienstvorgesetzten die Möglichkeit abzuschneiden, das Verfahren einzustellen oder eine Disziplinarverfügung zu erlassen; vgl. *Günther*, VR 1997, S. 56.

Grundgehaltsstufe aufsteigt. In diesem Fall erreicht er, unter Umständen verspätet, das Endgrundgehalt, so daß eine angemessene Versorgung im Ruhestand gesichert ist.

Die gesetzliche Regelung des Verbleibens in der bisherigen Stufe trägt dem Alimentationsprinzip schließlich auch in der Weise Rechnung, daß sich eine temporäre Minderleistung nicht dauerhaft auf die Höhe der Bezüge auswirkt, da der Beamte, sobald er wieder zumindest durchschnittliche Leistung erbringt, in relativ kurzer Zeit wieder in die Grundgehaltsstufe aufsteigt, in welcher er sich ohne die Hemmung des Aufstiegs befände[159]. Auch im Fall der Dienstunfähigkeit infolge eines Dienstunfalls wirkt sich eine verfügte Aufstiegshemmung nicht dauerhaft finanziell aus, da die Versorgungsbezüge auf der Grundlage derjenigen Grundgehaltsstufe errechnet werden, die der Beamte (fiktiv) bis zum normal vorgesehenen Pensionsalter hätte erreichen können[160]. Einen Verstoß gegen den Grundsatz, daß sich eine temporäre Minderleistung nicht dauerhaft auf die Besoldung auswirken darf, scheint auf den ersten Blick die Konstellation darzustellen, daß ein Beamter wegen einer Krankheit vorzeitig in den Ruhestand versetzt wird, und sich der Beamte zu diesem Zeitpunkt wegen einer Aufstiegshemmung nicht in seiner Regelstufe nach § 27 Abs. 2 BBesG befindet. Nach der gesetzlichen Regelung würden die Versorgungsbezüge auf der Grundlage der aktuellen Stufe errechnet und zukünftig gewährt[161]. Diesen Verstoß gegen das Alimentationsprinzip vermeidet man, wenn man sich der Auffassung von *Sander* anschließt, daß in diesem Fall für die Bemessung der Versorgungsbezüge die Regelstufe nach § 27 Abs. 2 BBesG maßgeblich ist, so daß sich die Hemmung des Aufstiegs auch hier nicht dauerhaft finanziell auswirkt[162]. Es läßt sich schließlich feststellen, daß das mögliche Nichtaufsteigen in den Grundgehaltsstufen unter den genannten Voraussetzungen im Hinblick auf das Alimentationsprinzip keinerlei Bedenken begegnet.

Zu klären bleibt, ob die durch das DRRG neu eingeführte Möglichkeit der Vergabe von Leistungsstufen einen Verstoß gegen das Alimentationsprinzip darstellt. *Lecheler* bejaht dies, da nach seiner Auffassung der Zweck der Besoldung, nämlich die Sicherung der Leistungsbereitschaft des Beamten, mit einer Bezahlung für erbrachte

---

159 Vgl. Abschnitt III.1.1.

160 § 5 Abs. 2 BeamtVG.

161 §§ 14 i. V. m. 5 Abs. 1 S. 1 Nr. 1 BeamtVG.

162 *Sander*, in: Schwegmann/Summer, Bundesbesoldungsgesetz, § 27, Rn. 17.

Leistungen nicht in Einklang zu bringen ist[163]. Dabei übersieht er jedoch, daß jeder Beamte auch weiterhin dem Alimentationsprinzip genügende Bezüge erhält, die unabhängig von einer bestimmten Leistung gewährt werden. Dieses feste Einkommen ermöglicht ihm und seiner Familie in jedem Fall eine amtsangemessene Lebensführung[164]. Der Beamte wird gerade nicht durch „Schwankungen in der Besoldung in die Unruhe des Vertreterberufs geworfen"[165]. Ihm wird jedoch durch die Möglichkeit, eine Leistungsstufe zu erhalten, ein finanzieller Anreiz in Aussicht gestellt, der ihn dazu veranlassen soll, eine Gesamtleistung zu erbringen, die über dem Durchschnitt liegt. Zu einem derartigen Verhalten ist er jedoch nicht gezwungen, um ein ausreichendes Einkommen zu erzielen. Eine grundsätzliche Öffnung der Beamtenbesoldung in Richtung Leistungslohn des allgemeinen Arbeitsrechts[166] ist durch die Einführung von Leistungsstufen gerade nicht erfolgt[167]. Dementsprechend äußert sich auch die Bundesregierung in ihrer Stellungnahme zum Entwurf des DRRG dahingehend, daß durch die Einführung von Leistungsstufen das Alimentationsprinzip nicht verletzt wird, und das Leistungsprinzip[168] stärker zur Geltung kommt[169]. Auch haben die aufgrund einer Leistungsstufe zusätzlich gewährten Zahlungen nach der Definition der Bundesregierung gerade keinen alimentativen Charakter[170]. Man muß *Lecheler* allerdings zumindest in der Weise recht geben, daß die leistungsabhängige Bezahlung typischerweise im allgemeinen Arbeitsrecht beheimatet ist. Diese Tatsache verbietet es jedoch nicht, sie ins öffentliche Dienstrecht zu übernehmen. Zum einen wurde bereits dargelegt, daß auch dem Alimentationsprinzip eine Dienstleistungspflicht immanent ist. Zum anderen ist beispielsweise auch die besoldungsrechtliche Regelung der Mehrarbeitsvergütung, deren Vereinbarkeit mit dem Alimentationsprinzip nicht in Frage gestellt wird, arbeitsrechtlicher Herkunft. *Battis* verweist vollkommen zu Recht darauf, daß es, gemessen am Alimentationsprinzip,

[163] *Lecheler*, ZBR 1996, S. 5.
[164] Diese Grundvoraussetzung stellen auch *Achterberg* und *Schnellenbach* für die Zulässigkeit von leistungsbezogenen Bezahlungselementen explizit heraus; vgl. *Achterberg*, DVBl. 1977, S. 547; *Schnellenbach*, DVBl. 1995, S. 1155.
[165] *Achterberg*, DVBl. 1977, S. 547.
[166] Wie dies *Lecheler*, ZBR 1996, S. 5, behauptet.
[167] Ebenso *Battis*, ZBR 1996, S. 195.
[168] Die Bundesregierung meint damit das allgemeine Leistungsprinzip unserer Gesellschaftsordnung, welches die Einkommensunterschiede in unserer Gesellschaft aufgrund der unterschiedlichen Wertigkeit der Beiträge der einzelnen rechtfertigt und daneben zur Leistung motivieren soll; vgl. *Millack/Summer*, ZBR 1978, S. 146. Dieses Prinzip findet über die Schnittstelle des Art. 33 Abs. 2 GG auch im Beamtenverhältnis Berücksichtigung, da Beförderungsentscheidungen neben der Berücksichtigung der Eignung und Befähigung der Bewerber auch nach der fachlichen Leistung zu treffen sind.
[169] BT-Drs. 13/3994, S. 30.
[170] BT-Drs. 13/3994, S. 40.

keinen Unterschied macht, ob sich eine zeitliche oder eine qualitative beziehungsweise quantitative Mehrleistung finanziell auswirkt[171].

Nur der Vollständigkeit halber sei schließlich noch darauf hingewiesen, daß nach *Schnellenbach* zusätzlich gewährleistet sein muß, daß die zur Sicherung einer angemessenen Besoldung erforderlichen Haushaltsmittel nicht für die Finanzierung von leistungsbezogenen Bezahlungselementen verwendet werden dürfen, und daß unabweisbare Besoldungserhöhungen nicht mit dem Hinweis unterlassen werden dürfen, daß jeder Beamte seine Besoldung ja durch leistungsabhängige Bezahlungselemente aufbessern kann[172]. Damit spricht er jedoch nur noch einmal an, daß jeder Beamte auch weiterhin angemessen besoldet werden muß.

Nach den getroffenen Aussagen läßt sich jedenfalls feststellen, daß auch die Einführung von Leistungsstufen unter den gegebenen Rahmenbedingungen keinen Verstoß gegen das Alimentationsprinzip darstellt.

Abschließend muß noch auf einen Gesichtspunkt eingegangen werden, der Leistungsstufen und Nichtaufsteigen in die nächste Grundgehaltsstufe gleichermaßen betrifft: Nach *Schnellenbach* setzt die Zulässigkeit von leistungsbezogenen Bezahlungselementen voraus, daß diese eine gewisse Bandbreite nicht überschreiten[173]. Damit spricht er das ebenfalls aus dem Alimentationsprinzip folgende Gebot aus, daß verschiedene Ämter im statusrechtlichen Sinn auch unterschiedlich besoldet werden[174]. Dies bedeutet konkret, daß ein Beamter, der beispielsweise ein Amt der Besoldungsgruppe A10 innehat, grundsätzlich höher besoldet werden muß als sein ebenso alter Kollege, der sich in einem Amt der Besoldungsgruppe A9 befindet[175]. Die Einführung des leistungsabhängigen Aufsteigens in den Stufen und von Leistungsstufen stellt eine Einschränkung dieses Prinzips dar: Beispielsweise erhält ein 27-jähriger Beamter der Besoldungsgruppe A7, der sich in seiner normalen Stufe

[171] *Battis*, ZBR 1996, S. 195.
[172] *Schnellenbach*, DVBl. 1995, S. 1155.
[173] *Schnellenbach*, DVBl. 1995, S. 1155.
[174] *Kunig*, in: von Münch/Kunig, Grundgesetz, Art. 33, Rn. 63; *Maunz*, in: Maunz/Dürig, Grundgesetz, Art. 33, Rn. 69; *Fürst/Strecker*, Beamtenrecht, S. 27; *Battis*, ZBR 1996, S. 195; *Summer*, ZBR 1995, S. 128; BVerfG (Beschluß des Zweiten Senats vom 14. Juni 1960), BVerfGE 11, S. 203 ff. (215).
[175] A. A. *Böhm*, ZBR 1997, S. 104, die anzweifelt, ob diese Schlußfolgerung von *Schnellenbach* aus dem Alimentationsprinzip heraus zwingend geboten ist.

nach § 27 Abs. 2 BBesG befindet, mit 3231.- DM ein höheres Grundgehalt als ein ebenfalls 27 Jahre alter Beamter der Besoldungsgruppe A8, der wegen unterdurchschnittlicher Leistung mit Vollendung des 26. Lebensjahres nicht in die nächsthöhere Grundgehaltsstufe aufgestiegen ist und deshalb nur ein Grundgehalt von 3217.- DM bezieht. Dies gilt entsprechend, wenn beispielsweise ein 26-jähriger Beamter der Besoldungsgruppe A7 eine Leistungsstufe erhalten hat, während sein ebenso alter Kollege der Besoldungsgruppe A8 sich in seiner normalen Stufe befindet.

Diese Einschränkung des Alimentationsprinzip wird jedoch durch die beabsichtigte Stärkung des Leistungsprinzips gerechtfertigt. Will man nämlich mit leistungsorientierten Besoldungselementen wirklich die Beamten zu höherer und besserer Leistung motivieren, so ist hierfür eine Mindesthöhe der in Aussicht zu stellenden „Belohnungen" erforderlich, da ansonsten das angestrebte Ziel nicht zu verwirklichen ist. Das Bundesverfassungsgericht hat in dieser Hinsicht auch wiederholt ausgesprochen, daß Härten, Friktionen und Unebenheiten des Besoldungssystems hingenommen werden müssen, wenn diese durch sachliche Gründe gerechtfertigt sind[176]. Somit wird das Alimentationsprinzip in zulässiger Weise durch das Leistungsprinzip eingeschränkt, da eine vollständige Beachtung des Prinzips der höheren Besoldung des höheren statusrechtlichen Amtes dazu führen würde, daß die leistungsabhängigen Bezahlungselemente so gering bemessen sein müßten, daß sich damit keine Motivationswirkung erzielen ließe.

2.2.2. Gesetzmäßigkeit der Besoldung

Möglicherweise verstößt das leistungsabhängige Aufsteigen in den Grundgehaltsstufen und die Einführung von Leistungsstufen gegen den Grundsatz der Gesetzmäßigkeit der Besoldung. Dieser stellt einen hergebrachten Grundsatz des Berufsbeamtentums nach Art. 33 Abs. 5 GG dar und besagt, daß ein Gehaltsanspruch nur dann besteht, wenn er in einem Gesetz geregelt ist[177]. Einfachgesetzlich spiegelt sich dieser

---

[176] BVerfG (Beschluß des Zweiten Senats vom 4. Juni 1969), BVerfGE 26, S. 141 ff. (159); BVerfG (Beschluß des Zweiten Senats vom 10. Oktober 1978), BVerfGE 49, S. 260 ff. (273); BVerfG (Beschluß des Zweiten Senats vom 20. Januar 1981), BVerfGE 56, S. 87 ff. (97); BVerfG (Beschluß des Zweiten Senats vom 30. September 1987), BVerfGE 76, S. 256 ff. (295).

[177] Leibholz/Rinck/Hesselberger, Grundgesetz, Art. 33, Rn. 274; *Stern*, Staatsrecht, § 11, S. 356; *Schnellenbach*, DVBl. 1995, S. 1155; BVerfG (Beschluß des Ersten Senats vom 11. Juni 1958), BVerfGE 8, S. 1 ff. (15); BVerfG (Beschluß des Zweiten Senats vom 30. März 1977), BVerfGE 44, S. 249 ff. (264); BVerwG (Urteil des Zweiten Senats vom 14. Mai 1964), BVerwGE 18, S. 293 ff. (295).

Grundsatz in § 2 Abs. 1 BBesG wider, wonach die Besoldung der Beamten, Richter und Soldaten durch Gesetz geregelt wird. Sowohl die aufgrund des Aufsteigens in die nächsthöhere Stufe als auch die aufgrund einer Leistungsstufe zusätzlich gewährten Zahlungen haben unproblematisch Besoldungscharakter, da sie an die vom Beamten gezeigte dienstliche Leistung anknüpfen.

Der Gesetzgeber hat den Grundsatz der Gesetzmäßigkeit der Besoldung zunächst in der Weise beachtet, daß er die Möglichkeit der Vergabe von Leistungsstufen und das leistungsabhängige Aufsteigen in den Grundgehaltsstufen in § 27 Abs. 1 S. 2 und Abs. 3 BBesG, also in einem Gesetz im formellen Sinn, geregelt hat. Auch die Tatsache, daß die Bundesregierung und die Landesregierungen zum Erlaß von Rechtsverordnungen ermächtigt werden, welche nähere Regelungen enthalten können, ist verfassungsrechtlich unproblematisch, da auch dies eine Regelung durch Gesetz darstellt, und von dieser Möglichkeit im Bundesbesoldungsgesetz bereits mehrfach Gebrauch gemacht worden ist[178]. *Schnellenbach* weist darauf hin, daß die gesetzlichen und verordnungsrechtlichen Tatbestände, an die Zahlungen mit Besoldungscharakter anknüpfen, wegen der Gesetzesbindung so bestimmt wie nur möglich sein müssen[179]. Zwar wird den Entscheidungsberechtigten durch die Verwendung von nicht näher bestimmten Begriffen wie „dauerhaft herausragende (Gesamt)Leistungen" und „mit dem Amt verbundene durchschnittliche Anforderungen" ein gewisser Ermessensspielraum eingeräumt. Diese Zubilligung von Ermessen ist jedoch letztlich nicht vermeidbar, will man nicht gänzlich auf Leistungsstufen und das leistungsabhängige Aufsteigen verzichten. Im übrigen soll mit der leistungsabhängigen Bezahlung ja das in Art. 33 Abs. 2 GG zum Ausdruck kommende Leistungsprinzip in der öffentlichen Verwaltung gestärkt werden, welches als ebenfalls hergebrachter Grundsatz des Berufsbeamtentums diese unvermeidlichen besoldungsrechtlichen Ermessensentscheidungen rechtfertigt[180]. Eine weitergehende Beschreibung, was als dauerhaft herausragende (Gesamt)Leistung beziehungsweise durchschnittliche Leistung anzusehen ist, wäre in den Verordnungen aufgrund der Vielgestaltigkeit der verschiedenen Verwaltungsbereiche gar nicht möglich gewesen. Schließlich wird man auch bis zum Beweis des Gegenteils davon ausgehen können, daß die Entscheidungsberechtigten ihr Ermessen sachgerecht ausüben, wobei sie insbesondere die Vorschläge der un-

---

[178] Clemens/Millack/Engelking/Lantermann/Henkel, Besoldungsrecht, Band I, Teil II, § 2, S. 2.
[179] *Schnellenbach*, DVBl. 1995, S. 1155.
[180] Ebenso *Schnellenbach*, DVBl. 1995, S. 1155; Clemens/Millack/Engelking/Lantermann/Henkel, Besoldungsrecht, Band I, Teil II, § 2, S. 3 f.

mittelbaren Fachvorgesetzten der betreffenden Beamten berücksichtigen, welche die erbrachte Leistung am besten beurteilen können, sofern sie nicht selbst bereits die unmittelbaren Fachvorgesetzten sind. Sollte sich dennoch herausstellen, daß diese Einschätzung unzutreffend ist, so verbleibt den obersten Dienstbehörden noch immer die Möglichkeit, entsprechende Kriterienkataloge aufzustellen, um eine korrekte Ermessensausübung sicherzustellen.

Nach *Battis* wird bereits durch die Umsetzung der leistungsbezogenen Bezahlungselemente durch dezentrale Entscheidungsträger und durch die Ermächtigung der Bundesregierung und der Landesregierungen zum Erlaß von nähere Regelungen enthaltenden Rechtsverordnungen dem Grundsatz der Gesetzmäßigkeit der Besoldung in ausreichender Weise Rechnung getragen[181]. Um allerdings zu vermeiden, daß dieser Grundsatz auf ein Minimum reduziert wird, muß man darüber hinaus fordern, daß sich die Verordnungen durch eine möglichst weitgehende Regelungsdichte bezüglich der Voraussetzungen für die Vergabe einer Leistungsstufe beziehungsweise für die Hemmung des Stufenaufstiegs auszeichnen, wodurch unsachliche und unkontrollierbare Entscheidungen grundsätzlich vermieden werden. Insbesondere ist ein geeignetes Leistungsbewertungsverfahren erforderlich[182].

Dieser Forderung sind die Bundesregierung und die Bayerische Staatsregierung in ausreichender Weise nachgekommen: In Bayern ist sowohl für die Festsetzung einer Leistungsstufe als auch für das Verbleiben in der bisherigen Stufe die sich aus der letzten Beurteilung oder aktuellen Leistungseinschätzung[183] ergebende Leistung maßgeblich[184]. Trotz aller Bedenken gegen das geltende Beurteilungssystem ist es bei korrekter Handhabung geeignet, die von vergleichbaren Beamten erbrachte unterschiedliche Leistung darzustellen. Gleiches gilt für das Verbleiben in der bisherigen Stufe im Bereich des Bundes, da auch hier eine durchschnittlichen Anforderungen nicht entsprechende Leistung auf der Grundlage der letzten dienstlichen Beurteilung festgestellt wird[185]. Auch die Tatsache, daß auf Bundesebene die Leistungsstufe auf der Grundlage einer aktuellen Leistungseinschätzung vergeben wird, wel-

---

[181] *Battis*, ZBR 1996, S. 196.

[182] *Schnellenbach*, DVBl. 1995, S. 1155 f.; *Schnellenbach* NVwZ 1997, S. 524; Clemens/ Millack/Engelking/Lantermann/Henkel, Besoldungsrecht, Band I, Teil II, § 2, S. 4.

[183] Für die ja die Beurteilungsvorschriften grundsätzlich entsprechend gelten; vgl. § 4 S. 3 BayLStuV.

[184] Dazu oben Abschnitt III.1.3.

[185] § 3 Abs. 1 S. 2 LStuV.

che die dauerhaft herausragenden Gesamtleistungen dokumentiert[186], stellt keinen Verstoß gegen den Grundsatz der Gesetzmäßigkeit der Besoldung dar. Dadurch daß diese Leistungseinschätzung zwar in verbaler Form erfolgt, sich aber an den Grundsätzen der Leistungsbewertung in einer Regelbeurteilung auszurichten hat[187], ist auch hier ein geeignetes Leistungsbewertungsverfahren vorhanden. Gestützt wird diese Behauptung insbesondere dadurch, daß der Kreis der Bestbeurteilten in der letzten Beurteilung in aller Regel mit denjenigen Beamten übereinstimmen wird, die auch für eine Leistungsstufe in Betracht kommen, sofern keine zwischenzeitliche Änderung des Leistungsverhaltens eingetreten ist[188].

Abschließend läßt sich feststellen, daß im Bereich des Bundes und des Freistaates Bayern ein Verstoß der neuen Bezahlungselemente leistungsabhängiger Aufstieg in den Grundgehaltsstufen und Leistungsstufe gegen den Grundsatz der Gesetzmäßigkeit der Besoldung nicht gegeben ist.

2.2.3. Das Leistungsprinzip

Es wurde bereits dargelegt, daß durch die Einführung von leistungsorientierten Bezahlungselementen die Entfaltung des Leistungsprinzips verstärkt werden soll[189]. Damit kann jedoch nicht gemeint sein, daß für das leistungsabhängige Aufsteigen in den Stufen beziehungsweise für die Vergabe einer Leistungsstufe an Eignung, Befähigung und fachliche Leistung im Sinne des Leistungsprinzips des Art. 33 Abs. 2 GG angeknüpft wird. Vielmehr darf ausschließlich die von einem Beamten gezeigte fachliche Leistung ausschlaggebend für den Stufenaufstieg beziehungsweise für die Vergabe einer Leistungsstufe sein. Dies ergibt sich aus folgender Überlegung: Obgleich sich die Merkmale Eignung und Befähigung im Sinne des Art. 33 Abs. 2 GG nur schwierig voneinander abgrenzen lassen, besteht dennoch Einigkeit darüber, daß sich diese Begriffe auf die allgemeinen geistigen, fachlichen und persönlichen Eigenschaften eines Beamten in bezug auf seine dienstliche Tätigkeit beziehen[190]. Eine leistungsabhängige Bezahlung ist jedoch ersichtlich nicht geeignet, diese allgemeinen Eigenschaften positiv zu beeinflussen. Dies wird allenfalls in begrenztem Um-

---

186 § 2 Abs. 1 S. 3 LStuV.
187 Vgl. *Bönders*, ZBR 1999, S. 13.
188 *Bönders*, ZBR 1999, S. 13 f.; *Göser/Schlatmann*, Leistungsbezahlung in der Besoldung, S. 33.
189 Vgl. Abschnitt III.2.2.1.
190 *Zängl*, in: Fürst, GKÖD, Band I, Teil 2a, K vor § 15, Rn. 31; *Zängl*, in: Weiß/Niedermaier, Bayerisches Beamtengesetz, Art. 12, S. 22 und 31; *Schnellenbach*, Die dienstliche Beurteilung, Rn. 84 f.

fang durch Lehrgänge, Seminare oder Schulungen möglich sein. Demgegenüber sind leistungsabhängige Bezahlungselemente grundsätzlich geeignet, zur Steigerung der fachlichen Leistung der Beamten beizutragen, da die fachliche Leistung die Qualität und die Quantität der Arbeitsergebnisse[191] der Beamten umfaßt[192].

Da also leistungsabhängige Bezahlungselemente das Leistungsprinzip nur in bezug auf Qualität und Quantität der von den Beamten erbrachten Leistung stärken können, darf als Vergabekriterium ausschließlich die gezeigte fachliche Leistung maßgeblich sein. Die Bundesregierung spricht demgemäß in ihrer Begründung zum DRRG auch ausdrücklich aus, daß die Vergabe einer Leistungsstufe rein leistungsbezogen erfolgt[193]. Gleiches gilt dementsprechend für das leistungsabhängige Aufsteigen in den Grundgehaltsstufen. In Fortentwicklung des Leistungsgrundsatzes des Art. 33 Abs. 2 GG, der verfassungsrechtlich garantiert, daß für den Zugang zu (höheren) öffentlichen Ämtern nur auf Eignung, Befähigung und fachliche Leistung des Bewerbers abgestellt werden darf, muß entsprechend für das leistungsabhängige Aufsteigen und für Leistungsstufen garantiert sein, daß die Entscheidung hierüber ausschließlich von der gezeigten fachlichen Leistung beeinflußt wird[194].

Die BayLStuV scheint gegen diese sich aus dem Leistungsprinzip ergebende Voraussetzung zu verstoßen, da in Bayern für die Feststellung einer herausragenden Leistung (aufgrund derer eine Leistungsstufe vergeben werden kann) sowie einer für das Aufsteigen in die nächste Stufe nicht genügenden Leistung das Gesamturteil der dienstlichen Beurteilung maßgeblich ist[195]. Nach der BayLStuV verbleibt der Beamte in der bisherigen Stufe, wenn er in seiner letzten dienstlichen Beurteilung oder aktuellen Leistungseinschätzung das Gesamturteil „entspricht nicht den Anforderungen"

---

[191] Mit Arbeitsergebnis ist hier nicht nur eine Einzelleistung gemeint, sondern das Ergebnis der gesamten Tätigkeit eines Beamten. Aus diesem Grund ist insbesondere der Begriff Qualität hier als Oberbegriff zu verstehen, der sich aus mehreren die Güte der Tätigkeit beschreibenden Faktoren zusammensetzt.

[192] *Schnellenbach*, Die dienstliche Beurteilung, Rn. 81; Studienkommission 1973, Anlageband 10, S. 241 ff. (278).

[193] BT-Drs. 13/3994, S. 40.

[194] Diese Auffassung vertritt auch *Schnellenbach*, DVBl. 1995, S. 1156, der darauf hinweist, daß das Leistungsprinzip des Art. 33 Abs. 2 GG gebietet, daß bei leistungsabhängigen Bezahlungselementen ausschließlich auf die fachliche Leistung, welche die Qualität und Quantität der Arbeitsergebnisse umfaßt, abgestellt wird, und „Fähigkeiten, Interessen, Motivationen Kenntnisse, Fertigkeiten und Erfahrungen insoweit außer Betracht zu bleiben (haben)".

[195] § 4 S. 1 BayLStuV.

erhalten hatte[196]. Das Gesamturteil der dienstlichen Beurteilung setzt sich aber nach der Bekanntmachung des Bayerischen Staatsministeriums der Finanzen betreffend Beurteilung der Beamten und Richter (materielle Beurteilungsrichtlinien)[197] nicht nur aus den einzelnen Leistungsmerkmalen, sondern auch aus den einzelnen Befähigungs- und Eignungsmerkmalen zusammen[198]. Dies scheint einen Verstoß gegen das Leistungsprinzip darzustellen, da Vorrücken in den Grundgehaltsstufen und Vergabe einer Leistungsstufe scheinbar doch auch von der Eignung und Befähigung abhängen. Dieser Widerspruch löst sich jedoch auf, wenn man die Auswirkungen der Einzelblöcke Leistung, Befähigung und Eignung aufeinander und auf das Gesamtergebnis der dienstlichen Beurteilung betrachtet: Attestiert eine Beurteilung eine durchschnittliche fachliche Leistung, so kann aus logischen Gründen das Gesamtergebnis nicht in der für eine Aufstiegshemmung erforderlichen Weise ausfallen, da sonst nicht erklärbar wäre, wie der Beamte eine durchschnittliche fachliche Leistung erbringen konnte, wenn ihm in der Beurteilung die hierfür erforderlichen persönlichen und fachlichen Fähigkeiten (also Eignung und Befähigung) abgesprochen werden.

Der umgekehrte Fall, daß ein Beamter trotz entsprechend schlechter fachlicher Leistung nicht das Gesamturteil „entspricht nicht den Anforderungen“ erhält, weil Eignung und Befähigung nicht auch entsprechend negativ beurteilt wurden, ist zwar denkbar, wurde aber in der BayLStuV bedacht: Ein Verbleiben in der Stufe erfolgt nämlich nicht nur, wenn das Gesamturteil der Beurteilung die notwendige Bewertung ausspricht, sondern auch dann, wenn sich in anderer Weise ergibt, daß die Leistungsmerkmale nur unzureichend erfüllt werden[199].

Auch für die Vergabe einer Leistungsstufe ist entgegen des Wortlauts des § 4 S. 1 BayLStuV letztlich allein die fachliche Leistung maßgeblich, da sich eine gute fachliche Leistung auch entsprechend auf die einzelnen Eignungs- und Befähigungsmerkmalen auswirken wird, weil der Beurteiler die allgemeinen geistigen, persönlichen und fachlichen Anlagen der ihm unterstellten Beamten hauptsächlich auf der Grundlage der gezeigten fachlichen Leistung bewerten kann.

---

[196] § 3 Abs. 1 S. 1 BayLStuV.
[197] Vom 04. Januar 1999 (FMBl. 1999, S. 34 ff.).
[198] Anm. 3.2.2. der materiellen Beurteilungsrichtlinien (FMBl. 1999, S. 34 ff.).
[199] Vgl. § 3 Abs. 1 S. 1 BayLStuV.

Die gemachten Ausführungen lassen sich entsprechend auf aktuelle Leistungseinschätzungen übertragen, da diese in gleicher Weise wie Beurteilungen zu erstellen sind[200].

Obwohl nach dem Wortlaut der BayLStuV für das leistungsabhängige Aufsteigen und für eine Leistungsstufe an das Gesamturteil der dienstlichen Beurteilung beziehungsweise aktuellen Leistungseinschätzung angeknüpft wird, ist kein Verstoß gegen das Leistungsprinzip ersichtlich, da letztlich allein die fachliche Leistung über die Hemmung des Aufstiegs beziehungsweise die Vergabe einer Leistungsstufe entscheidet.

Im Bereich des Bundes taucht dieser Widerspruch nicht auf, da hier für die Entscheidung über das Nichtaufsteigen in die nächste Stufe nicht an das Gesamturteil der dienstlichen Beurteilung angeknüpft wird, sondern an die sich aus der Beurteilung ergebende Leistung[201], wobei ersichtlich nur die fachliche Leistung gemeint ist. Gleiches gilt für die Vergabe einer Leistungsstufe auf der Grundlage einer aktuellen Leistungseinschätzung, da man auch hier davon ausgehen kann, daß nur die herausragende fachliche Leistung dokumentiert wird. In diesem Sinn äußert sich auch *Bönders*: Nach seiner Auffassung ist der Leistungsbegriff des § 27 Abs. 3 BBesG (dauerhaft herausragende Leistung) beziehungsweise des § 2 Abs. 1 LStuV (dauerhaft herausragende Gesamtleistung), der für die Vergabe einer Leistungsstufe maßgeblich ist, identisch mit dem Leistungsbegriff des allgemeinen Beurteilungsrechts[202]. Unterstützt wird diese Behauptung dadurch, daß die Kriterien für die Entscheidung über die Vergabe einer Leistungsstufe wie zum Beispiel Qualität, Quantität, Initiative, Innovation, Flexibilität, Zusammenarbeit und Umgang mit Ressourcen[203] fast dekkungsgleich mit den Kriterien sind, die im Bereich des Bundesministeriums des Innern für die Bewertung der fachlichen Leistung in der förmlichen Beurteilung herangezogen werden[204].

---

[200] § 4 S. 3 BayLStuV.
[201] Siehe Durchführungshinweise zu § 3 LStuV.
[202] *Bönders*, ZBR 1999, S. 13.
[203] So *Göser/Schlatmann*, Leistungsbezahlung in der Besoldung, S. 14 f.
[204] Vgl. Anlage 1 (Leistungsmerkmale) zu Anm. 5.1.3. der Beurteilungsrichtlinien des BMI vom 01. Juli 1997, GMBl. 1997, S. 406 ff. (409 f.).

Abschließend läßt sich jedenfalls feststellen, daß ein Verstoß gegen die hier vertretene Sichtweise des Leistungsprinzips nicht festgestellt werden kann, da sowohl im Bereich des Bundes als auch im Bereich des Freistaates Bayern für die Entscheidung über die Vergabe einer Leistungsstufe und über das Nichtaufsteigen in die nächste Grundgehaltsstufe letztlich allein die von einem Beamten gezeigte fachliche Leistung ausschlaggebend ist. Die problematische Regelung in § 4 S. 1 BayLStuV, wonach für die jeweilige Entscheidung das Gesamturteil der dienstlichen Beurteilung maßgeblich ist, läßt sich wohl nur damit erklären, daß man in Bayern das Instrument der dienstlichen Beurteilung weitestgehend für die Entscheidung über die Vergabe einer Leistungsstufe beziehungsweise über das Nichtaufsteigen in die nächste Stufe nutzbar machen wollte, und hier in der Beurteilung gerade keine sich aus den einzelnen Leistungsmerkmalen zusammensetzende Gesamtnote „fachliche Leistung" gebildet wird[205].

2.2.4. Rechts- und Sozialstaatsprinzip

Teilweise wird befürchtet, daß die Einführung von leistungsabhängigen Bezahlungselementen das Rechts- und Sozialstaatsprinzip gefährden könnte. Eine derartige Gefährdung ist zum einen in der Weise denkbar, daß manche Politiker versuchen, mit Hilfe von leistungsbezogenen Bezahlungselementen Einfluß auf die Art und Weise des Gesetzesvollzugs durch die Exekutive zu nehmen. Da Verfassung und Gesetze häufig dem politischen Willen entgegenstehen, erscheint der Gedanke naheliegend, daß die Politik eine „belohnungsfähige" Leistung des jeweiligen Amtsinhabers darin sieht, daß dieser bei seinen Entscheidungen eine nicht mehr zu vertretende „Flexibilität" im Umgang mit den gesetzlichen Vorgaben an den Tag legt[206]. Durch ein derartiges Verhalten verstieße der Beamte darüber hinaus gegen seine Pflicht aus § 52 Abs. 1 S. 2 BBG und Art. 62 Abs. 1 S. 2 BayBG, seine Aufgaben unparteiisch und gerecht zu erfüllen. Daraus ergibt sich ein Verbot willkürlichen Verhaltens und ein Gebot zu objektiver und nur an sachlichen Gesichtspunkten orientierten Erfüllung der Dienstobliegenheiten, wobei Unparteilichkeit sogar mehr als nur parteipolitische Neutralität bedeutet[207].

---

[205] Vgl. Anm. 3.2.2. der materiellen Beurteilungsrichtlinien (FMBl. 1999, S. 34 ff.).

[206] Ebenso *Summer*, ZBR 1995, S. 127; *Loschelder*, ZBR 1978, S. 138. *Günther*, ZBR 1996, S. 74, spricht diese Gefahr für den Bereich Amtsinhaber – Vorgesetzter an.

[207] *Leuze*, DÖD 1994, S. 127.

Es kann und soll an dieser Stelle nicht ausgeschlossen werden, daß manche Politiker ein derartiges Verhalten praktizieren könnten und damit das Rechts- und Sozialstaatsprinzip gefährden, indem sie versuchen, Beamte zu einer nicht mehr unabhängigen und gesetzmäßigen Amtsführung zu bewegen. Die durch das DRRG neu eingeführte Regelung des § 27 Abs. 3 BBesG und die dazu erlassenen Verordnungen sind jedoch allenfalls theoretisch geeignet, eine derartige Einflußnahme zu bewirken. Zwar mag vor allem die Inaussichtstellung der Vergabe einer Leistungsstufe eine gewisse Anreizwirkung in der genannten Hinsicht haben. Allerdings muß man sich vor Augen halten, daß nur Beamte der Besoldungsordnung A überhaupt eine Leistungsstufe erhalten können. Dabei handelt es sich um Beamte, die in der Behördenhierarchie noch relativ weit entfernt von der Schnittstelle Verwaltung – Politik stehen. Zwischen diesen beiden Bereichen stehen im Behördenapparat die Beamten der Besoldungsordnung B, die gewissermaßen eine Art „Puffer“ darstellen, da sie zwar in manchen Fällen (vor allem bei Beamten des höheren Dienstes der Besoldungsordnung A) über die Vergabe von Leistungsstufen entscheiden, selbst jedoch keine Leistungsstufen erhalten können und deshalb dadurch nicht beeinflußbar sind.

Damit läßt sich feststellen, daß das neu eingeführte Instrument der Leistungsstufe die Einflußmöglichkeiten der Politik auf den Bereich der Verwaltung nicht vergrößert hat, da die Ämter der Besoldungsordnung B diese Form der leistungsabhängigen Besoldung nicht erhalten können. Insoweit ist keine Gefährdung des Rechts- und Sozialstaatsprinzips ersichtlich.

Denkbar ist weiterhin, daß die Einführung von Leistungsstufen dazu führt, daß manche Beamte sich dazu verleiten lassen, bei der Ausführung ihrer Amtsgeschäfte eine nicht mehr dem Rechts- und Sozialstaatsprinzip entsprechende bürgerfreundliche Arbeitsweise an den Tag zu legen, um durch die dadurch mögliche Steigerung der Quantität der Arbeitsleistung in den Genuß einer Leistungsstufe zu kommen[208]. Eine derartige Beeinträchtigung des Rechts- und Sozialstaatsprinzips ist jedoch nicht besonders wahrscheinlich. Zwar wird der Leistungsbegriff nicht näher definiert, so daß ein Außenstehender auf die Idee kommen könnte, daß auch eine quantitative Erhöhung der Leistung trotz der erwähnten negativen Begleiterscheinungen eine „besondere“ Leistung darstellt. Jedem Beamten dürfte allerdings bereits bei der Einführung

[208] Diese Gefahr sieht vor allem *Schnellenbach*, NVwZ 1997, S. 525; *Schnellenbach* DVBl. 1995, S. 1157.

von Leistungsstufen klar gewesen sein, daß ein derartiges Leistungsverhalten nicht zum gewünschten Erfolg führt, da die Verwaltung vor allem dem Rechts- und Sozialstaatsprinzip unterworfen ist[209].

Nach den gemachten Ausführungen läßt sich jedenfalls feststellen, daß die Einführung von Leistungsstufen im Hinblick auf das Rechts- und Sozialstaatsprinzip unproblematisch ist. Gleiches gilt entsprechend für das leistungsabhängige Aufsteigen in den Grundgehaltsstufen, wobei die erwähnten Konfliktsituationen hier wohl eher theoretischer Natur sind[210].

2.2.5. Grundrechte des Bürgers

Nach *Schnellenbach* ist für die verfassungsrechtliche Zulässigkeit einer Zusatzbesoldung aufgrund besonderer Leistung weiterhin erforderlich, daß bei der Verteilung auch diejenigen Verwaltungsbereiche in gleicher Weise berücksichtigt werden, bei denen Leistung nicht durch einen Kosten-Nutzen-Vergleich zu ermitteln ist. Als Beispiele hierfür führt er den Bereich der Sicherheits- und Ordnungsverwaltung und der Sozialhilfe an. Im Fall einer Nichtberücksichtigung auch dieser Bereiche bei der Verteilung von leistungsabhängigen Besoldungselementen liegt nach *Schnellenbach* eine Beeinträchtigung des Bürgers in Grundrechten vor, da ihm in den beiden genannten Beziehungen Individual-Schutzrechte zustehen[211]. Zuzustimmen ist *Schnellenbach* in der Weise, daß ein subjektiv-rechtlicher Anspruch des Bürgers auf Schutz durch die Polizei[212] und auf Sozialhilfe[213] existiert[214]. Die Schlußfolgerung von *Schnellenbach*, daß der Staat, um diese Schutzpflicht zu erfüllen, leistungsabhängige

[209] I. E. ebenso *Knaier*, Kommunales Haushalts- und Dienstrecht, S. 130, der bezüglich Leistungszulagen und -prämien die Auffassung vertritt, daß eine Gefährdung des Rechts- und Sozialstaatsprinzips nicht wahrscheinlich ist, weil der Beamte zum einen nicht weiß, ob er wirklich in den Genuß der Zulage bzw. Prämie kommt, und zum anderen die Höhe der „Belohnung“ das Risiko einer disziplinarrechtlichen Ahndung nicht aufwiegt.

[210] Ein Vorgesetzter wird einen Beamten kaum mit der Drohung, den Nichtaufstieg in die nächste Stufe zu veranlassen, zu einer gesetzwidrigen Amtsführung bewegen können.

[211] *Schnellenbach*, DVBl. 1995, S. 1157; *Schnellenbach* NVwZ 1997, S. 525.

[212] Ebenso *Götz*, Allgemeines Polizei- und Ordnungsrecht, Rn. 357 ff.; *Martens*, DÖV 1982, S. 96 ff.; *Götz*, in: Isensee/Kirchhof(Hrsg.), § 79, Rn. 14.

[213] *Rüfner*, in: Isensee/Kirchhof(Hrsg.), § 80, Rn. 103.

[214] Der Anspruch auf Sozialhilfe in dem Umfang, der zur Sicherung eines menschenwürdigen Lebens unerläßlich ist, wird insbesondere aus Art. 1 und 2 GG i. V. m. dem Sozialstaatsprinzip hergeleitet, vgl. z. B. *Kunig*, in: von Münch/Kunig, Grundgesetz, Art. 1, Rn. 30; *Stein/Götz*, Staatsrecht, S. 439 f.; BVerwG (Urteil des 5. Senats vom 24. Juni 1954), BVerwGE 1, S. 159 ff. (161); BVerwG (Urteil des 4. Senats vom 04. Juli 1962), BVerwGE 14, S. 294 ff. (296 f.). Ein Anspruch auf Tätigwerden der staatlichen Gewalt ergibt sich aus Art. 1 Abs. 1 S. 2 GG, vgl. z. B. *Kunig*, in: von Münch/Kunig, Grundgesetz, Art. 1 Rn. 29; *Stern*, Staatsrecht, § 58, S. 29.

Besoldungselemente auch in den genannten Bereichen einführen muß, erscheint nicht zwingend. Vielmehr bleibt diese Entscheidung dem Gesetzgeber überlassen, solange er sicherstellt, daß die Ansprüche auf Schutz durch die Polizei und auf Sozialhilfe in ausreichender Weise erfüllt werden[215].

2.2.6. Ergebnis

Die durchgeführte Untersuchung zeigt, daß die durch das DRRG neu eingeführte Möglichkeit der Vergabe von Leistungsstufen und das leistungsabhängige Aufsteigen in den Grundgehaltsstufen nicht gegen Verfassungsrecht verstoßen. Natürlich sind bei der Anwendung der neuen Instrumente in der Praxis Verfassungsverstöße denkbar. Diese sind allerdings dann nicht Folge der gesetzlichen Regelung, sondern vielmehr eines gesetzwidrigen Verhaltens im Einzelfall.

3. Auswirkungen auf das Leistungsverhalten

Nachdem in verfassungsrechtlicher Hinsicht keine Bedenken gegen Leistungsstufen und das leistungsabhängige Aufsteigen in den Grundgehaltsstufen bestehen, soll nun der Frage nachgegangen werden, ob diese Elemente tatsächlich geeignet sind, die Beamten zu einer qualitativen und/oder quantitativen Steigerung der erbrachten Leistung zu motivieren. Dabei soll insbesondere auf einzelne psychologische Motivationstheorien eingegangen werden, welche auch in der Betriebswirtschaftslehre zur Bewertung von Anreizfaktoren auf das Leistungsverhalten der Mitarbeiter herangezogen werden. Besonderes Augenmerk soll dabei auf die Besonderheiten der öffentlichen Verwaltung gelegt werden.

3.1. Der Ist-Zustand in der öffentlichen Verwaltung

Um die Motivationswirkung der neuen leistungsabhängigen Bezahlungselemente beurteilen zu können, erscheint es angebracht, zunächst einen kurzen Überblick über die Situation und Motivation der Beamten in der öffentlichen Verwaltung zu geben:

Aufgrund des Alimentationsprinzips werden dem Beamten unabhängig von seiner konkret ausgeübten Tätigkeit gesetzlich bestimmte Bezüge gewährt, deren Höhe sich nach dem ihm verliehenen Amt richtet. Welches Anfangsamt einem Beamten verlie-

---

[215] Nach den bestehenden Regelungen können allerdings auch in diesen Bereichen Leistungsstufen vergeben werden. Dies ist auch sinnvoll, da sich die dort beschäftigten Beamten sonst benachteiligt fühlen, und auch in diesen Bereichen zu verstärkter Leistung motiviert werden soll.

hen werden kann, richtet sich aufgrund des geltenden Laufbahnprinzips insbesondere nach der Vor- und Ausbildung des Bewerbers. Das Beamtenverhältnis auf Lebenszeit stellt nach Ableistung der vorgeschriebenen Probezeit[216] den Regelfall dar[217], so daß eine einseitige Beendigung durch den Dienstherrn nur im Wege des Disziplinarrechts möglich ist. Da eine disziplinarische Entlassung nur in Extremsituationen in Betracht kommt, besitzt der Beamte einen sicheren beruflichen Status[218]. Die grundsätzlich lebenslange Anstellung und der Anspruch auf amtsangemessene Besoldung beziehungsweise Versorgung im Ruhestand stellen Beispiele für sogenannte Systembelohnungen dar, die dafür gewährt werden, daß sich der Beamte seinem Beruf mit voller Hingabe widmet. Diese von anderen (privaten) Arbeitgebern nicht gewährten Vergünstigungen sollen den Beamten unabhängig von der konkreten Ausgestaltung der Arbeitssituation zur Leistung motivieren[219].

Von den Systembelohnungen sind die Leistungsbelohnungen zu unterscheiden, die den jeweiligen Einsatz von Energie und Fähigkeiten und damit das Leistungsverhalten honorieren sollen[220]. Grundsätzlich lassen sich hier finanzielle (materielle) und nichtfinanzielle (immaterielle) Belohnungen unterscheiden.

Bis zum Inkrafttreten des DRRG existierten Belohnungsmöglichkeiten für gute Leistungen nur in sehr geringem Maße: Als immaterielle Belohnungen können hier beispielsweise die Übertragung von größeren Entscheidungsbefugnissen und Verantwortung, die Entsendung oder Aufnahme in Expertenkommissionen, die Vergabe einer öffentlichen Belobigung, einer positiven Beurteilung oder von Sonderurlaub und die Abordnung zu Aus- und Weiterbildungsveranstaltungen genannt werden. Diese Maßnahmen stellen Statusverbesserungen dar, durch die der Einfluß, das Ansehen oder die Anerkennung eines Beamten verstärkt wird[221]. Als einzige materielle

---

[216] § 7 BLV; § 8 BayLbV.
[217] § 9 Abs. 2 BBG; Art. 6 Abs. 1 S. 2 BayBG.
[218] Ebenso z. B. *Brede*, in: Schanz(Hrsg.), S. 1133.
[219] *Koch*, in: Schanz(Hrsg.), S. 1175 f. Im gleichen Sinn *Rauth*, Leistungsbezogenes Entgelt für den öffentlichen Dienst, S. 54, der anspricht, daß die Alimentations- und Fürsorgepflicht des Dienstherrn bei dem Beamten auf Dauer eine maximale Motivation hervorrufen soll, wobei er sich jedoch darüber im klaren ist, daß dies in der heutigen Zeit nicht realistisch ist.
[220] *Koch*, in: Schanz(Hrsg.), S. 1176.
[221] Vgl. *Brede*, in: Schanz(Hrsg.), S. 1134.

Belohnung für gezeigte Leistung existierte bisher allein die Möglichkeit der Beförderung[222].

Allerdings muß man sich darüber im klaren sein, daß Beförderungsentscheidungen häufig gerade nicht aufgrund der besten fachlichen Leistung[223] getroffen werden, obwohl dies verfassungsrechtlich und einfachgesetzlich vorgeschrieben ist[224]. Stattdessen erfolgen Beförderungen regelmäßig aufgrund reinen Zeitablaufs[225]. Aufgrund dieser Handhabung erscheint es sogar berechtigt, das Instrument der Beförderung eher den Systembelohnungen zuzurechnen, da fast jeder Beamte damit rechnen kann, nach einer gewissen Amtszeit befördert zu werden, auch wenn er nicht derjenige Bewerber ist, der aufgrund seiner Leistung befördert werden müßte[226]. Zwar gibt es Ausnahmefälle, in denen Beförderungen ausschließlich aufgrund von Leistungsgesichtspunkten erfolgen. Da dies nicht den Regelfall darstellt, muß man zu dem Ergebnis kommen, daß bis zur Einführung von leistungsabhängigen Bezahlungselementen kein System existierte, mit dem erbrachte gute Leistungen in besonderer Weise in materieller Form belohnt wurden.

Nach der Beleuchtung der bisherigen beamtenrechtlichen Belohnungssysteme sollen die in der öffentlichen Verwaltung tätigen Beamten selbst betrachtet werden. Leider gibt es nahezu keine veröffentlichten empirischen Untersuchungen, die sich mit der Motivation von Beamten beschäftigen. Zurückgegriffen werden kann zum einen auf die Ergebnisse von *Rittmeier*, der seinerseits sechs empirische Erhebungen zusammenfaßt, bei denen jeweils zwischen 474 und 2916 Beschäftigte des öffentliches Dienstes befragt wurden[227]. Eine der von *Rittmeier* verwendeten Quellen stellt die Untersuchung von *Luhmann/Mayntz*[228] dar, die an dieser Stelle ebenfalls herangezogen werden soll. Weiterhin finden sich empirische Daten in den Veröffentlichungen

---

[222] Natürlich wohnt der Beförderung auch eine immaterielle Belohnungswirkung inne, da sie regelmäßig als Anerkennung angesehen wird und auch das Ansehen des Beamten im Bekanntenkreis erhöht.

[223] Und damit zusammenhängend nach Eignung und Befähigung; vgl. den unter Abschnitt III.2.2.3. dargestellten Zusammenhang.

[224] Art. 33 Abs. 2 GG; § 1 BLV; § 2 BayLbV.

[225] So z. B. *Rauth*, Leistungsbezogenes Entgelt für den öffentlichen Dienst, S. 82; *Böhm*, ZBR 1997, S. 103; Studienkommission 1973, Bericht, Rn. 372. *Brede*, in: Schanz(Hrsg.), S. 1134, nimmt von dieser Praxis lediglich Beamte der Führungsebene aus, die nach seiner Auffassung grundsätzlich nach Leistungskriterien ausgewählt werden.

[226] Auch *Knaier*, Kommunales Haushalts- und Dienstrecht, S. 107, geht davon aus, daß Beamte allein aufgrund ihres höheren Dienstalters bei Beförderungsentscheidungen bevorzugt werden.

[227] *Rittmeier*, in: Klages/Schäfer(Hrsg.), S. 41 ff.

[228] Studienkommission 1973, Anlageband 7.

von *Klages/Gensicke*[229], *Klages/Hippler*[230] und *Klages*[231], die sich allerdings auf den kommunalen Bereich beziehen[232]. Der Nachteil an allen genannten Untersuchungen ist, daß sie nur sehr begrenzte Teilbereiche beleuchten und deshalb nicht für die gesamte deutsche Verwaltung repräsentativ sein können. Es kommt hinzu, daß die betrachteten empirischen Daten teilweise aus den 70er und 80er Jahren stammen. Schließlich beziehen sich die ermittelten Daten teilweise auf den gesamten öffentlichen Dienst und unterscheiden damit nicht zwischen Beamten, Angestellten und Arbeitern[233]. Aus diesen Gründen können die gefundenen Ergebnisse lediglich Vermutungen für die innerhalb der Beamtenschaft bestehende Motivation darstellen.

Zunächst soll der Frage nachgegangen werden, welche Menschen sich für einen Eintritt in den öffentlichen Dienst als Beamter interessieren und welche Vorstellungen und Erwartungen diese von einer derartigen beruflichen Laufbahn haben. Zu dieser Fragestellung wurden von *Luhmann/Mayntz* 1458 Personen befragt, wobei es sich um Hauptschüler, Realschüler, Handelsschüler, Studenten und Referendare handelte, die sich alle am Ende ihrer jeweiligen Ausbildung befanden[234]. Auf die Frage, wie sie zu der Möglichkeit stünden, in den öffentlichen Dienst[235] einzutreten, antworteten etwa 30% der Befragten, daß sie bereits die Absicht dazu hätten oder diese Möglichkeit zumindest sehr positiv beurteilten. Dabei waren Referendare mit 51% über- und Hauptschüler mit 19% unterrepräsentiert. Etwas mehr als ein weiteres Drittel standen dieser Möglichkeit offen gegenüber, wollten ihre Entscheidung aber von der auszuübenden Tätigkeit abhängig machen[236]. Eine bestimmte Geschlechts- oder Schichtzugehörigkeit derjenigen, die in den öffentlichen Dienst eintreten wollten oder dieser Möglichkeit zumindest offen gegenüberstanden, konnte dabei nicht festgestellt werden[237].

---

[229] *Klages/Gensicke*, in: Klages(Hrsg.), S. 97 ff.
[230] *Klages/Hippler*, Führung und Arbeitsmotivation in Kommunalverwaltungen.
[231] *Klages*, Verwaltungsmodernisierung II.
[232] Welcher ja eigentlich bei dieser Arbeit ausgeklammert werden sollte. Es ist jedoch anzunehmen, daß die Motivationslage der hier tätigen Beamten mit derjenigen der in der Verwaltung des Bundes und des Freistaates Bayern beschäftigten Beamten vergleichbar ist. Aus diesem Grund sollen diese Untersuchungen einbezogen werden.
[233] Mangels anderer Erkenntnisquellen wird jedoch im folgenden davon ausgegangen, daß die gefundenen Daten auch repräsentativ für die Gruppe der Beamten sind.
[234] Studienkommission 1973, Anlageband 7, S. 23 ff.
[235] Wenn im folgenden von öffentlicher Dienst gesprochen wird, ist damit nur der Bereich der Beamten gemeint.
[236] Studienkommission 1973, Anlageband 7, S. 27.
[237] Studienkommission 1973, Anlageband 7, S. 33 f.

Betrachtet man nun das Verhältnis zwischen der Eintrittsbereitschaft und der Anreizwirkung seiner beruflichen Merkmale, so erkennt man, daß die Eintrittsbereitschaft der befragten Personen hoch lag, wenn sie beispielsweise folgende Merkmale des öffentlichen Dienstes selbst anziehend fanden: „Ich kann Beamter werden und bin damit gegen Entlassungen gesichert“ (Platz 1), „Das Gehalt ist gesetzlich festgesetzt und hängt nicht von meiner jeweiligen Leistung ab“ (Platz 4), „Der öffentliche Dienst bietet eine sichere Gehaltsentwicklung, aber keine Möglichkeit, wirklich reich zu werden, egal wie tüchtig man ist“ (Platz 5) und „Im öffentlichen Dienst kann man auch ohne besondere Anstrengung im Laufe der Zeit ein paar Stufen aufsteigen, weil Dienst- und Lebensalter bei Beförderungen berücksichtigt werden“ (Platz 7). Auch bei dem Merkmal „Im öffentlichen Dienst gibt es viele Tätigkeiten, bei denen wenig Initiative und Selbständigkeit erwartet wird; man kann sich an Dienstanweisungen halten oder den Vorgesetzten fragen“ (Platz 9) lag noch eine leicht erhöhte Eintrittsbereitschaft vor[238]. Interessanterweise fanden 58% aller Befragten dieses Merkmal des öffentlichen Dienstes eher abschreckend[239]. Annähernd gleiche Prozentzahlen finden sich bei dem Merkmal „Sichere Gehaltsentwicklung, aber keine Möglichkeit, wirklich reich zu werden, egal wie tüchtig man ist“. Ähnlich, jedoch nicht ganz so ausgeprägt, verhielt es sich bei dem Merkmal, daß das Gehalt gesetzlich festgelegt ist und nicht von der jeweiligen Leistung abhängt. Hier gaben immerhin 38% aller Befragten an, daß dieses Kriterium sie eher davon abhält, in den öffentlichen Dienst einzutreten[240] [241].

Unterscheidet man nach den befragten Personengruppen, so lassen sich keine deutlichen Abweichungen feststellen, da in allen fünf Gruppen mindestens zwei der genannten Merkmale einen sehr hohen Einfluß auf die Eintrittsbereitschaft ausübten[242]. Demgegenüber waren die Merkmale „Man arbeitet für das allgemeine Wohl und nicht für einen privaten Arbeitgeber“ (Platz 3) und „Im öffentlichen Dienst kann man Positionen erreichen, in denen man Einfluß gewinnt auf Angelegenheiten von öffentlicher Bedeutung“ (Platz 8), welche auf eine intrinsische Motivation hindeuten[243], insgesamt eindeutig unterrepräsentiert.

---

[238] Vgl. die Aufstellung in Studienkommission 1973, Anlageband 7, S. 97.
[239] Nur 11% beurteilten es dagegen als eher anziehend.
[240] Demgegenüber bescheinigten 34% aller Befragten diesem Merkmal eine eher anziehende Wirkung.
[241] Vgl. Tabelle in Studienkommission 1973, Anlageband 7, S. 76.
[242] Vgl. Tabelle in Studienkommission 1973, Anlageband 7, S. 100.
[243] Intrinsisch ist ein Verhalten motiviert, wenn es um seiner selbst willen geschieht, bzw. wenn eine Person aus eigenem Antrieb handelt; vgl. *Rheinberg*, Motivation, S. 148.

Sofern man unterstellt, daß eine heute durchgeführte Untersuchung ähnliche Ergebnisse erbringen würde, gelangt man zu dem Schluß, daß bei den in die öffentliche Verwaltung eintrittsbereiten Personen eine stark ausgeprägte extrinsische Motivation vorliegt[244], da sie hauptsächlich wegen der für sie positiven Rahmenbedingungen eine Tätigkeit im öffentlichen Dienst anstreben und nicht wegen der Tätigkeit an sich[245].

Wirft man nun einen Blick auf die bereits in der öffentlichen Verwaltung beschäftigten Beamten, so stellt man fest, daß diese auf andere Merkmale ihrer beruflichen Tätigkeit Wert legen als eintrittsbereite Personen. Auf die Frage, was ihnen an ihrer Tätigkeit wichtig ist, nannten die meisten Beschäftigten die Merkmale „Sinnvoll", „Macht Spaß", „Interessant", „Selbständig", „Abwechslungsreich", und „Ideen/ Initiative"[246]. Damit läßt sich eine starke intrinsische Motivation vermuten, da es sich hierbei um Tätigkeitsmerkmale handelt, die dem Arbeitsprozeß selbst innewohnen. Der Wunsch nach leistungsgerechter Bezahlung, der auf eine extrinsische Motivation hindeutet, wurde von 88% der Befragten geäußert. Obwohl er damit nur den siebten Rang innerhalb der Wichtigkeit von Tätigkeitsmerkmalen einnahm, ist ein deutlicher Unterschied zu den zuerst genannten Merkmalen nicht erkennbar[247]. Besonders auffällig ist, daß in einer anderen von *Klages/Gensicke* durchgeführten Befragung, in der das Merkmal „Gerecht bezahlt" ebenfalls den siebten Rang einnahm, ein besonders starkes Mißverhältnis zu der von den Bediensteten wahrgenommenen Realisierung in der öffentlichen Verwaltung erkennbar wurde[248]. Dieses Ergebnis spricht zumindest dafür, daß viele Beamte das Gefühl haben, daß überdurchschnittliche Leistung nicht mit einer höheren Bezahlung belohnt wird. Dementsprechend sahen in der Umfrage von *Luhmann/Mayntz* nur 28% der Befragten das Leistungsprinzip bei

---

[244] Extrinsisch motiviert ist ein Verhalten, wenn der Beweggrund des Verhaltens außerhalb der eigentlichen Handlung liegt; Definition bei *Rheinberg*, Motivation, S. 148.

[245] Zum gleichen Ergebnis gelangt auch *Rittmeier* nach Auswertung von anderen empirischen Untersuchungen, wobei sich allerdings in diesen Untersuchungen die Ergebnisse von *Luhmann/Mayntz* nicht in gleicher Höhe wiederfinden; vgl. *Rittmeier*, in: Klages/Schäfer(Hrsg.), S. 48 ff.

[246] Vgl. die Aufstellung bei *Klages/Gensicke*, in: Klages(Hrsg.), S. 102.

[247] Die beiden Spitzenmerkmale „Sinnvoll" und „Macht Spaß" wurden im Vergleich dazu von jeweils 91% der Befragten angegeben; vgl. *Klages/Gensicke*, in: Klages(Hrsg.), S. 102.

[248] Nur etwa 40% sahen eine leistungsgerechte Bezahlung als in der öffentlichen Verwaltung gegeben an; vgl. *Klages*, Verwaltungsmodernisierung II, S. 85.

Beförderungen[249] als voll verwirklicht an[250]. Ähnliche Werte finden sich bei *Klages/Hippler* für den Bereich der Kommunalverwaltung[251].

Geht man schließlich der Frage nach, ob die Beamten glauben, daß die Vorgesetzten ihre erbrachte Leistung richtig beurteilen, so gaben in einer Untersuchung der Staatskanzlei Bremen aus dem Jahr 1972 etwa 73% der Befragten an, in ihren Leistungen vom Vorgesetzten anerkannt zu werden[252]. Eine vergleichbare Zahl ergab die Studie von *Pappermann* und anderen aus dem Jahr 1982, wo 73,2% der Befragten angaben, daß ihre Arbeit vom Vorgesetzten immer oder häufiger richtig anerkannt wird[253].

Sofern man unterstellt, daß sich vergleichbare Zahlen bei einer heute durchgeführten Befragung der Beamten des Bundes und des Freistaates Bayern ergeben würden, läßt sich auf eine starke intrinsische Motivation der Beamten schließen. Ein hoher Prozentsatz der Beamten legt anderseits Wert auf eine leistungsgerechte Bezahlung, wobei die Mehrzahl der Beamten der Ansicht ist, daß (jedenfalls bis zur Einführung der leistungsabhängigen Bezahlungselemente) sich eine überdurchschnittliche Leistung nicht in finanzieller Form auszahlt. Immerhin glauben fast drei Viertel der Beamten, daß die von ihnen gezeigte Leistung von ihren Vorgesetzten richtig beurteilt wird.

3.2. Auswirkungen von Leistungsstufen auf die Motivation

Nach der vorgenommenen Untersuchung der innerhalb der Beamtenschaft bestehenden Motivation soll nun anhand einzelner Motivationstheorien eine Prognose abgegeben werden, ob und unter welchen Bedingungen Leistungsstufen geeignet sind, das Leistungsverhalten der Beamten zu beeinflussen. Dabei sollen auch Schwächen der jeweiligen Theorien angesprochen werden, um beurteilen zu können, wie realistisch die gefundenen Ergebnisse sind.

Zum besseren Verständnis der dargestellten Motivationstheorien erscheint es ratsam, zunächst einige wichtige Begriffe zu definieren: Ein Motiv stellt den Beweggrund für ein Verhalten dar und setzt eine bestimmte Zielsetzung voraus. Es ist häufig erlernt. Menschliches Verhalten wird dabei bestimmt durch die Bewertung der angestrebten

---

[249] Welche ja eine höhere Bezahlung zur Folge hat.
[250] Studienkommission 1973, Anlageband 7, S. 211.
[251] *Klages/Hippler*, Führung und Arbeitsmotivation in Kommunalverwaltungen, S. 56.
[252] Diese Zahl findet sich bei *Rittmeier*, in: Klages/Schäfer(Hrsg.), S. 56.
[253] Zitiert aus *Rittmeier*, in: Klages/Schäfer(Hrsg.), S. 58.

Ziele und der wahrgenommenen Realisierungschancen. Mit Hilfe dieser Definition ist es möglich, Verhaltensunterschiede von verschiedenen Menschen in ein und derselben Situation zu erklären[254]. Begrifflich vom Motiv nur schwer zu unterscheiden ist das Bedürfnis, welches ein Mangelgefühl mit einer immanenten Tendenz und Intention zur Mangelaufhebung beschreibt und ebenfalls häufig erlernt ist[255]. Motivation, die durch vorhandene Motive hervorgerufen wird, bezeichnet Richtung und Energieaufwand eines Verhaltens, das ein Lebewesen zur Erreichung eines angestrebten Ziels auswählt[256]. Daraus folgt, daß jedes Handeln mit Ausnahme von Affekthandlungen und routiniertem, quasi-automatischem Verhalten motiviert ist[257]. Eine gelungene Abgrenzung der Begriffe Motivation und Motiv findet sich bei *Keller*: Ein Motiv ist danach eine relativ konstante und situationsunabhängige Verhaltenstendenz einer bestimmten Person. Motivation ist dagegen die allgemeine Aktivierung und spezifische Orientierung von Erleben und Verhalten, die durch verschiedene Organismus- und Umweltbedingungen ausgelöst wird[258]. Als Anreize bezeichnet man schließlich situative Momente, die Motive aktivieren und damit Motivation hervorrufen[259]. Wegen der inhaltlichen Vergleichbarkeit von Bedürfnis und Motiv[260] kann man von dem gleichen Zusammenhang zwischen Anreiz, Bedürfnis und Motivation ausgehen. Die Motivationswirkung von Leistungsstufen soll nun anhand ausgewählter Theorien untersucht werden.

3.2.1. Inhaltstheorien

Innerhalb der Motivationstheorien lassen sich grundsätzlich Inhalts- und Prozeßtheorien unterscheiden. Inhaltstheorien beschäftigen sich mit Art, Inhalt und Wirkung von menschlichen Bedürfnissen[261]. Es geht also um die Frage, was jemanden motiviert, ihn also zu einer bestimmten Handlung bewegt. Inhaltstheorien setzen sich mit den Motiven von menschlichem Verhalten auseinander und entwerfen dabei ganze Menschenbilder. Sie werden deshalb auch als Persönlichkeitstheorien bezeichnet[262].

---

[254] *Schneider/Schmalt*, Motivation, S. 13.
[255] *Rauth*, Leistungsbezogenes Entgelt für den öffentlichen Dienst, S. 14; *Reichard*, in: Klages(Hrsg.), S. 56, definiert das Verhältnis zwischen Motiv und Bedürfnis in der Weise, daß ein Motiv durch ein Mangelempfinden (Bedürfnis) stimuliert wird.
[256] *Heckhausen*, Motivation und Handeln, S. 10.
[257] *Wächter*, in: Emmerich/Hardes/Sadowski/Spitznagel(Hrsg.), S. 41.
[258] *Keller*, Grundlagen der Motivation, S. 24.
[259] *Schneider/Schmalt*, Motivation, S. 17; *Reichard*, in: Klages(Hrsg.), S. 56.
[260] *Schneider/Schmalt*, Motivation, S. 15, gehen sogar davon aus, daß die Motive den natürlichen Bedürfnissen entsprechen.
[261] *Drumm*, Personalwirtschaftslehre, S. 373.
[262] Vgl. *Wächter*, in: Schanz(Hrsg.), S. 203.

3.2.1.1. Die Bedürfnistheorie von *Maslow*

Eine der bekanntesten Motivationstheorien wurde im Jahr 1954 von *Maslow* entwikkelt[263]. *Maslow* geht bei seiner Theorie davon aus, daß fünf menschliche Bedürfniskategorien existieren, die in einer hierarchischen Ordnung zueinander stehen. Auf der untersten Stufe der Bedürfnispyramide stehen die physiologischen Bedürfnisse wie Hunger, Sexualität und Durst. Daran schließen sich Sicherheitsbedürfnisse an, wie der Wunsch nach Ordnung und Gesetz. Die dritte Kategorie bilden die Bedürfnisse nach Liebe und Zugehörigkeit, die man als soziale Bedürfnisse bezeichnen kann. Das Bedürfnis nach Anerkennung stellt die zweithöchste Ebene dar. *Maslow* differenziert innerhalb dieser Kategorie nach dem Wunsch nach Selbstachtung und dem Wunsch nach Achtung durch andere Menschen. Die Spitze der Bedürfnispyramide stellt schließlich das Bedürfnis nach Selbstverwirklichung dar, das nur dadurch befriedigt werden kann, daß ein Mensch das tut, wofür er auch geeignet ist. Es geht also um das berufliche Ausleben der inneren Natur. Ein künstlerisch veranlagter Mensch wird sich beispielsweise auf dieser Ebene in hohem Maße unbefriedigt fühlen, wenn er monotone Fließbandarbeit verrichten muß.

Motivation entsteht bei dieser Theorie durch das Bestreben, gerade empfundene Bedürfnisse zu befriedigen. Die vollständige Befriedigung eines Bedürfnisses beziehungsweise einer ganzen Bedürfnisebene hat dementsprechend keine Motivationswirkung mehr. Zunächst gewinnt man den Eindruck, daß *Maslow* davon ausgeht, daß Bedürfnisse einer höheren Ebene erst dann Motivation auslösen können, wenn die Bedürfnisse der darunter liegenden Kategorien weitestgehend erfüllt sind, weil erst dann die Bedürfnisse der höheren Ebene überhaupt wahrgenommen werden[264]. *Maslow* ist sich allerdings darüber im klaren, daß bereits bei einer teilweisen Befriedigung einer Bedürfnisebene Bedürfnisse einer darüber liegenden Kategorie auftauchen, weil normale Menschen in unserer Gesellschaft immer auch teilweise unbefriedigt sind, was ihre Grundbedürfnisse anbelangt.

Versucht man nun, mit Hilfe der Theorie von *Maslow* die Auswirkungen von Leistungsstufen auf die Motivation der Beamten zu untersuchen, so stellt man fest, daß

---

[263] Ausführliche Darstellung dieser Theorie in *Maslow*, Motivation und Persönlichkeit, S. 74-105

[264] Diese unterstellte Sichtweise ist einer der am häufigsten geäußerten Kritikpunkte an der Theorie von *Maslow*; vgl. z. B. *Drumm*, Personalwirtschaftslehre, S. 375; *Heckhausen*, Motivation und Handeln, S. 70, spricht an, daß noch nicht befriedigte Bedürfnisse der unteren Ebenen nicht in jedem Fall die Verfolgung der Selbstverwirklichung unterbrechen und blockieren müssen.

Geld, welches ja die Folge der Vergabe einer Leistungsstufe ist, gar nicht explizit als Bedürfnis genannt wird. Geld eignet sich allerdings zur Befriedigung verschiedener Bedürfnisse. Hier muß zunächst die Frage aufgeworfen werden, auf welcher Ebene bei Beamten generell unbefriedigte Bedürfnisse zu vermuten sind. Unbefriedigte physiologische Bedürfnisse scheiden hier weitestgehend aus, da die Alimentation von Beamten zur Existenzsicherung ausreichend ist[265]. Auch die Sicherheitsbedürfnisse der Beamten werden insbesondere durch die Sicherheit des Arbeitsplatzes und eine ausreichende Versorgung im Alter und im Krankheitsfall in vorbildlicher Weise berücksichtigt. Genauso verhält es sich bezüglich der sozialen Bedürfnisse. Hier tragen beispielsweise Gemeinschaftsveranstaltungen, Kaffeepausen und Betriebsausflüge dazu bei, daß die Bedürfnisse nach Gruppenzugehörigkeit, Akzeptanz und Geselligkeit befriedigt werden[266]. Man kann natürlich mit *Dulisch* der Ansicht sein, daß Geld eine zusätzliche Bedürfnisbefriedigung auch auf den ersten beiden Stufen ermöglicht und damit motivierend wirkt. So ist etwa an den möglichen Erwerb von höherwertigerer Nahrung oder eines Wagens mit höherem Sicherheitsstandard zu denken[267]. Allerdings dürfte der generelle Grad der Bedürfnisbefriedigung auf diesen Ebenen bereits derart hoch sein, daß der Wunsch, eine hundertprozentige Befriedigung zu erreichen, nur eine geringe Motivationswirkung erwarten läßt.

Anders verhält es sich auf der Ebene des Achtungsbedürfnisses. Hier sind Leistungsstufen geeignet, eine starke Motivationswirkung zu erzielen: Zum einen ermöglicht das aufgrund einer Leistungsstufe erhaltene Geld die Anschaffung von Statussymbolen, was zusätzliche Anerkennung bei Freunden und Bekannten erwarten läßt. Zum anderen stellt die Gewährung einer Leistungsstufe an sich bereits eine Honorierung der erbrachten Leistung durch den Vorgesetzten dar. Diese Anerkennung der Arbeitsleistung erhöht schließlich auch das Selbstwertgefühl. Gerade im öffentlichen Dienst bestehen auf dieser Bedürfnisebene erhebliche Defizite: Das gezahlte Gehalt ermöglicht zwar eine amtsangemessene Lebensführung, grundsätzlich aber keine

---

[265] *Els*, RiA 1997, S. 165, weist allerdings darauf hin, daß gerade in Ballungsräumen etwa 20% der Beamten des mittleren und etwa 10% der Beamten der gehobenen Dienstes einer genehmigten Nebenbeschäftigung nachgehen. Auch wenn in Ballungsräumen insbesondere die Wohnraumpreise deutlich höher liegen als in ländlichen Gebieten, ist doch nicht davon auszugehen, daß ohne diese Nebenbeschäftigungen die physiologischen Bedürfnisse nicht befriedigt werden könnten. Im übrigen sind leistungsabhängige Bezahlungselemente nicht geeignet, die unterschiedlichen Lebenshaltungskosten auszugleichen. Es sollte vielmehr über eine sogenannte Ballungsraumzulage nachgedacht werden, um diese faktischen Besoldungsunterschiede zu nivellieren.

[266] Ebenso *Els*, RiA 1997, S. 165.

[267] Vgl. *Dulisch*, VR 1996, S. 52.

finanziellen Sprünge[268]. Auch Lob für gute Arbeit wird in der öffentlichen Verwaltung viel zu selten vergeben. Einerseits kann dies in Form von guten Beurteilungen erfolgen. Beurteilungen werden allerdings im Schnitt nur alle vier Jahre erstellt. Auch ein Lob in Form eines Schulterklopfens durch den Vorgesetzten dürfte eher die Ausnahme sein. Scheinbar empfindet man Lob als Herabsetzung, als Form von „Herrschaftszynismus", weil regelmäßig der Vorgesetzte den Mitarbeiter lobt und damit seine Überlegenheit zum Ausdruck bringt[269]. Aus den genannten Gründen läßt die Einführung von Leistungsstufen eine erhebliche Motivationswirkung erwarten, da das Anerkennungsbedürfnis der Beamten bisher nur in sehr geringem Maße befriedigt wurde. Erschwerend kommt hinzu, daß der Beamte in der Bevölkerung einen sehr schlechten Ruf genießt.

Die gegen die Motivationstheorie von Maslow erhobene Kritik ist erheblich. So wird beispielsweise vorgebracht, daß die unterstellte Hierarchie der Bedürfnisebenen nicht bei allen Menschen zutreffen muß, weil die Wertschätzung einzelner Bedürfnisse zum Beispiel aufgrund einer unterschiedlichen sozialen Prägung unterschiedlich ausfallen kann. Auch sei die Zuordnung einzelner Bedürfnisse zu den jeweiligen Kategorien willkürlich. Darüber hinaus könne ein Handeln, das als Bemühung um die Befriedigung eines Bedürfnisses angesehen wird, in vielen Fällen zugleich der Befriedigung eines anderen Bedürfnisses dienen, welches unter Umständen einer höheren Kategorie angehört[270]. Schließlich müßte man nach *Maslow* für jeden einzelnen Menschen ermitteln, auf welcher Stufe er steht, um dann Anreize auf der nächsthöheren Stufe zu schaffen[271].

Diese gegen *Maslow* vorgebrachten Kritikpunkte sind durchaus berechtigt. Natürlich ist nicht bei jedem Menschen in unserer Gesellschaft eine Bedürfnishierarchie anzutreffen, die der Bedürfnispyramide von *Maslow* entspricht[272]. Auch ist es nicht möglich, die einzelnen Bedürfnisebenen klar voneinander abzugrenzen, so daß gleichzeitig unbefriedigte Bedürfnisse auf verschiedenen Ebenen wahrgenommen werden können, und eine einzige Handlung die Befriedigung von Bedürfnissen verschiede-

---

[268] Zitat eines Referendararbeitsgemeinschaftsleiters: „Der Mantel des Staates ist eng, aber warm."
[269] So *Els*, RiA 1997, S. 166; *Sprenger*, Mythos Motivation, S. 85 f.
[270] *Wiswede*, Motivation und Arbeitsverhalten, S. 99; *Drumm*, Personalwirtschaftslehre, S. 375.
[271] *Wächter*, in: Emmerich/Hardes/Sadowski/Spitznagel(Hrsg.), S. 42.
[272] Über diese Tatsache ist sich *Maslow* durchaus im klaren; vgl. *Maslow*, Motivation und Persönlichkeit, S. 95 ff.

ner Kategorien bewirken kann. Schließlich ist es bereits aus praktischen Gründen unmöglich, bei jedem Menschen den Grad und die Stufe seiner Bedürfnisbefriedigung zu ermitteln.

Akzeptiert man diese Defizite, so kann die Theorie von *Maslow* folgendes leisten: Sie ermöglicht eine globale Betrachtung der innerhalb der Beamtenschaft bestehenden Bedürfnissituation. Dabei sollte man von einer grundsätzlichen Hierarchie der Bedürfnisse ausgehen, allerdings in der Weise, daß man keine strikte Trennung nach Bedürfnisebenen vornimmt. Vielmehr muß man sich darüber im klaren sein, daß immer auch nicht befriedigte Bedürfnisse auf höheren Ebenen existieren, auch wenn die darunter liegenden Bedürfniskategorien nicht vollständig befriedigt sind. Mit dieser Sichtweise der Theorie von *Maslow* lassen sich auch die dargestellten Untersuchungsergebnisse erklären: Personen, die den Eintritt in den öffentlichen Dienst anstreben, wollen dadurch ihr Sicherheits- und Ordnungsbedürfnis befriedigen. Bereits im öffentlichen Dienst tätige Beamte haben diesen Zustand erreicht und sehnen sich nun nach Sinn, Kreativität und Verantwortung in ihrem Beruf, um ihrem Selbstverwirklichungsbedürfnis Rechnung zu tragen[273]. Darüber hinaus ist ihnen eine leistungsgerechte Bezahlung wichtig, wodurch das auf der zweiten Ebene der Bedürfnispyramide stehende Anerkennungsbedürfnis befriedigt werden kann. Wie bereits erörtert, sind Leistungsstufen gerade auf dieser Ebene geeignet, Motivation zu erzeugen. Die Theorie von *Maslow* ist damit grundsätzlich geeignet, die Auswirkungen von Bedürfnissen auf die Motivation zu erklären, sofern man sich ihrer Schwächen bewußt ist. Sie ist jedoch nicht in der Lage zu erklären, wie Motivation formal und losgelöst von Bedürfnissen entsteht und auf das Verhalten wirkt[274].

3.2.1.2. Die Zwei-Faktoren-Theorie von *Herzberg*

Eine weitere Inhaltstheorie stellt die Zwei-Faktoren-Theorie von *Herzberg* dar[275]. Die Untersuchungen von *Herzberg* ähneln der Bedürfnistheorie von *Maslow* in der Weise, daß auch er von gewissen Bedürfnissen der Menschen ausgeht. Im Gegensatz zu *Maslow* handelt es sich dabei aber nicht um allgemeine Bedürfnisse, sondern um spezifische Bedürfnisse in bezug auf die Arbeitssituation. *Herzberg* geht nicht von einer vergleichbaren Hierarchie der Bedürfnisebenen der Arbeitnehmer aus, sondern

---

[273] Vgl. *Els*, RiA 1997, S. 167.
[274] So *Drumm*, Personalwirtschaftslehre, S. 373.
[275] Ausführliche Darstellung dieser Theorie in *Herzberg/Mausner/Syndermann*, The motivation to work, S. 113-119

unterteilt in sogenannte Motivatoren und Hygienefaktoren. Zu den Hygienefaktoren zählen Merkmale, die sich nicht der ausgeübten Tätigkeit an sich, sondern den allgemeinen Arbeitsbedingungen, also dem Arbeitsumfeld zuordnen lassen. *Herzberg* nennt hier die Merkmale Überwachung (durch den Vorgesetzten), zwischenmenschliche Beziehungen, physische Arbeitsbedingungen, Unternehmenspolitik, Handhabung von Verwaltungsangelegenheiten, Vergünstigungen und Sicherheit des Arbeitsplatzes[276]. Verbesserungen in bezug auf Hygienefaktoren sind nicht geeignet, Arbeitszufriedenheit zu erzeugen. Das positive Vorliegen von Hygienefaktoren vermag lediglich Arbeitsunzufriedenheit abzubauen. Damit sind diese Faktoren aber zugleich notwendige Grundlage für das Wirksamwerden von Motivatoren, weil diese erst in dem Stadium der Nicht-Unzufriedenheit ihre Wirkung entfalten[277] und selbst keine Unzufriedenheit abbauen können. Zu der Gruppe der Motivatoren gehören diejenigen Merkmale, die der Tätigkeit an sich anhaften und das Selbstverwirklichungsbedürfnis des Einzelnen befriedigen können[278]. Allein Motivatoren sind in der Lage, Arbeitszufriedenheit zu erzeugen und dadurch zu höherer Arbeitsleistung zu motivieren. *Herzberg* geht also davon aus, daß zunächst Arbeitsunzufriedenheit durch die positive Gestaltung von Hygienefaktoren abgebaut werden muß, bevor mit Hilfe von Motivatoren Arbeitsmotivation erzeugt werden kann. Das Gehalt zählt er zur Gruppe der Hygienefaktoren, da die Ausgestaltung des Bezahlungssystems in zweierlei Weise Unzufriedenheit erzeugen kann: Zum einen stellt sich ein wirtschaftliches Mangelgefühl ein, wenn die Entlohnung als unzureichend empfunden wird. Daneben kann die Bezahlung aber auch durch das Gefühl einer ungerechten Behandlung Arbeitsunzufriedenheit erzeugen. Auch im Fall von erfolgreichen leistungsabhängigen Bezahlungssystemen mißt *Herzberg* der Entlohnung keine motivierende Funktion bei. Motivation wird hier durch die Anerkennung der erbrachten Leistung und durch das Gefühl, einen wichtigen Beitrag zu einem erfolgreichen Projekt geleistet zu haben, erzeugt. Die Zahlung von Geld ist dazu allein nicht in der Lage[279].

---

[276] Diese kann man auch als extrinsische Merkmale bezeichnen, vgl. Abschnitt III.3.1.

[277] *Herzberg* spricht nicht explizit aus, daß bereits das Stadium der Nicht-Unzufriedenheit erreicht sein muß. Seine Formulierung, daß die Hygienefaktoren als notwendige Grundlage der Motivatoren fungieren, läßt aber nur diese Schlußfolgerung zu; vgl. *Herzberg/Mausner/Syndermann*, The motivation to work, S. 115. Der gleichen Auffassung ist *Richter*, Personalführung, S. 168; ebenso *Wächter*, in: Emmerich/Hardes/Sadowski/Spitznagel(Hrsg.), S. 43.

[278] Intrinsische Merkmale, vgl. Abschnitt III.3.1.

[279] Auf der Grundlage der Untersuchungen von *Herzberg* sehen einige Autoren das Arbeitsentgelt sowohl als Motivator als auch als Hygienefaktor an, z. B. *Drumm*, Personalwirtschaftslehre, S. 377; *Wächter*, in: Emmerich/Hardes/Sadowski/Spitznagel(Hrsg.), S. 43. Diese von *Herzberg* abweichende Sichtweise läßt sich wohl nur damit erklären, daß sich in den Umfragen von *Herzberg* bei etwa der

Betrachtet man die dargestellten Umfrageergebnisse auf der Grundlage der Zwei-Faktoren-Theorie von *Herzberg*, so kommt man zu folgenden Erkenntnissen: Die Merkmale, die den Beamten an ihrer Tätigkeit am wichtigsten sind, wie „Sinnvoll", „Macht Spaß", „Interessant", „Selbständig", „Abwechslungsreich" und „Ideen einbringbar", stellen allesamt Motivatoren im Sinne der Zwei-Faktoren-Theorie dar, da sie mit den Inhalten der Arbeit selbst verbunden sind. Da bei allen Merkmalen eine deutliche Differenz zwischen der Wichtigkeit und der wahrgenommenen Realisierung besteht[280], ist anzunehmen, daß in der öffentlichen Verwaltung ein erhebliches Motivationspotential schlummert. Geht man mit *Herzberg* davon aus, daß die Bezahlung einen Hygienefaktor darstellt, und daß Motivatoren erst dann ihre Wirkung entfalten können, wenn durch die Befriedigung der Hygienefaktoren das Stadium der Nicht-Unzufriedenheit erreicht ist, so muß vor allem zunächst das an siebenter Stelle der Wichtigkeit von Tätigkeitsmerkmalen stehende Bedürfnis nach einer gerechten Bezahlung befriedigt werden, da gerade bei diesem Merkmal der Unterschied zwischen Ist- und Soll-Zustand besonders groß ist[281]. Schließt man sich der Ansicht von *Klages/Gensicke* an, daß nicht die absolute Höhe der Bezahlung als mangelhaft empfunden wird, sondern vielmehr die relative Höhe der Besoldung wegen der bisher nicht möglichen Berücksichtigung der unterschiedlichen Arbeitsbelastung und Arbeitsleistung der Beamten einer Besoldungsgruppe als ungerecht angesehen wird[282], ist die Einführung von Leistungsstufen grundsätzlich geeignet, die dadurch hervorgerufene Unzufriedenheit zu beseitigen: Durch den unbestimmten Leistungsbegriff in der LStuV und BayLStuV wird es den Vorgesetzten ermöglicht, sowohl eine dauerhaft über dem Durchschnitt liegende Arbeitsbelastung als auch eine überdurchschnittliche qualitative beziehungsweise quantitative Gesamtleistung finanziell zu würdigen und dadurch das Bedürfnis nach einer gerechten Bezahlung zu befriedigen.

An dieser Stelle sei noch einmal darauf hingewiesen, daß nach den Untersuchungsergebnissen ein großer Teil der Beamten das Gefühl hat, daß ihre Leistungen von ihren Vorgesetzten richtig beurteilt werden, so daß zu erwarten ist, daß auch die wirklichen Leistungsträger bedacht werden. Mit *Herzberg* ist davon auszugehen, daß

---

gleichen Anzahl von Befragten sowohl die eine als auch die andere Wirkung feststellen ließ; vgl. *Richter*, Personalführung, S. 168.

[280] Vgl. Tabelle bei *Klages*, Verwaltungsmodernisierung II, S. 85.

[281] Etwa 90% der Befragten wünschen sich eine gerechte Bezahlung, aber weniger als 40% sehen sie in der öffentlichen Verwaltung als gegeben an; vgl. Schaubild bei *Klages*, Verwaltungsmodernisierung II, S. 85.

[282] *Klages/Gensicke*, in: Klages(Hrsg.), S. 105 f.

auch das im Rahmen einer Leistungsstufe gezahlte Gehalt an sich nur einen Hygienefaktor und keinen Motivator darstellt, da es lediglich empfundene Bezahlungsungerechtigkeiten abbauen kann. Eine motivierende Wirkung besitzt allerdings die mit der Vergabe einer Leistungsstufe verbundene explizite Anerkennung der Leistung. Damit führt die Anwendung der Zwei-Faktoren-Theorie zu dem Ergebnis, daß bei einem leistungsabhängigen Bezahlungssystem zwar nicht das Gehalt an sich, aber das System insgesamt sowohl als Hygienefaktor als auch als Motivator fungieren kann. Aus diesem Grund ist das Leistungsstufensystem auf der Grundlage der Ergebnisse von *Herzberg* grundsätzlich geeignet, die Beamten zu höherer Leistung zu motivieren. Natürlich muß man sich darüber im klaren sein, daß die konsequente Befolgung der Theorie von *Herzberg* dazu führen würde, daß die motivierende Wirkung nur dann eintreten kann, wenn alle Hygienefaktoren so weit befriedigt wurden, daß die Beamten mit ihrer beruflichen Tätigkeit zumindest nicht unzufrieden sind. Im Rahmen der Kritik an der Zwei-Faktoren-Theorie wird sich allerdings zeigen, daß diese These von *Herzberg* allenfalls unter Einschränkungen haltbar ist.

Die von *Herzberg* postulierten Erkenntnisse haben in der einschlägigen Literatur eine umfangreiche Diskussion angeregt. Diejenigen Stimmen, die die Richtigkeit der Zwei-Faktoren-Theorie bezweifeln, tun dies vor allem deshalb, weil die Ergebnisse von *Herzberg* sich nur dann in späteren Untersuchungen bestätigten, wenn auch die von *Herzberg* ursprünglich verwendete Forschungsmethode angewandt wurde. Methodenfremde Untersuchungen führten dagegen zu abweichenden Ergebnissen[283]. Aus diesem Grund wird insbesondere der Wert der Methode von *Herzberg* angezweifelt. *Herzberg* hatte die befragten Personen subjektiv diejenigen Ereignisse aus ihrem Arbeitsalltag schildern lassen, die bei ihnen Zufriedenheit oder Unzufriedenheit auslösten. Deshalb kann man die daraufhin von *Herzberg* vorgenommene Einteilung in Motivatoren und Hygienefaktoren auch damit erklären, daß die meisten Befragten aus psychologischen Gründen solche Ereignisse als Auslöser ihrer Unzufriedenheit nannten, die außerhalb ihrer Verantwortung und ihres Einflußbereichs lagen (Hygienefaktoren), um ihr Selbstbild zu entlasten, während sie Ereignisse, die

[283] So *von Rosenstiel*, Motivationale Grundlagen, S. 429; *Gebert/von Rosenstiel*, Organisationspsychologie, S. 45; *Staehle*, Management, S. 226; *Drumm*, Personalwirtschaftslehre, S. 378.

bei ihnen Zufriedenheit auslösten, eher als von ihnen selbst beeinflußt ansahen (Motivatoren)[284].

Ein weiterer berechtigter Kritikpunkt ist, daß die von *Herzberg* vorgenommene Einteilung in Motivatoren und Hygienefaktoren willkürlich erscheint. Aus welchen Gründen sollte nicht ein als Hygienefaktor eingestuftes Merkmal Arbeitszufriedenheit erzeugen, oder umgekehrt ein Motivator Arbeitsunzufriedenheit abbauen können? Die Zwei-Faktoren-Theorie vernachlässigt daneben auch völlig, daß bei unterschiedlichen Menschen verschiedene Bedürfnisse, Einstellungen und Werthaltungen in bezug auf ihren Beruf vorhanden sind[285]. Schließlich ist auch nicht einsehbar, daß Motivatoren erst dann ihre Wirkung entfalten können, wenn der Zustand der Nicht-Unzufriedenheit erreicht ist. Dies hätte ja in letzter Konsequenz zur Folge, daß selbst bei optimal gegebenen Motivatoren keine Arbeitsmotivation bei einem Menschen zu erwarten ist, wenn auch nur ein Hygienefaktor nicht befriedigt ist und Arbeitsunzufriedenheit auslöst. Eine derartige Sichtweise kann man nur als realitätsfremd bezeichnen.

Um der dargestellten Kritik Rechnung zu tragen, sollte die Zwei-Faktoren-Theorie von *Herzberg* in folgender Weise relativiert werden: Die vorgenommene Einteilung der Tätigkeitsmerkmale in Motivatoren und Hygienefaktoren kann unter der Bedingung beibehalten werden, daß man den Merkmalen keine ausschließliche Wirkung in die eine oder andere Richtung beimißt. Stattdessen erfolgt die Einteilung nach der überwiegenden Wirkungsweise, wobei man sich grundsätzlich an der von *Herzberg* vorgenommenen Einteilung orientieren kann. Dabei muß man sich aber im klaren sein, daß die Aktivierung eines Motivators beziehungsweise die Befriedigung eines Hygienefaktors nicht bei jedem Menschen die prognostizierte Wirkung haben wird, weil unterschiedliche Werthaltungen und Bedürfnisse in unserer Gesellschaft gegeben sind. Eine kompensatorische Wirkung zwischen Motivatoren und Hygienefaktoren ist nicht auszuschließen: So wird etwa ein Arbeitnehmer beispielsweise eine nicht so hohe Bezahlung, einen unangenehmen Vorgesetzten oder verbesserungsbedürftige allgemeine Arbeitsbedingungen in Kauf nehmen, wenn er nur in dem jeweiligen Unternehmen eine Tätigkeit ausüben kann, die ihm gefällt und seinen Fähig-

[284] *von Rosenstiel*, Motivationale Grundlagen, S. 433; *Staehle*, Management, S. 226; *Gebert/von Rosenstiel*, Organisationspsychologie, S. 45 f.
[285] *Drumm*, Personalwirtschaftslehre, S. 378 f.

keiten entspricht. Umgekehrt muß auch die Befriedigung von Hygienefaktoren Arbeitszufriedenheit und damit Motivation erzeugen können. Ansonsten dürfte kaum zu erklären sein, warum Arbeitnehmer verschiedener Unternehmen, in welchen die mit der Arbeit selbst verbundenen Motivatoren vergleichbar sind, unterschiedliche Leistungen erbringen. Abschließend ist aber festzustellen, daß hauptsächlich die Aktivierung von Motivatoren eine motivationsfreisetzende Wirkung besitzt, da jeder Mensch in seinem Beruf ein viel größeres Engagement an den Tag legt, wenn er seine Tätigkeit bereits wegen der Inhalte an sich anziehend findet. Es wurde bereits dargestellt, daß Leistungsstufen wegen der damit verbundenen Anerkennung grundsätzlich Arbeitsmotivation erzeugen können. Es ist aber auch nicht auszuschließen, daß das aufgrund einer Leistungsstufe gezahlte Geld ebenfalls motivierend wirkt, obwohl Geld eigentlich zu den Hygienefaktoren gehört. Jedenfalls ist auch auf der Grundlage der relativierten Theorie von *Herzberg* zu erwarten, daß die Einführung von Leistungsstufen die Leistungsfähigkeit der öffentlichen Verwaltung erhöht.

3.2.2. Prozeßtheorien

Nunmehr soll anhand einzelner Prozeßtheorien dargestellt werden, wie Motivation formal und losgelöst von Bedürfnisinhalten entsteht und das Verhalten beeinflußt. Dabei soll auch hier, sofern dies möglich ist, eine Prognose abgegeben werden, ob nach den jeweiligen Theorien zu erwarten ist, daß die Einführung von Leistungsstufen geeignet ist, die Arbeitsleistung der Beamten zu steigern.

3.2.2.1. Die Motivationstheorie von *Vroom*

Eine sehr interessante Erklärung für die Motivationsstärke zur Durchführung einer bestimmten Handlung bietet die Theorie von *Victor H. Vroom* aus dem Jahr 1964[286]. Ein zentrales Element dieser Theorie stellt die sogenannte Valenz dar. Die Valenz drückt den Wunsch einer ausgewählten Person aus, ein bestimmtes Ergebnis zu erreichen. Man könnte sie auch als subjektive Wertigkeit eines vorgestellten Ergebnisses bezeichnen. Davon strikt zu unterscheiden ist der Wert eines Ergebnisses, der die durch einen bestimmten Sachverhalt tatsächlich hervorgerufene Befriedigung bei einem Menschen beschreibt. Ein mögliches Ergebnis besitzt eine positive Valenz, wenn ein Mensch sich dessen Eintritt wünscht. Demgegenüber nimmt die Valenz negative Werte an, wenn eine Person den Nichteintritt des Ergebnisses bevorzugt, während sie bei völliger Gleichgültigkeit bei Null liegt. *Vroom* stellt für die Valenz

---

[286] Ausführliche Darstellung bei *Vroom*, Work and Motivation, S. 15-28.

eines bestimmten Ereignisses j eine Funktionsgleichung auf, wobei er davon ausgeht, daß das jeweils untersuchte Ergebnis j zu weiteren Ergebnissen k führen kann, denen die Person ebenfalls gewisse Valenzen beimißt. Diese möglichen weiteren Ergebnisse sollen zur besseren Unterscheidung als Ziele bezeichnet werden. Eine weitere Variable, die in der Gleichung von *Vroom* auftaucht, ist die sogenannte Instrumentalität. Diese bezeichnet die von der jeweiligen Person angenommene Wahrscheinlichkeit, daß Ergebnis j auch zu einem bestimmten Ziel k führen wird. Die Instrumentalität kann Werte zwischen –1 und 1 annehmen. Ein Instrumentalitätswert von 1 ist gegeben, wenn das Ergebnis j als notwendig und ausreichend für das Erreichen eines Ziels k angesehen wird. Umgekehrt kann ein Wert von –1 nur vorliegen, wenn die jeweilige Person der Auffassung ist, daß sie ihr Ziel ohne Eintritt des Ergebnisses j sicher erreicht, während bei Eintritt des Ergebnisses das Ziel keinesfalls erreicht werden kann. Die Funktionsgleichung für die Valenz eines Ergebnisses j bestimmt *Vroom* nun in der Weise, daß er die Valenz jedes einzelnen Ziels k mit der zugehörigen Instrumentalität zwischen j und k multipliziert und dann aus den für alle Ziele k ermittelten Werten die algebraische Summe bildet. Mit dieser Gleichung läßt sich für jedes denkbare Ergebnis die bei einem bestimmten Menschen vorliegende Valenz, also die subjektive Wertigkeit des Eintritts oder Nichteintritts des Ergebnisses, ermitteln. Die so ermittelte Valenz von Ergebnissen stellt eine wesentliche Variable in der ebenfalls von *Vroom* aufgestellten Gleichung zur Berechnung der Motivationsstärke für eine bestimmte Handlung i dar. Auch bei dieser Gleichung führt *Vroom* eine weitere Variable ein, die die subjektiv angenommene Wahrscheinlichkeit ausdrückt, daß Handlung i zu Ergebnis j führt. Diese Handlungs-Ergebnis-Wahrscheinlichkeit kann Werte zwischen 0 und 1 annehmen, wobei bei einem Wert von 1 die jeweilige Person der Auffassung ist, daß die durchgeführte Handlung mit hundertprozentiger Sicherheit das jeweilige Ergebnis j herbeiführen wird.

Die Motivationsstärke zur Vornahme einer bestimmten Handlung ermittelt sich nach *Vroom* nun in der Weise, daß die Valenz jedes möglicherweise durch die Handlung erzielten Ergebnisses mit der zugehörigen subjektiv angenommenen Handlungs-Ergebnis-Wahrscheinlichkeit multipliziert wird. Die algebraische Summe aller Einzelergebnisse stellt dann die Motivationsstärke für die Vornahme einer bestimmten Handlung dar. *Vroom* geht davon aus, daß eine Person unter mehreren Handlungsalternativen immer diejenige auswählen wird, die den größten positiven oder geringsten negativen Wert aufweist.

Wirft man nun die Frage auf, ob die Einführung von Leistungsstufen geeignet ist, die Beamten zu verstärkten Anstrengungen in ihrem Beruf zu motivieren, so kann man wohl nur zu dem Ergebnis kommen, daß die Theorie von *Vroom* keine für alle Beamten gültige Antwort zu geben vermag. Dies liegt daran, daß alle Variablen der Motivationsgleichung subjektive Einschätzungen und Einstellungen darstellen, und deshalb das Endergebnis, nämlich die Motivationsstärke bezüglich eines mehr leistungsorientierten Verhaltens, vollkommen unterschiedliche Werte annehmen kann. So kann beispielsweise die Valenz einer Leistungsstufe bei einem Beamten einen hohen positiven Wert annehmen, weil er das zusätzliche Einkommen und die damit verbundene Anerkennung anstrebt, während ihm der durch eine Leistungsstufe hervorgerufene Neid seiner Kollegen egal ist, oder er derartige durch eine Leistungsstufe ausgelöste Gefühle nicht für wahrscheinlich hält. Umgekehrt mag ein anderer Beamter diese Folge für wahrscheinlich halten und besonders unangenehm finden. Genauso ist es möglich, daß ein Beamter der Ansicht ist, daß er mit Sicherheit eine Leistungsstufe erhält, wenn er eine bestimmte Arbeitsleistung erbringt, während ein anderer Beamter dieses Ergebnis als unsicher ansieht. Da sich sehr viele derartige Abweichungen konstruieren lassen und auch nicht unwahrscheinlich sind, muß man abschließend feststellen, daß die Theorie von *Vroom* zwar in der Theorie sehr gut geeignet ist, die Motivationsstärke zur Durchführung einer bestimmten Handlung zu erklären, sofern man bei einer Person die entsprechenden Variablen durch Befragen oder in anderer Weise ermitteln kann. Die Theorie eignet sich jedoch nicht zur Klärung der Frage, ob Leistungsstufen geeignet sind, die Beamtenschaft oder zumindest einen großen Teil davon zu höherer Arbeitsleistung zu motivieren, da die Bestimmung der Variablen völlig offen ist und auch durch subjektive Schätzung nicht befriedigend zu ermitteln ist.

3.2.2.2. Die Theorie der kognitiven Dissonanz von *Festinger*

Eine weitere Erklärung für die Ursachen und die Stärke von menschlichem Verhalten bietet die Theorie der kognitiven Dissonanz von *Leon Festinger*, die an dieser Stelle in Grundzügen beschrieben werden soll[287]. *Festinger* geht davon aus, daß jedes menschliche Individuum bestrebt ist, seine Handlungen, Kenntnisse und Einstellungen in Konsonanz, also in Übereinstimmung miteinander, zu bringen. Nimmt eine Person eine Dissonanz wahr, so wird sie in irgendeiner Form reagieren, um wieder

---

[287] Eine ausführliche Darstellung der von *Festinger* aufgestellten Thesen findet sich bei *Festinger*, in: Irle/Möntmann(Hrsg.), S. 253-266.

den Zustand der inneren Konsonanz zu erreichen. Die Stärke der Reaktion hängt davon ab, wie wichtig der jeweiligen Person die in Dissonanz zueinander stehenden Elemente sind und wie groß die Abweichung zwischen ihnen ist. *Festinger* weist allerdings auch darauf hin, daß die Stärke des Bestrebens zur Reduktion von Dissonanz bei verschiedenen Menschen aufgrund ihrer verschiedenen Persönlichkeitsstruktur unterschiedlich ausgeprägt sein kann. Bei manchen Personen löst bereits eine geringe Dissonanz sehr starke Reaktionen zur Reduktion aus, während andere Menschen in der Lage sind, sehr starke Dissonanzen zu ertragen. Grundsätzlich wird eine bestehende Dissonanz aber entsprechende Reaktionen hervorrufen. Nach *Festinger* ist aber nicht vorhersagbar, in welcher Form und Weise die Beseitigung der Dissonanz angestrebt wird. So ist etwa denkbar, daß eine entsprechende Handlung vorgenommen wird, welche möglicherweise in vollkommenem Gegensatz zu dem bisherigen Handeln steht. Möglich ist auch, daß das jeweilige Individuum seinen Kenntnisstand durch das Sammeln von neuen Informationen verändert. Schließlich kann die Reaktion auch derart ausfallen, daß eine Person ihre Einstellungen revidiert. So kann etwa die Wichtigkeit von gegensätzlichen Ansichten verschoben werden, um eine durch eine bestimmte Handlungsalternative erzeugte Dissonanz zu vermindern. Dies kann beispielsweise dadurch erfolgen, daß man Personen ablehnt, die die Dissonanz erzeugende Ansicht vertreten, oder aber verstärkt den Kontakt zu anderen Menschen sucht, welche die favorisierte Ansicht vertreten. Letztlich läßt sich also sagen, daß die durch eine Dissonanz ausgelöste Reaktion sehr unterschiedlich ausfallen kann, wobei die jeweils gewählte Alternative nicht mit Sicherheit im voraus bestimmt werden kann. Dissonanz kann schließlich durch jede Form von Kognition, also durch die Wahrnehmung von Umweltfaktoren, erzeugt werden. Sie entsteht etwa, wenn mehrere sich ausschließende Handlungsalternativen wahrgenommen werden, von denen jede eine gewisse Attraktivität ausübt. Auch eine Änderung des gesellschaftlichen Status oder der innegehabten Funktion kann zu Dissonanz führen. So ist es denkbar, daß ein Student die Tätigkeit seiner Professoren vollkommen anders beurteilt, nachdem er seinen Abschluß gemacht hat und ebenfalls einen unterrichtenden Beruf ausübt.

Stellt man nun die Frage, ob die Einführung von Leistungsstufen auf der Grundlage der Theorie der kognitiven Dissonanz geeignet ist, bei Beamten eine Reaktion dergestalt hervorzurufen, daß diese ihre Arbeitsleistung steigern, so ist durchaus denkbar, daß die Vergabe von Leistungsstufen bei den davon nicht begünstigten Beamten Dissonanz erzeugt, weil vergleichbare Kollegen nun mehr verdienen als sie selbst. Dies kann verschiedene Reaktionen erzeugen: Beamte, die keine Leistungsstufe erhalten haben, können die subjektive Wertigkeit einer Leistungsstufe herabsetzen, indem sie die damit verbundenen finanziellen Vorteile und die Anerkennung als für sich unbedeutend einstufen. Möglicherweise werden sie die Empfänger von Leistungsstufen als „Streber“ bezeichnen, zu denen sie sowieso nicht gehören wollen. Darüber hinaus können sie den Nichterhalt einer Leistungsstufe auch damit rechtfertigen, daß sie ihre vorhandenen körperlichen und geistigen Ressourcen lieber für den Freizeitbereich aufsparen, während der Empfänger einer Leistungsstufe wegen seiner erhöhten Anstrengungen im Beruf hier Abstriche machen muß. Neben vielen anderen Möglichkeiten, die zum Abbau der durch die Vergabe von Leistungsstufen hervorgerufenen Dissonanz denkbar sind, kommt schließlich auch in Betracht, daß die nicht bedachten Beamten eine höhere Arbeitsleistung an den Tag legen, um ebenfalls eine Leistungsstufe zu erhalten. Ein derartiges Verhalten ist auch nicht unwahrscheinlich, sofern man eine auch bei vielen Beamten im Denken verhaftete Tendenz zur Nutzenmaximierung unterstellt: Beamte müssen grundsätzlich ein gewisses Stundenpensum pro Woche an ihrer Arbeitsstelle ableisten. Der Gedanke liegt nahe, daß sie, sofern sich die Möglichkeit bietet, dafür auch ein möglichst hohes Gehalt beziehen wollen. Das durch eine Leistungsstufe zusätzlich erhaltene Geld kann dann verwendet werden, um den Freizeitbereich attraktiver zu gestalten. Aus diesem Grund erscheint die Einführung von Leistungsstufen auf der Grundlage der Theorie von *Festinger* durchaus geeignet, einen großen Teil der Beamten zu einer Steigerung ihrer Arbeitsleistung zu motivieren.

Dulisch verweist demgegenüber auf die Möglichkeit, daß die Vergabe von Leistungsstufen sogar den Abbau von Dissonanz bewirken kann, weil der bisher schon engagierte Beamte, der eine Leistungsstufe erhält, dadurch seine im Verhältnis zu seinem gleich bezahlten, weniger leistungsbereiten Kollegen bestehende Dissonanz abbauen kann, während dieser seine geringere Leistungsbereitschaft nun damit rechtfertigen kann, daß er ja weniger Geld erhält[288]. Diese mögliche Wirkung der Vergabe von Leistungsstufen dürfte jedoch nicht zu einer Minderung der Leistungsbereitschaft führen, sondern zumindest zu einer Beibehaltung des bisherigen Niveaus. Da der bisher schon überdurchschnittlich arbeitende Beamte seine empfundene Dissonanz durch den Erhalt einer Leistungsstufe abbauen kann, besteht nicht die Gefahr,

---

[288] *Dulisch*, VR 1996, S. 54.

daß er zur Reduktion der Dissonanz sein Leistungsniveau absenkt. Es ist also zu erwarten, daß er auch weiterhin gut arbeitet. Natürlich könnte man auch bestrebt sein, diesen Beamten zu noch höherer Leistung zu motivieren, um auf diesem Weg eine Leistungssteigerung der Verwaltung insgesamt zu erreichen. Allerdings kann dies bei einem Beamten, der bereits ein hohes Leistungsverhalten zeigt, leicht zu einer Überbelastung führen, die seine Gesundheit und Leistungsfähigkeit gefährdet („Burn out") und darüber hinaus wegen einer stark erhöhten Fehlerwahrscheinlichkeit nicht im Interesse eines gesetzmäßigen Verwaltungshandelns liegt. Betrachtet man nun den bisher weniger engagierten Beamten, so ist durchaus denkbar, daß durch die Vergabe einer Leistungsstufe an einen höhere Leistung erbringenden Kollegen eine existierende Dissonanz abgebaut wird. Es ist allerdings sehr wahrscheinlich, daß eine durch den Leistungsunterschied hervorgerufene Dissonanz bereits vorher sofort in anderer Form und Weise, etwa durch die bereits erwähnte stärkere Freizeitorientierung, reduziert wurde. Sollte dennoch eine derartige Dissonanz bei einigen Beamten existiert haben, so dürfte diese kaum besonders ausgeprägt gewesen sein, da die nicht gewählte Handlungsalternative „Höhere berufliche Anstrengungen" mangels bisher existierender finanzieller „Belohnungen" keine besondere Attraktivität ausgeübt haben dürfte[289]. Für diese Behauptung spricht insbesondere, daß die Annahme einer starken Dissonanz bei vielen Beamten zu einer Leistungssteigerung hätte führen müssen. Da eine durch Leistungsunterschiede hervorgerufene Dissonanz diese Wirkung nicht besaß, weil sie entweder durch andere Reaktionen abgebaut wurde oder aber nicht besonders stark war, läßt umgekehrt die Vergabe von Leistungsstufen kein Absinken des Leistungsniveaus der bisher nicht zu den Leistungsspitzen gehörenden Beamten erwarten. Auf der anderen Seite gilt es zu bedenken, daß durch die unterschiedliche Bezahlung eine neue Dissonanz erzeugt wird, die, folgt man der bereits dargestellten Auffassung, mit einer relativ hohen Wahrscheinlichkeit eine Leistungssteigerung bewirken kann. Aus diesem Grund ist die Einführung von Leistungsstufen auf der Grundlage der Theorie von *Festinger* durchaus geeignet, viele der bisher nicht zu den echten Leistungsträgern gehörenden Beamten zu einer höheren und besseren Arbeitsleistung zu motivieren.

---

[289] Es wurde ja bereits erwähnt, daß Beförderungen häufig aufgrund reinen Zeitablaufs vorgenommen wurden, vgl. Kapitel III.3.1.

3.2.2.3. Das erweiterte Motivationsmodell von *Heckhausen*

Eine weitere Erklärung für das Entstehen von Motivation und deren Wirkung auf das Verhalten bietet das erweiterte Motivationsmodell von *Heinz Heckhausen*. *Heckhausen* hatte bereits im Jahr 1977 sein erweitertes Motivationsmodell entworfen, in welchem er zum einen situationsspezifische Determinanten des Motivationsprozesses berücksichtigte. Darüber hinaus führte er in dieses Modell auch persönlichkeitsspezifische Variablen ein, um auch individuelle Unterschiede in den einzelnen Motiven erfassen zu können[290]. Mit Hilfe dieser persönlichkeitsspezifischen Variablen wollte er erklären, warum sich verschiedene Menschen in vergleichbaren Situationen unterschiedlich verhalten. In der überarbeiteten Fassung dieses erweiterten Motivationsmodells verzichtet er auf Motivparameter, weil er entgegen der bisherigen Erklärungsstrategie zunächst nur von situationsabhängigen Variablen ausgehen möchte, ohne jedoch die grundsätzliche Notwendigkeit der Berücksichtigung von Motiven zu leugnen[291]. Ähnlich wie *Vroom* geht *Heckhausen* von Erwartungs- und Wertvariablen aus, wobei er das Produkt von Erwartung und Wert als Valenz bezeichnet. *Heckhausen* gliedert den Motivationsprozeß in die Ereignis-Stadien Situation, Handlung, Ergebnis und Folgen. Zwischen diesen Stadien wirken sich vier verschiedene subjektive Wahrscheinlichkeitsgrade (Erwartungen) aus, die von jedem Individuum anders beurteilt werden können: Zum einen die Erwartung, daß eine herbeigeführte oder von selbst eingetretene Situation ohne eigenes Zutun zu einem bestimmten Ergebnis führen wird. Daneben die Erwartung, daß durch eine eigene Handlung das Ergebnis in einer gewollten Weise geändert werden kann. In diese Handlungs-Ergebnis-Erwartung fließt die weitere Erwartung mit ein, daß äußere Umstände die Wahrscheinlichkeit des Eintritts des gewollten Ergebnisses erhöhen oder verringern. Schließlich taucht im erweiterten Motivationsmodell die Ergebnis-Folge-Erwartung auf, die den subjektiven Wahrscheinlichkeitsgrad dafür ausdrückt, daß das Ergebnis zu bestimmten Folgen führt, und als Instrumentalität bezeichnet wird. *Heckhausen* geht in seiner Theorie davon aus, daß allein die Folgen von Ergebnissen Anreizwert besitzen und damit Motivation erzeugen können. Die möglichen Folgen lassen sich den Kategorien geänderte Selbst- oder Fremdbewertung, Annäherung an ein Oberziel und Nebenwirkungen zuordnen. Die Summe aller Anregungswerte der Folgen, die ein Situations- oder Handlungsergebnis voraussichtlich haben wird, multipliziert mit

---

[290] Darstellung dieses Modells bei *Heckhausen*, Psychologische Rundschau 1977, S. 177-183.

[291] Diese überarbeitete Version des erweiterten Motivationsmodells findet sich bei *Heckhausen*, Motivation und Handeln, S. 466-472.

der jeweiligen Instrumentalität bezeichnet er als Ergebnisvalenz. Diese Ergebnisvalenz wirkt sich auch auf die Beurteilung der Frage aus, mit welcher subjektiven Wahrscheinlichkeit eine bestimmte Situation ohne beziehungsweise bei Vornahme einer eigenen Handlung zu einem vorgestellten Ergebnis führt, welches dann erwünschte oder unerwünschte Folgen nach sich zieht (Situations- beziehungsweise Ergebnisvalenz). Anders als *Vroom* faßt *Heckhausen* die von ihm herausgearbeiteten Motivationsparameter nicht in einer mathematischen Gleichung zusammen, sondern stellt einen aus vier Fragen bestehenden Fragenkatalog auf, in welchem alle genannten Variablen berücksichtigt werden.

Mit Hilfe dieses Kataloges soll zu erklären sein, ob ein Individuum eine (mehrere) Handlung(en) vornimmt, um ein vorgestelltes Ergebnis zu erreichen, welches bestimmte Folgen nach sich ziehen kann. Die Reihenfolge der Fragen ist genau festgelegt. Als Antworten stehen nur ja und nein zur Verfügung. Zur nächsten Frage gelangt man nur dann, wenn die vorhergehende Frage in einer bestimmten Weise beantwortet wurde. Erst wenn alle vier Fragen in der jeweils notwendigen Weise beantwortet wurden, gelangt man zu dem Ergebnis, daß die jeweilige Person eine Handlung vornehmen wird. Die erste Frage lautet, ob das Ergebnis durch die Situation bereits festgelegt ist. Nur wenn dies verneint wird, stellt sich die zweite Frage, ob man das angestrebte Ergebnis durch eine eigene Handlung herbeiführen kann. Nur die Bejahung führt zur weiteren Frage, ob dem jeweiligen Individuum die möglichen Folgen dieses Ergebnisses wichtig genug sind. Allein eine positive Antwort wirft dann die letzte Frage auf, ob das Ergebnis auch die gewünschten Folgen nach sich ziehen wird. Die Vornahme einer Handlung ist nur dann zu erwarten, wenn auch diese Frage mit ja beantwortet wird. *Heckhausen* weist schließlich darauf hin, daß dieses Modell lediglich ein Ordnungs- und Suchmodell für die Bildung von weiteren Theorien darstellt.

Zur Kritik läßt sich folgendes feststellen: Anders als die Theorie von *Vroom* besticht das Modell von *Heckhausen* durch seine einfache und leicht zu handhabende Struktur. Problematisch ist, daß jeder Mensch die in den Fragen eins, zwei und vier zum Ausdruck kommenden Wahrscheinlichkeiten anders beurteilen kann. Auch die Frage, ob die möglichen Folgen des Ergebnisses wichtig genug sind, kann jede Person anders beantworten. Dies hängt damit zusammen, daß das jeweilige Individuum die von ihm vorhergesehenen positiven und negativen Folgen im Rahmen dieser Frage gegeneinander abwägen wird. Obwohl *Heckhausen* dies gerade vermeiden wollte, wird hier auch eine Gewichtung der einzelnen Folgen stattfinden, die hauptsächlich von den jeweiligen Motiven der Person abhängt. Schließlich führt der Verzicht auf die Aufstellung einer mathematischen Gleichung dazu, daß nicht mit Bestimmtheit vorhergesagt werden kann, welche von zwei sich ausschließenden Handlungsalternativen, bei denen alle vier Fragen in der erforderlichen Weise beantwortet werden, eine Person vornehmen wird.

Wendet man sich unter Berücksichtigung der dargestellten Schwachpunkte der Frage zu, ob die Einführung von Leistungsstufen auf der Grundlage des erweiterten Motivationsmodells geeignet ist, die Beamten zu erhöhten beruflichen Anstrengungen zu motivieren, so muß man zunächst definieren, was in diesem Fall als Ergebnis und Folgen anzusehen ist. Angestrebtes Ergebnis ist eine dauerhaft herausragende (Gesamt-)Leistung im Sinne der LStuV und BayLStuV. Dieses Ergebnis kann zum Erhalt einer Leistungsstufe und damit für einen befristeten Zeitraum zu einem höheren Einkommen als normal vorgesehen führen. Im Rahmen der Frage, ob einem Beamten die Folgen des Ergebnisses wichtig genug sind, muß man jedoch auch bedenken, daß der Erhalt einer Leistungsstufe zu weiteren positiven und negativen Folgen führen kann[292]. Jeder Beamte wird bewußt oder unbewußt die von ihm wahrgenommenen Folgen einer Leistungsstufe gegeneinander abwägen und dann bei einem insgesamt positiven Anreizwert einen Kosten-Nutzen-Vergleich zwischen dem ermittelten Anreizwert und den notwendigen Bemühungen vornehmen. Das Ergebnis der Abwägung und des anschließenden Vergleichs stellt den Dreh- und Angelpunkt des gesamten Fragenkataloges dar, da sich alle anderen Fragen mit subjektiven Erwartungen beschäftigen, welche gegebenenfalls durch neue Erfahrungen beeinflußt werden können. Mangels entsprechender Umfrageergebnisse läßt sich lediglich eine Prognose darüber abgeben, ob dem Großteil der Beamten alle mit dem Erhalt einer Leistungsstufe zusammenhängenden Folgen wichtig genug sind, um dafür eine erhöhte Arbeitsleistung zu erbringen. Die hierfür notwendige Abwägung der positiven und negativen Folgen läßt einen hohen Anreizwert erwarten. Als eine negative Folge ist denkbar, daß sich infolge des Erhalts einer Leistungsstufe der Kontakt zu Kollegen verschlechtert. Diese Folge ist jedoch nicht geeignet, den durch die positiven Folgen (mehr Geld, höheres Selbstwertgefühl, höheres Ansehen) bewirkten hohen Anreiz-

[292] Die relevanten möglichen Folgen wurden bei den Theorien von *Vroom* und *Festinger* bereits angesprochen.

wert merklich zu vermindern. Schließlich wurde bereits vor der Einführung von Leistungsstufen durch Beurteilungen die Leistung der einzelnen Beamten miteinander verglichen, welche dann ausschlaggebend für die Frage sein konnten, welcher Beamte früher befördert wurde[293]. Im übrigen ist anzunehmen, daß die meisten Beamten diese Art des Konkurrenzdenkens ertragen können, da sie genau wie andere Menschen in unserer Leistungsgesellschaft den Umgang damit von Kindheit an erlernt haben. Aus diesen Gründen ist die Angst vor Mißgunst der Kollegen allenfalls in sehr geringem Maße geeignet, den Anreizwert von Leistungsstufen zu mindern. Für diese Behauptung spricht auch die Tatsache, daß sich viele Beamte eine leistungsgerechte Bezahlung gerade wünschen[294]. Da anzunehmen ist, daß sich die meisten davon eine im Verhältnis zu ihren Kollegen höhere Bezahlung erhoffen, scheint ihnen der dadurch hervorgerufene Neid nichts auszumachen. Die weitere negative Folge, die die Erbringung einer dauerhaft herausragenden (Gesamt-)Leistung hervorrufen könnte, ist ein höherer Erschöpfungszustand nach der Arbeit. Es ist allerdings anzunehmen, daß diese Folge von höheren beruflichen Anstrengungen von einem Großteil der Beamten entweder als nicht besonders wahrscheinlich oder als nicht übermäßig unangenehm empfunden wird. Ansonsten wäre nämlich nicht erklärbar, warum sich viele Beamte einer Stadtverwaltung eine höhere Arbeitsbelastung wünschen, obwohl sie nach ihrer eigenen Auffassung bereits einer hohen bis sehr hohen Arbeitsbelastung ausgesetzt sind[295]. Da keine weiteren negativen Folgen offensichtlich sind, die Beamte in ihre Überlegungen mit einbeziehen könnten, ist der Anreizwert von Leistungsstufen hoch einzuschätzen. Zwar muß man sich vergegenwärtigen, daß eine Leistungsstufe kein übermäßiges zusätzliches Einkommen mit sich bringt, selbst wenn sie für die maximal mögliche Dauer von zwei Jahren gewährt wird[296]. Andererseits sind die möglichen Gesamtsummen aber zu hoch, um nur als symbolische Belohnungen bezeichnet zu werden. Im übrigen gilt es zu bedenken, daß eine Leistungsstufe nicht nur wegen des zusätzlichen Einkommens eine Anreizwirkung aus-

---

[293] Auch wenn man sich natürlich im klaren darüber sein muß, daß Beförderungen nicht nur nach der gezeigten Leistung vorgenommen wurden, vgl. Kapitel III.3.1. Es wäre allerdings falsch, den öffentlichen Dienst insoweit als „Insel der Seeligen" anzusehen, da jeder Beamte eine ziemlich genaue Vorstellung davon hatte, welcher seiner Kollegen eine höhere bzw. niedrigere Leistung als er selbst erbrachte. Man kann deshalb davon ausgehen, daß das Verhältnis zu Kollegen schon immer durch die vorhandenen Leistungsunterschiede geprägt war.

[294] Vgl. Kapitel III.3.1.

[295] Vgl. Kapitel III.3.1; *Klages*, Verwaltungsmodernisierung II, S. 81.

[296] In der Besoldungsgruppe A8 beispielsweise liegt der monatlich zusätzlich erhaltene Bruttobetrag zwischen 90.- und 135.- DM und in der Besoldungsgruppe A10 zwischen 123.- und 185.- DM; vgl. die Tabelle bei *Göser/Schlatmann*, Leistungsbezahlung in der Besoldung, S. 139.

übt. Die erfolgte Anerkennung der eigenen Leistung und der Prestigezuwachs bei Freunden sind ebenfalls nicht zu unterschätzen.

Die Kumulation der genannten positiven Folgen läßt den Schluß zu, daß ein Großteil der Beamten bereit ist, eine höhere Arbeitsleistung zu erbringen, um eine Leistungsstufe zu erhalten, und damit die dritte Frage des Fragenkataloges von *Heckhausen* mit ja beantwortet. Wendet man sich nun den weiteren Fragen zu, so wurde bereits angedeutet, daß die darin zum Ausdruck kommenden subjektiven Wahrscheinlichkeiten beeinflußt werden können. Im Rahmen der ersten Frage, ob die Erzielung einer herausragenden Leistung im Sinne der Leistungsstufenverordnungen bereits durch die Situation festgelegt ist, spielt diese Möglichkeit im konkreten Fall noch keine Rolle, da hier wohl jedem Beamten klar sein dürfte, daß eine überdurchschnittliche Arbeitsleistung nur durch berufliche Anstrengungen zu erzielen ist.

Eine entsprechende Beeinflussung der Antworten ist jedoch bei den beiden anderen Fragen möglich und in vielen Fällen notwendig. Hier ist die Führungsqualität der Vorgesetzten gefragt. Gerade bei der Frage, ob sie in der Lage sind, herausragende Leistungen zu erbringen, werden einige Beamte zu dem Ergebnis kommen, daß sie dazu nicht in der Lage sind, weil ihnen die dafür notwendigen Qualifikationen fehlen oder weil sie die Meßlatte für eine herausragende Leistung zu hoch ansetzen. Hier müssen die Vorgesetzten ihren Beamten die Teilnahme an entsprechenden Fortbildungskursen ermöglichen und ihnen zudem aufzeigen, was sie als herausragende (Gesamt-)Leistung ansehen. Möglicherweise besitzen einige Beamte auch nicht das notwendige Selbstvertrauen in ihre eigenen Fähigkeiten, so daß eine psychische Hilfestellung in Form eines Ermutigens ausreichend ist. Darüber hinaus ist denkbar, daß ein vorliegendes Unterforderungsgefühl demotivierend wirkt und der jeweilige Beamte nach einer Umsetzung hervorragende Leistungen erbringt. Obwohl die genannten noch lange nicht alle denkbaren Möglichkeiten darstellen, kann man aller Wahrscheinlichkeit nach bereits damit erreichen, daß ein Großteil der Beamten sich zutraut, die für den Erhalt einer Leistungsstufe notwendige herausragende Leistung zu erbringen. Betrachtet man nun die letzte Frage, ob die Beamten glauben, daß eine dauerhaft herausragende (Gesamt-)Leistung auch zur Gewährung einer Leistungsstufe mit allen damit verbundenen Nebenfolgen führt, so kommt es auch hier auf die Vorgesetzten und die von ihnen praktizierte Handhabung der Vergabe an. Nur eine korrekte und von jedem Beamten nachvollziehbare Vergabepraxis führt dazu, daß kein dem Sinn und Zweck von Leistungsstufen widersprechender Demotivierungseffekt eintritt, weil einzelne Beamte fest mit dem Erhalt einer Leistungsstufe gerechnet hatten, und diese Erwartung enttäuscht wird. Hier ist nämlich die Gefahr besonders groß, daß diese Beamten wegen des verlorenen Vertrauens in die Kompetenz ihrer Vorgesetzten ihre Arbeitsleistung sogar unter das ursprüngliche Niveau absenken. Es liegt nämlich der Gedanke nahe, daß sie aufgrund dieser Erfahrung befürchten, auch bei zukünftigen Beförderungen übergangen zu werden, so daß sie nun gar keinen Grund mehr für besondere berufliche Anstrengungen sehen und eine innere Kündigung vornehmen. Weiterhin darf die Vergabe von Leistungsstufen nicht den Eindruck erwecken, daß auch ein anderes Ergebnis als eine herausragende Arbeitsleistung eine Leistungsstufe nach sich ziehen kann. So ist etwa denkbar, daß einzelne Beamte glauben, durch den Aufbau einer besseren persönlichen Beziehung zu ihrem Vorgesetzten und durch gekonnte Selbstdarstellung ihrer (objektiv nicht überdurchschnittlichen) Leistung in den Genuß einer Leistungsstufe zu kommen. Natürlich kann man hier von den Vorgesetzten, die ja in der Regel eine juristische Ausbildung erfahren haben, keine Wunder erwarten. Diese Defizite lassen sich aber durch entsprechende Schulungen der Vorgesetzten beheben. Im Rahmen dieser Schulungen muß den Vorgesetzten auch vermittelt werden, daß nicht die Ausschöpfung der Vergabemöglichkeiten um jeden Preis, sondern nur die gezielte und nachvollziehbare Vergabe von Leistungsstufen die Beamten zu einer Leistungssteigerung motivieren kann.

Letztlich läßt sich sagen, daß Leistungsstufen auch auf der Grundlage des erweiterten Motivationsmodells von *Heckhausen* grundsätzlich geeignet sind, einen Großteil der Beamten zu erhöhten beruflichen Anstrengungen zu motivieren. Es hat sich hier jedoch besonders deutlich gezeigt, daß diese Wirkung nur dann zu erreichen ist, wenn die Vorgesetzten von dem ihnen eingeräumten Ermessen sachgerecht Gebrauch machen und ihren Mitarbeitern die für die Verleihung einer Leistungsstufe ausschlaggebenden Gründe mitteilen.

3.2.3. Zusammenfassung zur Motivationswirkung von Leistungsstufen

Versucht man nun eine abschließende Prognose der voraussichtlichen Wirkungen von Leistungsstufen auf das Leistungsverhalten der Beamten, so muß man auf der Grundlage der dargestellten Motivationstheorien zu dem Ergebnis kommen, daß Leistungsstufen durchaus geeignet sind, einen Großteil der Beamten zu höheren beruflichen Anstrengungen zu bewegen. Es hat sich gezeigt, daß bei Beamten ein hohes Anerkennungsbedürfnis zu vermuten ist, welches durch die Vergabe von Leistungsstufen zu befriedigen ist. Darüber hinaus sind Leistungsstufen in der Lage, Arbeitsunzufriedenheit abzubauen, aber auch Arbeitszufriedenheit zu erzeugen. Nach der hier vertretenen Auffassung führen beide Wirkungen dazu, daß viele Beamte höhere Leistungen erbringen. Unterstellt man, daß das zusätzliche Einkommen und der Prestigegewinn für viele Beamte erstrebenswert sind, kommt man auch bei der Theorie der kognitiven Dissonanz zu dem Ergebnis, daß viele der bisher (nur) durchschnittliche Leistungen erbringenden Beamten die durch die Vergabe von Leistungsstufen an andere Beamte ausgelösten Dissonanzen in der Weise abbauen werden, daß auch sie höhere berufliche Leistungen zeigen, um ebenfalls in den Genuß einer Leistungsstufe zu kommen. Das erweiterte Motivationsmodell schließlich hat deutlich gemacht, daß die angestrebte Wirkung der Vergabe von Leistungsstufen, nämlich eine Leistungssteigerung der in der öffentlichen Verwaltung tätigen Beamten, nur dann erzielt werden kann, wenn die Vorgesetzten Leistungsstufen wirklich nur für die Erbringung einer herausragenden Leistung vergeben und darüber hinaus nachvollziehbare Vergabekriterien festlegen.

Obwohl damit alle untersuchten Motivationstheorien unter den genannten Voraussetzungen zu dem Ergebnis kommen, daß die Einführung von Leistungsstufen eine Leistungssteigerung der Verwaltung insgesamt erwarten läßt, muß man sich darüber im klaren sein, daß es immer einige Beamte geben wird, die keine zusätzlichen beruflichen Anstrengungen zeigen werden, weil ihnen beispielsweise die mit dem Erhalt einer Leistungsstufe verbundenen Vorteile egal sind, oder weil sie der Ansicht sind, daß sie aufgrund eines gestörten Verhältnisses zu ihren Vorgesetzten keinesfalls eine Leistungsstufe erhalten werden. Diese Tatsache ist zwar bedauernswert, darf aber nicht als Begründung dafür herangezogen werden, auf die Vergabe von Leistungsstufen insgesamt zu verzichten, da die Zahl dieser Beamten eher gering sein dürfte.

Es soll jedoch nicht verschwiegen werden, daß unabhängig von Motivationstheorien kritische Argumente gegen eine leistungsabhängige Zusatzbezahlung angeführt werden. So stellt *Dulisch* die These auf, daß Leistungsprämien[297] vor allem dann wenig motivierend und sogar riskant seien, wenn bereits eine hohe intrinsische Motivation

[297] *Dulisch*, VR 1996, S. 50 ff., differenziert nicht nach Leistungsstufen, -prämien und -zulagen, sondern meint mit Leistungsprämien alle Formen von leistungsabhängigen Bezahlungselementen.

für eine Aufgabe vorliege. Sie könnten nämlich dazu führen, daß die Aufmerksamkeit von der eigentlichen Aufgabe und den hierbei erlebten intrinsischen Anreizen abgelenkt werde. Besonders negativ wirke sich die nun stärkere extrinsische Motivation aus, wenn Leistungsprämien nicht in engem zeitlichem Zusammenhang mit der erbrachten Leistung oder möglicherweise gar nicht gewährt werden. In diesem Fall könnten Leistungsprämien sogar zu einer Verringerung der vorhandenen Motivation führen[298]. Daß die Einführung von Leistungsstufen eine derartige Wirkung besitzt, ist jedoch nicht zu erwarten: Es ist nämlich nicht einsichtig, warum die extrinsische Anreizwirkung einer Leistungsstufe dazu führen sollte, daß eine aus sich heraus interessante Tätigkeit deshalb eine geringere intrinsische Motivation ausübt. Natürlich führt die Einführung von Leistungsstufen dazu, daß neben die intrinsische nun auch eine extrinsische Motivation tritt. Allerdings ist eher von einer Kumulation der beiden Effekte auszugehen. Ansonsten dürfte kaum erklärbar sein, warum man Menschen, die bereits sehr stark intrinsisch motiviert sind, mit Hilfe von extrinsischen Anreizen zu noch höheren Anstrengungen bei ihrer Tätigkeit motivieren kann. Als Beispiel ist hier etwa ein Spitzenfußballer zu nennen, dem sein Sport sicherlich bereits aus sich heraus Spaß macht, und der bei einem wichtigen Spiel mit Siegprämien zu noch stärkerem Einsatz motiviert werden kann. In vielen Fällen wird erst die Kombination von intrinsischen und extrinsischen Anreizen ein gewolltes Verhalten herbeiführen. So wird kein Mensch eine für ihn sehr attraktive berufliche Tätigkeit ausüben, wenn er nicht auch ein entsprechendes Entgelt dafür erhält. Er wird zwar bereit sein, bei seinem Einkommen gewisse Abstriche zu machen, wenn er die favorisierte Tätigkeit nur bei einem einzigen Arbeitgeber ausüben kann. Andererseits wird er trotzdem versuchen, ein möglichst hohes Entgelt auszuhandeln. Es dürfte wohl kaum der Realität entsprechen, daß diese Person die Tätigkeit an sich weniger anziehend findet, wenn sie sich mit ihren Lohnforderungen durchsetzen kann. Der These von *Dulisch* kann deshalb nicht gefolgt werden. Immerhin ist ihm dahingehend beizupflichten, daß auch bei einem stark intrinsisch motivierten Beamten der Nichterhalt einer Leistungsstufe dann zu Demotivation führen kann, wenn dieser sicher mit dem Erhalt gerechnet hatte. Hier sind wieder die Vorgesetzten gefordert, die keine falschen Erwartungen wecken dürfen und den nicht begünstigten Beamten anhand nachvollziehbarer Kriterien erläutern müssen, warum sie (diesmal) keine Leistungsstufe erhalten haben.

---

[298] *Dulisch*, VR 1996, S. 53 f.

Auch *Böhm* bezweifelt aufgrund von praktischen Erfahrungen mit monetären Anreizsystemen in Großbritannien und den USA, daß leistungsorientierte Besoldungssysteme die Arbeitsmotivation der Beamten verbessern können[299]. Nach den von ihr herangezogenen Untersuchungsergebnissen einer OECD-Studie aus dem Jahr 1993 gab nur eine Minderheit der befragten Beschäftigten in Großbritannien an, daß durch die Einführung eines leistungsbezogenen Zulagensystems ihre Arbeitsmotivation gesteigert worden sei. Als Gründe hierfür wurden eine als ungerecht empfundene Verteilung und die unzureichende Höhe der Zulagen genannt[300]. Daneben beklagten die Befragten eine Zunahme von Neid und unproduktivem Konkurrenzverhalten. Schließlich wurde auch bemängelt, daß Teamfähigkeit bei der Vergabe von Zulagen keine Rolle spiele[301]. Ähnlich negativ beurteilt die Studie die praktischen Auswirkungen in den USA. Dort wirkte sich insbesondere nachteilig aus, daß viele der Beschäftigten die Gründe für die Vergabe von Zulagen nicht nachvollziehen konnten, weil keine klaren Leistungskriterien festgelegt wurden.

Die dargestellten negativen Erfahrungen mit leistungsorientierten Besoldungssystemen können natürlich nicht mit dem Hinweis abgetan werden, daß in Deutschland ganz andere Bedingungen als in den genannten Staaten herrschen. Allerdings sind sie nur beschränkt auf das Leistungsstufensystem übertragbar. Im übrigen wurde bereits angesprochen, daß diese Probleme zu vermeiden sind, wenn die Vorgesetzten, die über die Vergabe von Leistungsstufen zu entscheiden haben, ihre Aufgabe gewissenhaft erfüllen. Im einzelnen läßt sich folgendes sagen: Zwar ist das monatliche Zusatzeinkommen, das ein Beamter aufgrund einer Leistungsstufe erhält, nicht übermäßig hoch[302]. Betrachtet man jedoch den maximal möglichen Zeitraum, für den eine Leistungsstufe gewährt werden kann, so ergeben sich durchaus Summen, von denen zu erwarten ist, daß ein Beamter dafür erhöhte berufliche Anstrengungen unternimmt[303]. Darüber hinaus wurde bereits dargestellt, daß der Erhalt einer Leistungsstufe nicht nur wegen der finanziellen Vorteile erstrebenswert ist. Der geäußerte Kritikpunkt, daß Teamfähigkeit nicht berücksichtigt würde, ist in bezug auf Leistungsstufen nicht

299 *Böhm*, ZBR 1997, S. 105.

300 *Wood*, Private pay for public work, S. 73 f.

301 *Hofmann*, DÖV 1992, S. 351.

302 Vgl. Kapitel III.3.2.2.3.

303 In der Besoldungsgruppe A8 beispielsweise beträgt der maximal mögliche Einkommenszuwachs bei einer zweijährigen Gewährung der Leistungsstufe 2166,72 DM brutto und in der Besoldungsgruppe A10 2962,80 DM, vgl. Tabelle bei *Göser/Schlatmann*, Leistungsbezahlung in der Besoldung i. V. m. § 27 Abs. 2 BBesG.

angebracht. In Bayern, wo Leistungsstufen auf der Grundlage der dienstlichen Beurteilungen vergeben werden, ist in den materiellen Beurteilungsrichtlinien vorgesehen, daß in der Beurteilung auch die Zusammenarbeit mit Kollegen, die Art und Fähigkeit der Konfliktbewältigung sowie das Informations- und Kommunikationsverhalten im Rahmen der Bewertung der fachlichen Leistung berücksichtigt werden[304]. Auch im Bereich des Bundes findet die Teamfähigkeit bei der Vergabe einer Leistungsstufe Berücksichtigung, da die hierfür erforderliche aktuelle Leistungsfeststellung das gesamte Leistungsbild eines Beamten erfassen soll[305], wozu auch die Art und Weise des Umgangs mit Kollegen gehört. Die unterlassene gesetzliche Festlegung von Vergabekriterien dürfte kein Manko von leistungsabhängigen Bezahlungselementen sein, sondern ist vielmehr begrüßenswert. Sie ermöglicht nämlich jedem Vergabeberechtigten die Vergabekriterien für Leistungsstufen dem jeweiligen Tätigkeitsbereich seiner Mitarbeiter anzupassen. Wichtig ist hier natürlich, daß diese Kriterien allen Beamten bekannt sind und konsequent danach verfahren wird. Dies führt schließlich auch dazu, daß immer zu erwartender Neid und Konkurrenzdenken von nicht begünstigten Beamten sich konstruktiv in Form von erhöhten beruflichen Anstrengungen auswirken[306]. Abschließend kann man also sagen, daß Leistungsstufen nach den untersuchten Motivationstheorien geeignet sind, einen Großteil der Beamten zu höheren beruflichen Leistungen zu motivieren. Ob dieser Effekt auch in der Praxis eintritt, hängt letztlich von den Vorgesetzten ab, die über die Vergabe von Leistungsstufen zu entscheiden haben[307] [308] [309].

---

304 Vgl. Anm. 5.2.1.2. der materiellen Beurteilungsrichtlinien (FMBl. 1999, S. 34 ff.).

305 Durchführungshinweise zu § 2 Abs. 1 LStuV.

306 Auch *Plamper*, Der Städtetag 1994, S. 798, geht davon aus, daß Leistungsprämien (leistungsabhängige Zusatzzahlungen allgemein) das Betriebsklima nicht zerstören, wenn sie auf Zeit, gerecht und transparent verteilt werden.

307 Zuzustimmen ist auch *Beus*, PersV 1998, S. 40, der anspricht, daß für den Erfolg von leistungsorientierten Besoldungselementen zusätzlich ein Umdenken in den Köpfen der Beamten stattfinden muß, da nach dem bisherigen Besoldungssystem jede Bezahlungsverbesserung kalkulierbar war.

308 Nach *Schindler*, in: König/Füchtner(Hrsg.), S. 55 und 79, spielen die Vorgesetzten nicht nur bei der Vergabe von leistungsbezogenen Bezahlungselementen eine entscheidende Rolle. Auch allgemein kann eine gute Führungskraft weniger gute Mitarbeiter motivieren, während ein schlechter Vorgesetzter in der Lage ist, selbst die besten Mitarbeiter zu demotivieren. *Gößler*, VerwArch 1995, S. 164, weist darauf hin, daß erfolgreiche Behörden sich dadurch auszeichnen, daß alle Bediensteten in die Ziele und Aufgaben einbezogen werden, und die Vorgesetzten ihren Mitarbeitern vertrauen.

309 *Lecheler*, ZBR 1997, S. 208, spricht die Prognose aus, daß auf die Vorgesetzten ein erheblicher Druck ausgeübt wird, die vorhandenen Möglichkeiten des „Stufenaufstiegs" voll auszuschöpfen. Auch hier muß jedem Entscheidungsberechtigten bewußt sein, daß es besser ist, eine Leistungsstufe „verfallen" zu lassen, als diese notfalls an einen „nur" durchschnittliche Leistung erbringenden Beamten zu vergeben, da dadurch die Glaubwürdigkeit des Leistungsstufensystems in Frage gestellt wird.

3.3. Auswirkungen des leistungsabhängigen Aufsteigens in den Grundgehaltsstufen auf die Motivation

Nachdem die grundsätzliche Eignung von Leistungsstufen zur Erzeugung von Arbeitsmotivation bei Beamten bejaht wurde, soll nun der Frage nachgegangen werden, ob dies auch für das leistungsabhängige Aufsteigen in den Grundgehaltsstufen gilt. Zunächst muß man sich hier vergegenwärtigen, daß auch nach Einführung von Minderleistungsstufen, also der Versagung des turnusmäßigen Aufsteigens in die nächste Gehaltsstufe, von dieser Möglichkeit nur in wenigen Ausnahmefällen Gebrauch gemacht werden wird[310]. Das normale Aufsteigen in die nächste Grundgehaltsstufe dürfte nur eine sehr geringe motivationsfreisetzende Wirkung besitzen[311]. Zwar ermöglicht das höhere Einkommen eine zusätzliche Befriedigung von Bedürfnissen. Eine besondere Anerkennung der erbrachten Leistung ist mit dem Aufsteigen jedoch nicht verbunden, da jeder Beamte den Aufstieg als selbstverständlich ansieht[312].

Interessanter ist deshalb die Untersuchung der Auswirkungen der Stufenhemmung aufgrund einer den durchschnittlichen Anforderungen nicht genügenden Leistung. Hier muß zwischen denjenigen Beamten, die eine Minderleistungsstufe erhalten haben, und den übrigen Beamten unterschieden werden. Betrachtet man zunächst den Beamten, dem aufgrund einer schuldhaften[313] Minderleistung der normale Stufenaufstieg versagt wurde, so wird man im ersten Moment davon ausgehen, daß dieser eine innere Kündigung vornehmen und sein Engagement noch weiter einschränken wird. Aufgrund der Tatsache, daß er über einen längeren Zeitraum hinweg nur eine sehr geringe Leistungsbereitschaft gezeigt hat, kann man unterstellen, daß diesem Beamten Anerkennung von seiten des Vorgesetzten und seiner Kollegen sehr wenig bedeutet. Dementsprechend wird ihm auch die durch die Minderleistungsstufe zum

---

[310] *Bönders*, ZBR 1999, S. 15, ist sogar der Ansicht, daß allenfalls theoretisch ein Anwendungsgebiet für dieses neue Instrument existiert.

[311] *Stoermer*, PersV 1997, S. 103, behauptet sogar, daß dieses normale Aufsteigen in den Grundgehaltsstufen überhaupt keine leistungsfördernde Wirkung besitzt. Dieser These kann unter Berücksichtigung der Theorien von *Maslow* und *Herzberg* nicht zugestimmt werden.

[312] *Knaier*, Kommunales Haushalts- und Dienstrecht, S. 120 f., geht davon aus, daß auch das spätere Erreichen des Endgrundgehalts aufgrund der Neugestaltung der Grundgehaltsstufen der nachlassenden Motivation vor allem bei Beamten des mittleren Dienstes entgegenwirken dürfte. Aufgrund der Tatsache, daß schon das normale Aufsteigen in den Grundgehaltsstufen nur eine geringe Motivationswirkung besitzt, und das Endgrundgehalt nur geringfügig später erreicht wird, dürfte dieser „Motivationsgewinn" allerdings gegen Null gehen.

[313] Nach Meinung des Verfassers kann eine Versagung des Stufenaufstiegs nur dann erfolgen, wenn dem jeweiligen Beamten die Minderleistung vorwerfbar ist. Die Gründe für diese Ansicht werden zu einem späteren Zeitpunkt genannt.

Ausdruck gebrachte Geringschätzung seiner gezeigten Leistung nicht besonders viel ausmachen. Man könnte annehmen, daß diese Person den Nichtaufstieg in die nächste Stufe und den nicht erhaltenen Einkommenszuwachs vor sich selbst damit rechtfertigen wird, daß sie sich dafür im Beruf viel weniger anstrengen muß. Andererseits gilt es zu bedenken, daß dieser Beamte sich scheinbar wenig mit seiner Tätigkeit identifiziert und nur wegen der materiellen Vorteile seinen Beruf ausübt. Aus diesem Grund ist davon auszugehen, daß der Einkommenszuwachs auf ihn eine derartig starke Anreizwirkung ausübt, daß er trotz seiner inneren Kündigung seine Arbeitsleistung erhöht. Zusätzlich wurde diesem Beamten sehr deutlich vor Augen geführt, daß sein Vorgesetzter seine geringe Leistungsbereitschaft nicht mehr tolerieren wird. Bisher wirkten sich die schlechten Beurteilungen, die dieser Beamte erhalten haben dürfte, nicht unmittelbar negativ aus[314]. Durch die Hemmung des Stufenaufstiegs hat ihm sein Vorgesetzter klar gemacht, daß er nunmehr bereit ist, auch aktiv gegen ihn vorzugehen und ihn wegen seiner ablehnenden Arbeitseinstellung im Verhältnis zu allen anderen Beamten zu benachteiligen. Überdies muß dieser Beamte sogar befürchten, daß gegen ihn ein Disziplinarverfahren eingeleitet wird[315]. Aus den genannten Gründen dürfte es sehr wahrscheinlich sein, daß die angeordnete Hemmung des Stufenaufstiegs den davon betroffenen Beamten zu höheren beruflichen Anstrengungen motivieren wird. Darüber hinaus übt sie auch eine positive Wirkung auf alle anderen Beamten aus. Auch wenn in § 27 Abs. 3 Bundesbesoldungsgesetz und den Leistungsstufenverordnungen nicht vorgesehen ist, daß die Namen der Beamten, denen der Stufenaufstieg versagt wurde, bekannt gegeben werden, ist doch davon auszugehen, daß es sich innerhalb einer Behörde herumspricht, wenn ein Beamter nicht turnusgemäß in die nächste Grundgehaltsstufe aufgestiegen ist. Dies führt bei den zumindest durchschnittliche Leistung erbringenden Beamten dazu, daß diese ihre im Verhältnis zu dem weniger arbeitenden Beamten bestehenden Dissonanzen ab-

---

[314] Natürlich kann man davon ausgehen, daß dieser Beamte nicht befördert wurde. Allerdings konnte er dies eher akzeptieren als den Nichtaufstieg in die nächste Stufe, da auch ein Großteil seiner Kollegen mangels ausreichender Stellen nicht befördert wurde.

[315] Im Bereich des Bundes ist nach § 33 Abs. 2 BDO sogar zwingend ein förmliches Disziplinarverfahren einzuleiten, wenn in Vorermittlungen nicht zweifelsfrei der Verdacht ausgeräumt wird, daß der Beamte fortgesetzt und vorwerfbar Minderleistungen unter Verstoß gegen § 54 S. 1 BBG erbracht hat. Natürlich existierte auch bisher schon die Möglichkeit eines disziplinarischen Vorgehens bei vorwerfbarer Minderleistung. Davon wurde allerdings praktisch kein Gebrauch gemacht. *Fleig*, ZRP 1997, S. 178, spricht sogar davon, daß ihm trotz langjähriger Beobachtung der Disziplinarrechtsprechung praktisch kein Sachverhalt bekannt geworden ist, in dem ausschließlich wegen mangelnder Leistung disziplinarrechtlich reagiert worden wäre. Durch die Aufstiegshemmung wird dem betroffenen Beamten in Erinnerung gerufen, daß ein Verstoß gegen das Gebot zu voller Hingabe an den Beruf auch im Wege des Disziplinarrechts geahndet werden kann.

bauen können, weil dieser „nun endlich die Quittung für seine Faulheit erhalten hat". Dadurch wird die Arbeitszufriedenheit dieser Beamten erhöht, was nach hier vertretener Auffassung[316] bereits eine Leistungssteigerung bewirken kann. Darüber hinaus wird durch diese Sanktion von Minderleistung der Gefahr entgegengewirkt, daß auch andere Beamte ihr Arbeitsengagement einschränken, um die erwähnte Dissonanz abzubauen. Schließlich ist zu erwarten, daß einige Beamte, die gerade noch durchschnittliche Leistung erbringen, aus Angst vor der Aufstiegshemmung ihre beruflichen Anstrengungen erhöhen. Insgesamt kann man feststellen, daß auch die durch das DRRG neu eingeführte Möglichkeit der Hemmung des Aufsteigens in den Grundgehaltsstufen eine Leistungssteigerung der Verwaltung insgesamt erwarten läßt. Es ist zu hoffen, daß die Vorgesetzten von diesem Instrument auch Gebrauch machen, wenn sie erkennen, daß manche Beamte der Auffassung sind, im öffentlichen Dienst keine Leistung bringen zu müssen. Natürlich wird sich jeder Vorgesetzte darüber im klaren sein, daß die angeordnete Hemmung des Stufenaufstiegs dazu führt, daß das Verhältnis zu dem jeweiligen Beamten auf Dauer gestört ist. Dies darf ihn allerdings nicht dazu bewegen, von der Festsetzung eines Nichtaufstiegs in die nächste Stufe abzusehen. Er muß sich stattdessen immer vor Augen halten, daß die Arbeitseinstellung dieses einen Beamten die Arbeitszufriedenheit seiner anderen Mitarbeiter negativ beeinflußt und die Gefahr eines Leistungsabfalls dieser Beamten in sich birgt.

4. Beurteilung des neuen § 27 Abs. 3 BBesG, der LStuV des Bundes und der BayLStuV im einzelnen

Nach der durchgeführten Untersuchung der voraussichtlichen Auswirkungen der beiden neuen Besoldungsinstrumente Leistungsstufe/Hemmung des Stufenaufstiegs auf die Arbeitsmotivation der Beamten soll nun auf einzelne Probleme dieser Instrumente eingegangen werden. Dabei sollen insbesondere die Unterschiede in den Leistungsstufenverordnungen des Bundes und des Freistaates Bayern begutachtet werden, und, soweit erforderlich, Verbesserungsvorschläge gemacht werden.

4.1. Vergabe von Leistungsstufen

4.1.1. Die Zehn-Prozent-Quote

§ 27 Abs. 3 S. 2 BBesG sieht vor, daß in jedem Kalenderjahr Leistungsstufen an maximal zehn Prozent der Beamten eines Dienstherrn, die das Endgrundgehalt noch

[316] Vgl. Kapitel III.3.2.1.2.

nicht erreicht haben, vergeben werden dürfen. Der Bund und der Freistaat Bayern haben von dieser Vergabequote in ihren Leistungsstufenverordnungen in unterschiedlicher Weise Gebrauch gemacht. Während auf Bundesebene bei der Ermittlung dieser Quote die im vorherigen Kalenderjahr bewilligten Leistungsstufen unberücksichtigt bleiben, regeln die Durchführungshinweise zur BayLStuV, daß die Entscheidungsberechtigten Leistungsstufen nur in dem Umfang bewilligen dürfen, daß nicht mehr als zehn Prozent der für sie maßgeblichen Beamten gleichzeitig eine Leistungsstufe beziehen. Die in den Vorjahren bewilligten und in dem jeweiligen Kalenderjahr fortgeltenden Stufen sind also zu berücksichtigen[317].

Die bayerische Regelung kann dazu führen, daß ein Beamter deshalb keine Leistungsstufe erhalten kann, weil sein Kollege im Vorjahr eine Leistungsstufe erhalten hatte, und diese Stufe das gesamte Kalenderjahr die Vergabe einer weiteren Leistungsstufe sperrt. Dies kann im Extremfall dazu führen, daß sich die Vergabemöglichkeiten auf fünf Prozent jährlich verringern, wenn nämlich Leistungsstufen immer an diejenigen Beamten vergeben werden, bei denen sie sich für den maximal möglichen Zeitraum von zwei Jahren finanziell auswirken. Obwohl man nicht von diesem Extremfall ausgehen kann, wird die genannte Regelung bei realistischer Betrachtung zumindest dazu führen, daß durchschnittlich nur an maximal sieben bis acht Prozent der Beamten eines Dienstherrn jährlich eine Leistungsstufe vergeben werden kann. Betrachtet man einen Drei-Jahres-Zeitraum[318], so bedeutet dies, daß maximal 20-25% der Beamten eine Leistungsstufe erhalten können. Diese Quote wird sich in der Praxis zusätzlich dadurch verringern, daß nach dem Ende einer Leistungsstufe diese nicht sofort an einen anderen Beamten vergeben werden kann, weil der jeweilige Leistungsträger, dem die Stufe zugute kommen soll, noch nicht die Hälfte der Zeit bis zum Erreichen der nächsten Grundgehaltsstufe zurückgelegt hat. Die durchschnittliche Vergabequote wird sich deshalb in einem Drei-Jahres-Zeitraum vermutlich zwischen 15% und 20% bewegen.

Diese Quote erscheint zu niedrig. Wie bereits erörtert, sollen Leistungsstufen gerade diejenigen Beamten zu höherer Leistung motivieren, die bisher durchschnittliche Leistung erbringen. Das erweiterte Motivationsmodell von *Heckhausen* hat deutlich

---

317 Vgl. Anm. 5.4.2. der Durchführungshinweise zur BayLStuV.

318 Der Drei-Jahres-Zeitraum wurde hier bewußt gewählt. Es wird unten nach näher ausgeführt, daß auch die Grundgehaltsstufen und Beurteilungen auf diesen Zeitraum ausgerichtet werden sollten.

gemacht, daß der Erfolg von Leistungsstufen maßgeblich davon abhängt, daß diese Beamten die Wahrscheinlichkeit, bei einer höheren Arbeitsleistung auch eine Leistungsstufe zu erhalten, hoch einschätzen[319]. In Bayern können aus den genannten Gründen wenige Leistungsstufen vergeben werden. Dies könnte dazu führen, daß viele der durchschnittliche Leistung erbringenden Beamten zu dem Schluß kommen werden, daß sich erhöhte berufliche Anstrengungen nicht lohnen, weil sie die möglichen Leistungsstufen bereits in Gedanken auf die „Kometen“ ihrer Abteilung oder Behörde aufgeteilt haben, und für sich entschieden haben, daß sie eine diesen absoluten Spitzenleistungsträgern vergleichbare Leistung nicht erbringen können oder dies nicht wollen, weil in diesem Fall der Aufwand die zu erwartende Belohnung nicht mehr rechtfertigt. Aus diesem Grund ist in diesem Punkt der Regelung in der LStuV des Bundes der Vorzug zu geben, weil hier in drei Jahren an insgesamt 30% der Beamten eine Leistungsstufe vergeben werden kann. Damit kann auch ein Beamter, der aufgrund von erhöhten berufliche Anstrengungen eine Gesamtleistung erbringt, die deutlich über dem Durchschnitt liegt, eine Leistungsstufe erhalten, auch wenn er aufgrund seiner Leistung (noch) nicht in die Gruppe der Spitzenleistungsträger aufgestiegen sein sollte.

Obwohl diese höhere Quote auf Bundesebene eine höhere Motivationswirkung als die bayerische Regelung erwarten läßt, ist sie dennoch verbesserungsbedürftig. Dies mag folgendes Beispiel verdeutlichen: Angenommen, ein Entscheidungsberechtigter kann jährlich eine Leistungsstufe vergeben. Zwei seiner Mitarbeiter erfüllen in einem Jahr alle Voraussetzungen für den Erhalt einer Leistungsstufe. Der Vorgesetzte kann allerdings nur einen Beamten berücksichtigen. Im nächsten Jahr kann dem anderen Beamten möglicherweise keine Leistungsstufe mehr gewährt werden, weil er bereits normal in die nächste Grundgehaltsstufe aufgestiegen ist. Zumindest wird sich die doch verliehene Leistungsstufe für einen erheblich kürzeren Zeitraum als maximal möglich finanziell auswirken. Im darauffolgenden Jahr, in welchem dem Entscheidungsberechtigten wieder eine Vergabemöglichkeit zur Verfügung steht, kann er seine beiden Spitzenkräfte nicht bedenken, weil diese noch nicht die Hälfte der Zeit bis zum Erreichen der nächsten Grundgehaltsstufe zurückgelegt haben. Hier ist nun für den Vorgesetzten die Versuchung besonders groß, lieber einen Mitarbeiter zu

---

[319] Obwohl das Motivationsmodell von *Vroom* letztlich nicht geeignet war, die Auswirkungen der Vergabe von Leistungsstufen auf die Arbeitsmotivation vorherzusagen, war auch hier die subjektiv eingeschätzte Wahrscheinlichkeit des Eintritts eines bestimmten Ergebnisses bzw. bestimmter Folgen eine wesentliche Variable in der Motivationsgleichung.

belohnen, der eigentlich keine entsprechende Leistung erbringt, als die Leistungsstufe „verfallen“ zu lassen.

Um die genannten Probleme zu vermeiden, schlägt *Bönders* die Möglichkeit vor, nicht genutzte Leistungsstufen ins nächste Kalenderjahr übertragen zu können[320]. Dieser Vorschlag ist grundsätzlich zu begrüßen. Um allerdings die genannten jahresbedingten Zufälligkeiten völlig auszuschließen, sollte das System in der Weise optimiert werden, daß am Anfang eines Drei-Jahres-Zeitraums den Entscheindungsberechtigten mitgeteilt wird, wieviel Leistungsstufen sie in diesem Zeitraum vergeben können. Für diesen überschaubaren Zeitraum sollte eine 30%-Quote zugrunde gelegt werden. Dadurch ist es jedem Vorgesetzten möglich, auch wirklich seine besten Mitarbeiter zu belohnen und die maximal mögliche Dauer einer Leistungsstufe voll auszuschöpfen. Ansonsten besteht die Gefahr, daß die Anreizwirkung von Leistungsstufen sinkt, wenn die Vergabepraxis zeigt, daß Leistungsstufen häufig nur zu einer kurzzeitigen Bezahlungsverbesserung führen, weil der Stufeninhaber kurz nach Verleihung einer Leistungsstufe sowieso nach der Grundregel des § 27 Abs. 2 BBesG in die nächste Grundgehaltsstufe aufgestiegen wäre.

Die vorherige Festlegung der Vergabemöglichkeiten für einen Drei-Jahres-Zeitraum kann allerdings auch zu größeren Problemen führen als die jährliche Ermittlung der möglichen Leistungsstufen. Es muß bedacht werden, daß es beispielsweise aufgrund von Abordnungen, Versetzungen und anderen personellen Umstrukturierungen in drei Jahren eher zu größeren Änderungen im Personalbestand eines Entscheidungsberechtigten kommen kann, so daß diesem letztlich zu viele oder zu wenige Vergabemöglichkeiten zur Verfügung stehen. Zwar ist in Bayern diese Gefahr in bezug auf Abordnungen nicht gegeben, da hier abgeordnete Beamte immer bei der Stammdienststelle berücksichtigt werden[321]. Trotzdem wird die genannte Problematik gelegentlich auch in Bayern auftreten. Da jedoch zu erwarten ist, daß die Anzahl der auftretenden Fälle auch im Bereich des Bundes eher gering sein wird, erscheint es unnötig, ausführliche Regelungen aufzustellen. Hiervon gehen scheinbar auch das Bundesministerium des Innern und das Bayerische Staatsministerium der Finanzen aus, da in den Durchführungshinweisen zur LStuV und BayLStuV die Berücksichti-

---

[320] *Bönders*, ZBR 1999, S. 16.

[321] § 5 Abs. 1 S. 1 BayLStuV und Anm. 5.4.2. der Durchführungshinweise zur BayLStuV. Im Bereich des Bundes werden abgeordnete Beamte hingegen bei der Behörde berücksichtigt, zu der sie abgeordnet wurden, vgl. Durchführungshinweise zu § 4 Abs. 2 LStuV.

gung derartiger Änderungen im Personalbestand nach Ermittlung der jeweiligen Quote nicht vorgesehen ist[322]. Um allerdings aufgrund des vorgeschlagenen Drei-Jahres-Zeitraums eher denkbare Extremfälle zu vermeiden, sollte in die Durchführungshinweise die Regelung aufgenommen werden, daß die Entscheidungsberechtigten entsprechend weniger Leistungsstufen vergeben sollen, wenn sich ihr Personalbestand nach Festlegung der Vergabemöglichkeiten erheblich verringert. Notfalls müssen die dem Entscheidungsberechtigten übergeordneten Beamten die Einhaltung dieser Soll-Vorschrift sicherstellen. Umgekehrt sollte die Möglichkeit eröffnet werden, weitere Leistungsstufen zu beantragen, wenn sich der maßgebliche Personenkreis nach Ermittlung der Vergabequoten wesentlich erhöht, und sonst nicht alle Leistungsträger bedacht werden könnten.

Unabhängig von der jährlichen Festlegung der Vergabemöglichkeiten wird am neuen Leistungsstufensystem bemängelt, daß die Quote insgesamt viel zu niedrig sei. Solange eine Steigerung der Arbeitsleistung möglich sei, sei eine Quotierung von leistungsbezogenen Bezahlungselementen nicht angebracht. Im übrigen sei diese Dekkelung nicht geeignet, die Arbeitsmotivation und damit die Arbeitsleistung zu erhöhen[323]. Verwiesen wird auf die englische Regelung, wo jährlich 25% der Beschäftigten entsprechende Zulagen erhalten können[324]. Eine derartige Erhöhung der Quote sollte jedoch besser abgelehnt werden. Würde man die Möglichkeit eröffnen, an 25% der Beamten jährlich eine Leistungsstufe zu vergeben, so könnten in drei Jahren insgesamt 75% der Beschäftigten eine Leistungsstufe erhalten. Selbst wenn die Entscheidungsberechtigten nur die Hälfte der Vergabemöglichkeiten ausnutzen, könnten fast 40% der Beamten eine Leistungsstufe erhalten. Diese wohl nicht unrealistische Schätzung ist mit dem Sinn der Leistungsstufenverordnungen nicht in Einklang zu bringen. Schließlich sollen nur herausragende Leistungen, also solche, die deutlich über dem Durchschnitt liegen, belohnt werden. Würde man etwa 40% der Beamten eine Leistungsstufe gewähren und damit zum Ausdruck bringen, daß diese in Relation zu ihren Kollegen deutlich überdurchschnittlich arbeiten, so würde man damit gegen die Gaußsche Normalverteilungskurve der biologischen Intelligenz und die

---

[322] Vgl. Durchführungshinweise zu § 2 Abs. 2 LStuV; in Bayern wird sogar explizit ausgesprochen, daß Änderungen im Personalbestand des jeweiligen Vergabeberechtigten nicht zu einer Änderung der Anzahl der Vergabemöglichkeiten führen, siehe Anm. 5.4.3. der Durchführungshinweise zur BayLStuV.
[323] *Günther*, VR 1997, S. 54.
[324] *Hofmann*, DÖV 1992, S. 351.

allgemeine Erfahrung verstoßen, daß bei einem Vergleich der Arbeitsleistung einer größeren Zahl von Menschen durchschnittliche Werte am häufigsten zu finden sind, während die Verteilungskurve stark abfällt, je mehr man sich den Extremwerten nähert.

Im übrigen würde eine derartig hohe Vergabequote dem sogenannten Gießkannenprinzip Vorschub leisten. Dieses Prinzip besagt, daß Vorgesetzte dazu tendieren, finanzielle Zulagen innerhalb eines überschaubaren Zeitraums an möglichst viele ihrer Mitarbeiter zu vergeben[325], um diese dadurch zu motivieren. Dies wird sich letztlich nicht leistungssteigernd auswirken, weil bei einer derartigen Vergabepraxis viele Beamte in gewissen Zeitabständen fest mit dem Erhalt einer Leistungsstufe rechnen und das zusätzliche Geld als normalen Einkommensbestandteil ansehen. Zusätzlich kann man eine Leistungsstufe nicht als besondere Anerkennung einer herausragenden Arbeitsleistung ansehen, wenn sie an sehr viele Beamte vergeben wird. Schließlich werden diejenigen Beamten besonders demotiviert, die niemals zum großen Kreis der Begünstigten gehören, weil der Entscheidungsberechtigte bei diesen Beamten die Vergabe einer Leistungsstufe aufgrund der gezeigten Leistung nicht mehr rechtfertigen kann. Aus den genannten Gründen ist eine Erhöhung der jährlichen Vergabequote abzulehnen.

4.1.2. Aktuelle Leistungseinschätzung oder dienstliche Beurteilung als Anknüpfungspunkt für die Vergabe einer Leistungsstufe

Der Bund und der Freistaat Bayern haben unterschiedliche Verfahren für die Vergabe einer Leistungsstufe gewählt[326]. Im Bereich des Bundes erfolgt die Vergabe auf der Grundlage einer die herausragende Leistung darstellenden aktuellen Leistungseinschätzung, die ohne Bindung an die dienstliche Beurteilung und ohne Unterstützung durch die Personalverwaltung zu erstellen ist. In Bayern hingegen werden auf der Grundlage der letzten dienstlichen Beurteilung zunächst die honorierungsfähigen Beamten ermittelt. Aus diesem Kreis scheiden diejenigen Beamten aus, bei denen in einer zwischenzeitlich erstellten aktuellen Leistungseinschätzung ein derartiger Leistungsabfall festgestellt wurde, daß die aktuelle Leistung die Vergabe einer Leistungsstufe nicht mehr rechtfertigt. Den übrigen Bediensteten kann dann im Wege einer Ermessensentscheidung eine Leistungsstufe gewährt werden. Es stellt sich die

[325] *Schlatmann*, PersV 1999, S. 113.
[326] Siehe Kapitel III.1.2. und III.1.3.

Frage, ob man eines dieser Verfahren als überlegen bezeichnen kann, und welche Verbesserungsvorschläge gegebenenfalls zu machen sind.

Gegen die Vergabe einer Leistungsstufe auf der Grundlage einer aktuellen Leistungseinschätzung ist einzuwenden, daß dadurch ein Leistungsbewertungsverfahren neben der dienstlichen Beurteilung erforderlich ist, das Arbeitskraft der Entscheidungsberechtigten bindet und den Arbeitsfrieden stört. Vor allem *Schnellenbach* weist zusätzlich darauf hin, daß der Grundsatz der Gesetzmäßigkeit der Besoldung und das Leistungsprinzip bedingen, daß die für die Gewährung einer Leistungsstufe maßgebliche Leistungsbewertung einen gewissen „Grad an rechtlicher Solidarität" aufweisen muß[327]. Dieser Forderung widersprechend hat der Bund für die aktuelle Leistungseinschätzung keine Leistungskriterien festgelegt. Natürlich ist *Bönders* insoweit recht zu geben, daß in aller Regel auch bei dem vom Bund gewählten freien Bewertungsverfahren diejenigen Beamten für die Vergabe einer Leistungsstufe in Betracht kommen werden, die aufgrund ihrer dienstlichen Beurteilung zu den Leistungsträgern zu zählen sind, weil die aktuelle Leistungseinschätzung im Sinne des § 2 Abs. 1 S. 2 LStuV nichts anderes sein darf als eine verkürzte Leistungsbeurteilung in verbaler Form[328]. Problematisch ist allerdings, daß dieses Verfahren Ausnahmen zuläßt[329], und dadurch die Glaubwürdigkeit des neuen Besoldungsinstruments Leistungsstufe in Frage gestellt wird. So ist etwa denkbar, daß ein Beamter, dem in seinen Beurteilungen regelmäßig durchschnittliche Leistungen konstatiert werden, eine Leistungsstufe erhält, weil er kurzfristig eine sehr gute Arbeitsleistung erbracht hat. Dies wird für seine Kollegen insbesondere dann sehr schwer nachvollziehbar sein, wenn die Leistung dieses Beamten in der darauffolgenden Beurteilung wieder „nur" durchschnittlich bewertet wird.

Ganz allgemein wird man zu dem Schluß kommen müssen, daß diese Abkopplung der Leistungsfeststellung von der Beurteilung die Gefahr in sich birgt, daß Leistungsstufen nicht mehr aufgrund einer über einen längeren Zeitraum erbrachten herausragenden Leistung vergeben werden. Den Entscheidungsberechtigten wird da-

---

[327] *Schnellenbach*, ZBR 1998, S. 227; *ders.*, Beamtenrecht in der Praxis, Rn. 563; *ders.*, DVBl. 1995, S. 1155 ff.

[328] *Bönders*, ZBR 1999, S. 13.

[329] Auch *Göser/Schlatmann*, Leistungsbezahlung in der Besoldung, S. 33, sprechen an, daß in der Praxis der Kreis der Bestbeurteilten nicht mit dem Personenkreis identisch sein muß, für den Leistungsstufen festgesetzt werden.

durch relativ einfach die Möglichkeit eröffnet, Leistungsstufen als „Trostpflaster“ für nicht erfolgte Beförderungen oder nach dem Gießkannenprinzip zu verteilen. Zwar sollte grundsätzlich auf eine verantwortungsvolle Vergabe von Leistungsstufen durch die Vorgesetzten vertraut werden. Soweit möglich, sollten niemals zu vermeidende menschliche Unzulänglichkeiten allerdings bereits durch eine optimale Ausgestaltung des Vergabeverfahrens minimiert werden. Die Anknüpfung an die dienstliche Beurteilung stellt hier das bessere Verfahren dar, da trotz der Kritik, die gegen das geltende Beurteilungssystem erhoben wird, dadurch eher gewährleistet ist, daß Leistungsstufen nach nachvollziehbaren Kriterien vergeben werden, und Anlässe für die Vergabe von Leistungsstufen nicht durch die Erstellung von entsprechenden aktuellen Leistungseinschätzungen „herbeigezaubert“ werden können.

Es soll nicht unerwähnt bleiben, daß auch gegen die Vergabe von Leistungsstufen auf der Grundlage einer Beurteilung Bedenken geltend gemacht werden. *Bönders* geht davon aus, daß für die Gewährung von Leistungsstufen Anlaßbeurteilungen erforderlich seien, um der Intention des Gesetzgebers gerecht zu werden, möglichst zeitnah auf entsprechende Leistungen reagieren zu können[330]. Er weist darauf hin, daß durch diese zu unterschiedlichen Zeiten erstellten Beurteilungen gegen das Prinzip verstoßen würde, für alle Beamten einer bestimmten Laufbahn und Besoldungsgruppe Beurteilungen an einheitlichen Stichtagen zu erstellen, um die Vergleichbarkeit zu gewährleisten[331]. Zusätzlich hätten die Empfänger von Leistungsstufen bei Beförderungsentscheidungen den Vorteil einer aktuellen Anlaßbeurteilung. Um diesen Vorteil auszugleichen, müßte aus Gründen der Gleichbehandlung allen Beförderungskonkurrenten eine Anlaßbeurteilung erstellt werden, was unvertretbaren Aufwand bedeuten würde[332].

Die geäußerte Kritik wäre durchaus berechtigt, wenn Leistungsstufen auf der Grundlage von Anlaßbeurteilungen vergeben würden. Zusätzlich gilt es zu bedenken, daß ein derartiges System gegenüber dem vom Bund gewählten Verfahren zwar den Vorteil böte, daß die Leistungsbewertung in der Form einer Beurteilung mit genau festgelegten Leistungskriterien erfolgt. Im übrigen jedoch wären die dort angesprochenen Gefahren in gleicher Weise zu befürchten. Das bayerische Vergabeverfahren

---

[330] *Bönders*, ZBR 1999, S. 12.
[331] BVerwG (Urteil vom 26.08.1993), DVBl. 1994, S. 112 ff. (113); OVG Koblenz (Beschluß vom 14.02.1997), NVwZ-RR 1998, S. 446.
[332] *Bönders*, ZBR 1999, S. 12 f.

vermeidet die erwähnten Probleme, da hier die für eine Leistungsstufe in Betracht kommenden Beamten auf der Grundlage der letzten dienstlichen Regelbeurteilung ermittelt werden. Problematisch an dieser Regelung ist allerdings, daß zwischen der Bekanntgabe der Beurteilung und der Festsetzung der Leistungsstufe ein relativ langer Zeitraum liegen kann, weil der Leistungsträger erst die Hälfte der Zeit bis zum normalen Erreichen der nächsten Grundgehaltsstufe zurücklegen muß. In vielen Fällen wird es dadurch nicht möglich sein, die erbrachte Leistung zeitnah zu honorieren[333]. Diese Tatsache wird sich allerdings dann nicht nachteilig auswirken, wenn die Beurteilungsnoten auf das Leistungsstufensystem abgestimmt werden, so daß ein Beamter aufgrund seines letzten Beurteilungsergebnisses sicher damit rechnen kann, daß er eine Leistungsstufe erhalten wird, sobald er das notwendige Dienstalter besitzt und keinen zwischenzeitlichen Leistungsabfall zeigt. Der jeweilige Bedienstete wird seine entsprechende Beurteilung bereits mit der Vergabe einer Leistungsstufe gleichsetzen, die nur wegen der gesetzlichen Ausgestaltung des Stufensystems nicht sofort gewährt werden kann.

Die Feststellung eines die Vergabe einer Leistungsstufe nicht mehr rechtfertigenden Leistungsabfalls im Wege einer aktuellen Leistungseinschätzung wird vermutlich die absolute Ausnahme darstellen, weil zu erwarten ist, daß die jeweiligen Beamten zumindest bis zum tatsächlichen Erhalt der Leistungsstufe weiterhin eine sehr gute Leistung an den Tag legen werden, um ihr „Anwartschaftsrecht“ nicht zu verlieren.

Durch die Anknüpfung an die Regelbeurteilung wird vermieden, daß die Vorgesetzten relativ unabhängig von der gezeigten Leistung die Empfänger von Leistungsstufen im voraus festlegen und dann entsprechende aktuelle Leistungsbewertungen oder Anlaßbeurteilungen erstellen[334]. Natürlich ist auch hier denkbar, daß die Vorgesetzten Beurteilungen schönen, um bestimmte Beamte in den Genuß einer Leistungsstufe kommen zu lassen. Die Wahrscheinlichkeit, daß dies unbewußt passiert, ist hier jedoch weit geringer, weil der Vorgesetzte anders als bei einer aktuellen Leistungseinschätzung oder Anlaßbeurteilung die dienstliche Leistung aller vergleichbaren Beamten bewerten muß. Durch die dadurch gegebenen Vergleichsmöglichkeiten fallen Beurteilungsfehler sehr leicht auf. Vor allem wird sich ein sorgfältiger Vorge-

---

[333] So die Absicht der Bundesregierung, vgl. BT-Drs. 13/3994, S. 30.

[334] In den meisten Fällen wird dieses Verhalten unbewußt sein. Hat ein Vorgesetzter erst einmal einen bestimmten Beamten als Empfänger einer Leistungsstufe ins Auge gefaßt, wird es ihm relativ leicht fallen, dessen gezeigte Leistung auch (vor sich selbst) überdurchschnittlich zu bewerten.

setzter nach Erstellung aller Beurteilungen die deutlich über beziehungsweise unter dem Durchschnitt liegenden Beurteilungen herausgreifen und die Frage stellen, ob diese Beamten wirklich eine Leistung bringen, die die entsprechende Note rechtfertigt. Aus den genannten Gründen sollten Leistungsstufen auf der Grundlage der letzten Regelbeurteilung vergeben werden.

Obwohl damit dem bayerischen System der Vorzug zu geben ist, ist dieses dennoch verbesserungsbedürftig. Es wurde bereits erwähnt, daß grundsätzlich derjenige Beamte eine Leistungsstufe erhalten sollte, der in seiner letzten Beurteilung eine bestimmte Note erhalten hatte. Dies setzt natürlich voraus, daß die entsprechende(n) Note(n) nur an einen bestimmten Prozentsatz der zu Beurteilenden vergeben wird (werden)[335]. Dadurch entfällt die Ermessensentscheidung des Entscheidungsberechtigten, aus dem Kreis der Bestbeurteilten die Gruppe der Stufenempfänger auswählen zu müssen[336]. Dieses Verfahren verursacht den geringsten Aufwand und führt dazu, daß die Vergabe von Leistungsstufen von den Bediensteten nachvollzogen werden kann. Die Nachvollziehbarkeit wird schließlich auch dadurch erhöht, daß die Vorgesetzten die Beurteilungen gewissenhaft erstellen. Jeder Beamte muß das Gefühl haben, daß er in seiner nächsten Beurteilung die entsprechende Note erhalten wird, wenn er die dafür notwendige Leistung erbringt[337].

4.1.3. Notwendige Beurteilungsnote/Rechtliche Zulässigkeit und Nutzen von festgelegten Richtwerten für bestimmte Beurteilungsnoten

Es stellt sich die Frage, welche Beurteilungsnote zum Erhalt einer Leistungsstufe führen sollte. Hier gilt es, den Leistungsbegriff der Leistungsstufenverordnungen („dauerhaft herausragende (Gesamt-)Leistungen") mit dem Wortlaut der festgelegten Beurteilungsnoten zu vergleichen und eine Lösung zu finden, die weder zu übermäßigen verbalen Abweichungen führt noch einen Verstoß gegen die Logik darstellt.

Für den Bereich des Bundes sollen exemplarisch die Beurteilungsrichtlinien des Bundesministeriums des Innern[338] betrachtet werden[339]. Hier können maximal neun

---

335 Zur rechtlichen Zulässigkeit von derartigen Quotenvorgaben für Beurteilungsprädikate unten.

336 Vgl. Anm. 2.2. der Durchführungshinweise zur BayLStuV.

337 Es muß beispielsweise verhindert werden, daß auch in Zukunft jüngere Beamte nur deshalb im Durchschnitt schlechtere Beurteilungsnoten erhalten, weil sie eine geringere Dienstzeit aufweisen als ihre älteren Kollegen, vgl. Kapitel III.1.3.

338 Richtlinien für die Beurteilung der Beamten/Beamtinnen im nachgeordneten Geschäftsbereich des BMI (ohne BGS) vom 01. Juli 1997, GMBl. 1997, S. 406 ff.

Beurteilungspunkte vergeben werden, wobei jeder Punktwert einer von fünf verbalen Notenstufen zuzuordnen ist[340]. Es bedarf keiner Erörterung, daß die Vergabe der höchsten Notenstufe („übertrifft die Anforderungen in besonderem Maße" – 9 Punkte) eine Leistungsstufe nach sich ziehen muß, sofern kein zwischenzeitlicher Leistungsabfall festgestellt wird. Fraglich ist, ob dies auch für die zweithöchste Notenstufe („übertrifft die Anforderungen" – 8 oder 7 Punkte) gilt. Obwohl nach dem Wortlaut diese Notenstufe bereits dann vergeben werden kann, wenn die Anforderungen nur leicht übertroffen wurden, ist dies unter der Voraussetzung zu bejahen, daß man zusätzlich normiert, daß die beiden höchsten Notenstufen nur an insgesamt maximal 30% der Beamten vergeben werden dürfen. In diesem Fall muß ein Beamter die Anforderungen schon deutlich übertreffen beziehungsweise deutlich überdurchschnittliche Leistungen erbringen, um sieben oder acht Punkte zu erhalten. Dadurch ragt er aufgrund seiner Leistung aus dem Kreis aller Beurteilten heraus, und ist die Gewährung einer Leistungsstufe gerechtfertigt[341].

Ähnlich stellt sich die Situation in Bayern dar. Hier können maximal 16 Beurteilungspunkte vergeben werden, wobei sich diese ebenfalls fünf verbalen Beurteilungsnoten zuordnen lassen[342]. Die zweithöchste Gesamtnote (11-14 Punkte) soll derjenige Beamte erhalten, dessen dienstliche Tätigkeit als „erheblich über den Anforderungen liegend oder besonders gut" bezeichnet werden kann. Hier ist die Ähnlichkeit zum Leistungsbegriff der BayLStuV noch weitaus größer als im Bereich des Bundes.

Es wurde bereits angesprochen, daß für alle Beamten ein Beurteilungszeitraum von drei Jahren gelten sollte[343], um das Instrument der Regelbeurteilung weitestgehend

---

[339] An dieser Stelle soll darauf hingewiesen werden, daß im Bereich des BMI bereits derzeit die Beamten alle drei Jahre beurteilt werden, vgl. Anm. 3.1.1. der Beurteilungsrichtlinien des BMI, so daß der vorgeschlagene Beurteilungszeitraum von drei Jahren hier keinen zusätzlichen Aufwand verursachen würde.

[340] Anm. 5.3. der Beurteilungsrichtlinien des BMI.

[341] *Bönders*, ZBR 1999, S. 13 f., geht hingegen davon aus, daß Beamte, die „nur" die zweithöchste Beurteilungsnote erhalten haben und diese Note auch im Vergabezeitpunkt noch verdienen, nur dann eine Leistungsstufe erhalten können, wenn im Einzelfall besondere Gründe für eine Berücksichtigung sprechen. Diese abweichende Ansicht ist natürlich verständlich, wenn man die Regelung des § 41a BLV betrachtet, wonach auf Bundesebene 15% der Beamten in ihren Beurteilungen die höchste Note und weitere 35% die zweithöchste Note erhalten können.

[342] Anm. 3.2.3. der materiellen Beurteilungsrichtlinien vom 04. Januar 1999, FMBl. 1999, S. 34 ff.

[343] In den meisten Fällen dürfte dies eine Verkürzung der bisherigen Beurteilungsabstände bedeuten, vgl. § 40 Abs. 1 S. 1 BLV; Art. 49 Abs. 1 S. 1 LbV.

für die Vergabe von Leistungsstufen nutzbar zu machen. Um eine Auswahlentscheidung aus der Gruppe derjenigen Beamten, die die notwendige Beurteilungsnote besitzen, zu vermeiden, müßte normiert werden, daß die beiden höchsten Noten nur an zusammen maximal 30% der Beurteilten vergeben werden dürfen. Es stellt sich die Frage der rechtlichen Zulässigkeit und des tatsächlichen Nutzens der Festlegung von derartigen Richtwerten. Die Rechtsprechung und die überwiegende Literaturmeinung gehen davon aus, daß die Festlegung von Richtwerten für Beurteilungsnoten unter bestimmten Voraussetzungen zulässig ist. Zum einen müssen Richtwerte erfahrungsorientiert festgelegt werden[344]. Überwiegend wird die Auffassung vertreten, daß sich aus der Gaußschen Normalverteilung die allgemeine Erfahrung ableiten läßt, daß sich bei einem Vergleich einer größeren Zahl von menschlichen Leistungen und Eigenschaften Durchschnittswerte am häufigsten finden, während über- beziehungsweise unterdurchschnittliche Werte weniger zahlreich und extreme Plus- und Minusvarianten nur selten anzutreffen sind. Diese Gesetzmäßigkeit läßt sich trotz entsprechender Auslese und Ausbildung auch auf das Personal in der öffentlichen Verwaltung übertragen, weil bei jeder Veränderung des Personalkörpers immer auch über- beziehungsweise unterdurchschnittliche Arbeitskräfte einbezogen werden[345].

Schnellenbach weist darauf hin, daß Richtwertvorgaben nicht mathematisch exakt der Gaußschen Normalverteilung entsprechen müssen. Es reicht aus, daß sich in ihnen die allgemeine Aussage der Normalverteilungskurve widerspiegelt[346]. Dieser Auffassung ist vor allem deshalb zuzustimmen, weil die Gaußsche Kurve nicht genau festlegt, bis zu welchem Prozentsatz eine bestimmte Notenstufe vergeben werden darf. Diese genaue Festlegung obliegt dem Dienstherrn, der mit Hilfe von Richtwerten den Beurteilern und Beurteilten vor Augen führen kann, welchen Maßstab und Aussagegehalt er einer bestimmten Notenstufe beimißt. Zu dieser Festsetzung ist der Dienstherr ebenso befugt wie überhaupt zur Ausgestaltung der Notenskala und der Vergabemaßstäbe[347] [348]. Natürlich darf diese Festsetzung durch den Dienstherrn

---

[344] OVG Münster (Urteil vom 31. Juli 1974), RiA 1975, S. 79 f. (79); BayVGH (Urteil des 3. Senats vom 5. Juli 1984), VGH n. F. 37, S. 75 ff. (76).

[345] *Feindt*, ZBR 1977, S. 50; *Happe*, RiA 1978, S. 85.

[346] *Schnellenbach*, Die dienstliche Beurteilung, Rn. 378; *ders.*, DÖD 1999, S. 2.

[347] BVerwG (Urteil vom 26. Juni 1980), ZBR 1981, S. 197 ff. (198); *Köhler*, RiA 1990, S. 12; *Schnellenbach*, DÖD 1999, S. 2.

[348] *Schaefer*, ZBR 1983, S. 178, weist vollkommen zu Recht darauf hin, daß durch ein derartiges Verfahren die unscharfe verbale Abgrenzung der Notenstufen untereinander durch eine trennscharfe Zahlengrenze ersetzt wird.

nicht gegen die allgemeine Aussage der Gaußschen Verteilungskurve verstoßen. Unter diesem Gesichtspunkt ist es nicht zu beanstanden, wenn in der BLV und LbV normiert würde, daß die beiden höchsten Beurteilungsnoten nur an insgesamt maximal 30% der Beamten vergeben werden sollen. Obwohl der Wortlaut der genannten Notenstufen zum Ausdruck bringt, daß diese Beamten eine Leistung erbringen, die über dem Durchschnitt liegt, ist dies bei Betrachtung der Gaußschen Verteilung unbedenklich, da ein genügend großer Prozentsatz für die Vergabe von (am häufigsten vorkommenden) durchschnittlichen und (weniger häufig anzutreffenden) unterdurchschnittlichen Noten übrig bleibt[349].

Zusätzlich müssen sich Richtwerte auf einen hinreichend großen Verwaltungsbereich beziehen[350]. Diese von der Rechtsprechung und Literatur geforderte Voraussetzung für die Zulässigkeit von Richtwerten läßt sich damit erklären, daß die Gaußsche Verteilungskurve erst ab einer bestimmten Anzahl von Fällen mit hoher Wahrscheinlichkeit zutrifft. Es ist noch nicht abschließend geklärt, welche Mindestanzahl von Beamten hierfür gleichzeitig beurteilt werden müssen. *Herber* geht von einem Mindestumfang von 30 Beamten aus[351], während *Allgaier* darauf hinweist, daß 15 bis 30 Beurteilungsfälle nicht unterschritten werden sollten[352]. In § 41a S. 2 BLV wird dieses Problem in der Weise gelöst, daß Beurteilungen in geeigneter Weise entsprechend der genannten Richtwerte zu differenzieren sind, wenn die Bildung von Richtwerten wegen zu geringer Fallzahlen nicht möglich ist. In den Beurteilungsrichtlinien des BMI wird diese Regelung in der Weise umgesetzt, daß erst dann nicht mehr nach den Richtwerten zu verfahren ist, sondern die erwähnte Differenzierung entsprechend der Richtwerte vorzunehmen ist, wenn die Vergleichsgruppe weniger

349 Zuzustimmen ist *Schnellenbach*, DÖD 1999, S. 2, der die in § 41a BLV enthaltene Regelung, wonach 35% der Beamten die zweithöchste Note erhalten können, als nicht unbedenklich bezeichnet, wenn mit der Vergabe dieser Notenstufe zum Ausdruck gebracht wird, daß diese Beamten eine Leistung erbringen, die über dem Durchschnitt liegt. Vollkommen ad absurdum wird diese Quote geführt, wenn man bedenkt, daß nach § 41a BLV weitere 15% der Beamten die beste Note erhalten können, so daß sich bei voller Ausschöpfung dieser Quoten das merkwürdige Ergebnis ergibt, daß 50% der Beamten des Bundes eine Leistung erbringen, die über dem Durchschnitt liegt. Daß dieses Ergebnis gegen die Logik und die Grundaussage der Gaußschen Verteilung verstößt, bedarf keiner weiteren Erörterung.

350 BVerwG (Urteil vom 26. Juni 1980), ZBR 1981, S. 197 ff. (197); *Schnellenbach*, Die dienstliche Beurteilung, Rn. 375.

351 *Herber*, PersV 1997, S. 12.

352 *Allgaier*, DÖD 1990, S. 30.

als 10 Personen umfaßt[353]. Ob diese Zahl angesichts der oben vertretenen Auffassungen einer gerichtlichen Überprüfung standhält, muß abgewartet werden.

Neben einer genügend großen Fallzahl wird für die Verwendbarkeit der Gaußschen Verteilungsformel als zusätzliche Voraussetzung gefordert, daß eine gute Durchmischung der zu Beurteilenden gegeben ist. Es darf eine gewisse Zeit vorher keine gezielte Personalauswahl für einen bestimmten Verwaltungsbereich, eine Projektgruppe oder ähnliche Organisationseinheit vorgenommen worden sein, weil es dann wieder geraume Zeit dauert, bis sich bei den nach gewissen Kriterien ausgesuchten „niveaugleichen" Personen durch die Art der jeweiligen Aufgabenerfüllung Leistungsunterschiede feststellen lassen, und damit der Beurteiler eine entsprechende Differenzierung vornehmen kann[354]. Es muß also darauf geachtet werden, daß in derartigen Fällen nicht nach den vorgegebenen Richtwerten verfahren wird. Andererseits ist es unschädlich, wenn sich in dem zu beurteilenden Personenkreis das durchschnittliche Leistungsniveau durch Verschiebung der Personalstruktur, zum Beispiel durch eine ungewöhnliche Anzahl von Pensionierungen oder Beförderungen, verändert[355].

Nach *Schnellenbach* ist für die Zulässigkeit von Richtwerten weiterhin erforderlich, daß sie nur auf Beamte derselben Laufbahn- und Besoldungsgruppe angewandt werden[356]. Aus diesem Grund sieht er die Regelung in § 41a BLV, wonach sich Richtwerte und damit auch Beurteilungen auf eine ganze Funktionsebene beziehen können[357], als problematisch an, weil einer Funktionsebene regelmäßig Beamte mit verschiedenen Ämtern im statusrechtlichen Sinne angehören. Nach seiner Auffassung ist diese Erstreckung auf eine ganze Funktionsebene nur zulässig, wenn sie im Inter-

[353] Vgl. Anm. 5.4.2. der Beurteilungsrichtlinien des BMI, GMBl. 1997, S. 406 ff.
[354] *Allgaier*, DÖD 1990, S. 30.
[355] BVerwG (Urteil vom 26. Juni 1980), ZBR 1981, S. 197 ff. (199); *Köhler*, RiA 1990, S. 12.
[356] *Schnellenbach*, DÖD 1999, S. 3; *ders.*, Die dienstliche Beurteilung, Rn. 375. Dieses Erfordernis folgert er aus der Aussage der BVerwG, daß Richtwerte eine „im großen und ganzen vergleichbare Aufgaben- und Personalstruktur erfordern". Im gleichen Urteil erwähnt das BVerwG ebenfalls, daß die Entscheidung, ob ein Beamter nach seiner Beurteilung die „für sein Amt und für seine Laufbahn erforderliche Befähigung und fachliche Leistung aufweist", grundsätzlich dem Dienstherrn vorbehalten ist, vgl. BVerwG (Urteil vom 26. Juni 1980), ZBR 1981, S. 197 ff. (197). Auch aus dieser Aussage läßt sich schließen, daß bei Beurteilungen grundsätzlich immer nur Beamte derselben Laufbahn- und Besoldungsgruppe miteinander verglichen werden dürfen. Gleiches muß für die Ausrichtung an Richtwerten für bestimmte Beurteilungsnoten gelten.
[357] Auch im Bereich des BMI kann die Vergleichsgruppe für Richtwerte bzw. Beurteilungen aus den Mitgliedern derselben Funktionsebene gebildet werden, vgl. Anm. 5.4.1. und 5.4.2. der Beurteilungsrichtlinien des BMI, GMBl. 1997, S. 406 ff.

esse einer umfassenden Beurteilungsregelung für einen Geschäftsbereich unverzichtbar erscheint, und wenn und soweit die Praxis bei dieser Konstellation Abweichungen von den Richtwerten zuläßt[358].

Zuzustimmen ist *Schnellenbach* zum einen dahingehend, daß die Bildung der Vergleichsgruppe aus Beamten, die unterschiedliche Ämter im statusrechtlichen Sinne innehaben, den Ausnahmefall darstellen sollte, weil Beurteilungen grundsätzlich anhand der Anforderungen des jeweiligen statusrechtlichen Amtes zu erstellen sind[359], und bei Betrachtung einer ganzen Funktionsebene mit unterschiedlichen statusrechtlichen Ämtern die Gefahr besonders groß ist, daß der Beurteiler trotz entsprechender Hinweise in den Beurteilungsrichtlinien bei allen Beamten die gleichen Anforderungen zugrunde legt. Auch die von ihm aufgestellte weitere Zulässigkeitsvoraussetzung einer flexiblen Handhabung der Richtwerte bei Betrachtung einer ganzen Funktionsebene ist zu begrüßen. Dies gilt vor allem dann, wenn bei nach statusrechtlichen Ämtern getrennten Beurteilungen die Fallzahlen innerhalb der einzelnen Ämter so gering wären, daß die Anwendung der Richtwerte nicht zulässig wäre. Will man also aus organisatorischen Gründen nicht auf die gleichzeitige Beurteilung ganzer Funktionsebenen verzichten, so ist darauf zu achten, daß die genannten Voraussetzungen erfüllt sind.

Als letzte Voraussetzung für die Zulässigkeit von Richtwerten wird von der Rechtsprechung und den Literaturstimmen gefordert, daß eine geringfügige Über- und Unterschreitung der Richtwerte möglich sein muß[360]. Mit anderen Worten darf den Richtwerten nicht die Funktion einer zwingend einzuhaltenden oberen oder unteren Grenze zukommen, weil dies gegen das Gebot einer einzelfallbezogenen und ge-

---

[358] *Schnellenbach*, DÖD 1999, S. 3 f.

[359] BVerwG (Urteil vom 26. Juni 1980), ZBR 1981, S. 197 ff. (198); BVerwG (Urteil vom 02. April 1981), ZBR 1981, S. 315 ff. (316); BayVGH (Urteil vom 17. Oktober 1984), abgedr. bei *Klinkhardt*, Dienstliche Beurteilungen, Beförderungsentscheidungen, Dienstpostenbewertungen, S. 376 ff. (377); *Kübler*, DÖV 1984, S. 94.

[360] BVerwG (Urteil vom 26. Juni 1980), ZBR 1981, S. 197 ff. (199); BayVGH (Urteil vom 23. April 1976), DÖD 1976, S. 260 ff. (261); OVG Münster (Urteil vom 09. Juni 1976), ZBR 1977, S. 33 ff. (34); *Allgaier*, DÖD 1990, S. 30; *Herber*, PersV 1997, S. 12. *Schütz*, DÖD 1971, S. 124, ist insofern zuzustimmen, daß diese geringfügige Überschreitung keine besondere Begründungspflicht auslösen darf. Abzulehnen ist dagegen seine Ansicht, daß eine quotenmäßige Begrenzung für über dem Durchschnitt liegende Wertungen gegen den Leistungsgrundsatz verstößt und deshalb insgesamt unzulässig ist.

rechten Beurteilung des jeweiligen Beamten verstößt[361]. Vor allem darf die Vorgabe von Richtwerten nicht dazu führen, daß zur genauen Erfüllung der Quoten Beamte mit gleichem Leistungsstand unterschiedliche Gesamtnoten in ihren Beurteilungen erhalten[362].

Geht man nun der Frage nach, wie die Richtwerte unter Beachtung der genannten Voraussetzungen gewählt werden sollten, um eine weitere Auswahlentscheidung aus dem Kreis der mit den entsprechenden Noten beurteilten Beamten unnötig zu machen, so stellt man fest, daß ein Richtwert von insgesamt maximal 30% für die beiden besten Beurteilungsnoten zu hoch ist, weil es aufgrund der Rechtsnatur von Richtwerten möglich sein muß, diesen Wert geringfügig zu überschreiten, was wiederum Auswahlentscheidungen erforderlich macht, wenn man die vorgeschlagene 30%-Grenze für die Vergabe von Leistungsstufen innerhalb eines Drei-Jahres-Zeitraums nicht überschreiten möchte. Sinnvoll erscheint ein Richtwert von 25%, der allerdings nicht nur als obere, sondern allgemein als Soll-Vorgabe anzusehen ist. Da nach herrschender Meinung geringfügige Über- und Unterschreitungen möglich sein müssen, ist in den jeweiligen Beurteilungsrichtlinien zu regeln, daß dieser Wert im Interesse der Einzelfallgerechtigkeit um maximal fünf Prozent[363] über- beziehungsweise unterschritten werden darf, so daß insgesamt 20-30% der beurteilten Beamten die für die Gewährung einer Leistungsstufe erforderliche Note erhalten.

Die Vergabe von Leistungsstufen an durchschnittlich 25% der Beamten innerhalb von drei Jahren erscheint ausreichend, um insbesondere die bisher durchschnittliche Leistung erbringenden Beschäftigten zu höherer Leistung zu motivieren. Nur ergänzend sei angesprochen, daß aus Gründen der Logik in den Beurteilungsrichtlinien darauf hinzuweisen ist, daß aufgrund der Gaußschen Verteilung die beste Note weniger häufig vergeben werden soll als die zweitbeste Note.

---

[361] OVG Münster (Urteil vom 31. Juli 1974), RiA 1975, S. 79 f. (79); OLG Nürnberg, Dienstgericht für Richter (Urteil vom 14. Mai 1981), DRiZ 1982, S. 110 ff. (112 f.); *Happe*, RiA 1978, S. 85; *Schnellenbach*, Die dienstliche Beurteilung, Rn. 375; *ders.*, DÖD 1999, S. 3; *Schütz*, DÖD 1971, S. 124. Nach dem BayVGH (Urteil vom 23. April 1976), DÖD 1976, S. 260 ff. (261), kann es insbesondere die besonders gute oder schlechte Besetzung einer Dienststelle erfordern, von den vorgegebenen Richtwerten abzuweichen.

[362] BayVGH (Urteil des 3. Senats vom 05. Juli 1984), VGH n. F. 37, S. 75 ff. (77); *Köhler*, RiA 1990, S. 12 f.; *Klinkhardt*, Dienstliche Beurteilungen, Beförderungsentscheidungen, Dienstpostenbewertungen, S. 34.

[363] Vgl. Anm. 5.4.1. der Beurteilungsrichtlinien des BMI, GMBl. 1997, S. 406 ff., wo bereits derzeit die Möglichkeit einer fünf-prozentigen Überschreitung der Richtwerte geregelt ist.

Durch die Einführung der genannten Richtwerte könnte nicht nur bei der Vergabe von Leistungsstufen auf eine aktuelle Leistungsfeststellung im Bereich des Bundes beziehungsweise eine Auswahlentscheidung aus der Gruppe der Bestbeurteilten im Bereich des Freistaates Bayern verzichtet werden, wodurch Verwaltungsarbeit eingespart und zusätzlich die Transparenz des Vergabeverfahrens erhöht werden könnte. Die Festsetzung von Richtwerten für überdurchschnittliche Beurteilungsnoten besitzt außerdem den positiven Nebeneffekt, daß sie die Ausgewogenheit der Beurteilungen vergleichbarer Beamter durch verschiedene Beurteiler und damit die Beurteilungsgerechtigkeit fördert[364], weil sie dazu beiträgt, daß alle Beurteiler eines Verwaltungsbereichs annähernd gleiche Maßstäbe anlegen[365].

Man muß hier *Allgaier* vehement widersprechen, der die Auffassung vertritt, daß die Festlegung von Richtwerten die Beurteilungsgerechtigkeit gerade nicht erhöht, weil Quotenvorgaben niemals etwas über die Richtigkeit der einzelnen Beurteilung aussagen können[366]. Zwar ist an dieser Behauptung richtig, daß es auch nach Einführung von Richtwerten objektiv falsche Beurteilungen geben wird. Dies liegt allerdings allein daran, daß der beurteilende Vorgesetzte nicht in der Lage oder nicht Willens ist, die von einem Mitarbeiter gezeigte Leistung richtig zu beurteilen. Geht man davon aus, daß die meisten Vorgesetzten eine sehr genaue und zutreffende Vorstellung davon haben, welcher ihrer Mitarbeiter besser und welcher schlechter arbeitet, so führen Richtwerte sehr wohl dazu, daß auch die einzelne Beurteilung gerechter ist. Aufgrund der Richtwerte sind die Vorgesetzten nämlich gezwungen, die Noten entsprechend der gezeigten Leistung zu differenzieren , und nicht aus Angst vor Konflikten oder aus Bequemlichkeit allen Beamten gute oder durchschnittliche Leistungen zu bescheinigen. Dadurch erfährt die von einem Beamten gezeigte überdurchschnittliche Leistung eine Aufwertung, weil dieser (auch für andere Personen ersichtlich) aufgrund der erhaltenen Note davon ausgehen kann, daß er in seiner Abteilung oder Behörde einem gewissen Prozentsatz von herausragenden Mitarbeitern angehört.

Ähnlich erhält es sich bei einer Gegenüberstellung vergleichbarer Beamter, die von verschiedenen Vorgesetzten beurteilt werden. Durch die Vorgabe von Richtwerten

---

364 *Lemhöfer*, DÖD 1971, S. 225; *Klinkhardt*, Dienstliche Beurteilungen, Beförderungsentscheidungen, Dienstpostenbewertungen, S. 33.

365 *Schnellenbach*, Die dienstliche Beurteilung, Rn. 379.

366 *Allgaier*, ArchPF 1979, S. 32.

wird vermieden, daß verschiedene Beurteiler trotz vergleichbarer Leistungen ihrer Mitarbeiter zu stark voneinander abweichenden Beurteilungsergebnissen kommen, weil (ähnlich wie in der Schule) der eine Beurteiler der Ansicht ist, daß die beste Notenstufe nur ihm gebührt, während der andere Beurteiler dieses Prädikat bereits dann vergibt, wenn der jeweilige Beamte ihn in Ruhe gelassen hat und auch nicht anderweitig negativ aufgefallen ist[367].

Gegen die Vorgabe von Richtwerten wird weiterhin eingewandt, daß sie eine Einschränkung der Beurteilungsfreiheit bedeutet. Dem ist durchaus zuzustimmen. Allerdings ist diese Einschränkung nicht unnötig, wie *Allgaier* meint[368]. Man muß sich nämlich vor Augen halten, daß sich jeder gewissenhafte Beurteiler zur Differenzierung seiner Mitarbeiter eigene Quoten zumindest für die über dem Durchschnitt liegenden Beurteilungsnoten machen wird, wenn er diese nicht vorgegeben bekommt. Stellen diese vom Beurteiler angelegten Maßstäbe einen Verstoß gegen das aus dem Zweck der Beurteilung herzuleitende Gebot der Maßstabsgerechtigkeit und Vergleichbarkeit[369] dar, so ist die Dienstaufsichtsbehörde zwar ohne entsprechende Ermächtigung nicht befugt, die Beurteilung abzuändern[370]. Es ist aber rechtlich nicht zu beanstanden, daß sie die Beurteilungen wegen eines unzutreffenden Beurteilungsmaßstabs aufhebt[371]. In diesem Fall werden dem beurteilenden Beamten die Grenzen seiner Beurteilungsfreiheit in einer sein Selbstverständnis weitaus belastenderen Form klar gemacht. Außerdem muß dieser Vorgesetzte befürchten, daß sich die Aufhebung der von ihm erstellten Beurteilungen negativ auf seine eigene Beurteilung auswirkt. Aus diesem Grund wird er Richtwertvorgaben eher als Erleichterung seiner Tätigkeit und als Befreiung von Verantwortung empfinden.

Insgesamt läßt sich also sagen, daß die vorgeschlagene Einführung von Richtwerten für überdurchschnittliche Beurteilungsnoten rechtlich zulässig ist und zusätzlich positive Effekte auf das Beurteilungssystem ausübt.

---

[367] *Pickuth*, ArchPF 1975, S. 119 f., bemerkt hierzu sehr treffend, daß es „sehr strenge, gutmütige, wohlwollende, engherzige, in Charakter, intellektueller Qualität und sonstigen Eigenschaften höchst unterschiedlich geartete Beurteiler“ gibt, und daß auch auf sie und ihre Wertungsmaßstäbe das Gaußsche Verteilungsgesetz anwendbar ist.

[368] *Allgaier*, ArchPF 1979, S. 32.

[369] *Schnellenbach*, Beamtenrecht in der Praxis, Rn. 424 f.; *ders.*, DÖD 1999, S. 4.

[370] *Krutzmann*, ZBR 1982, S. 42 f.

[371] OVG NW (Urteil vom 12. Dezember 1991), DÖD 1993, S. 64 f. (64).

4.1.4. Entscheidungsberechtigte

Bei der Frage, wer über die Vergabe von Leistungsstufen entscheiden sollte, muß man bei der vorgeschlagenen Anknüpfung an die dienstliche Beurteilung zu dem Ergebnis kommen, daß dies nur ein Vorgesetzter sein kann, der an der Erstellung der Beurteilung mitgewirkt hat und deren Inhalt kennt. Natürlich muß man sich darüber im klaren sein, daß diesem Vorgesetzten keine große Entscheidungsbefugnis mehr zukommt, weil die Vergabe der Leistungsstufe grundsätzlich durch die entsprechende Beurteilungsnote festgelegt ist.

Im Bereich des BMI legt der Dienststellenleiter einen Erst- und einen Zweitbeurteiler fest[372], wobei der Erstbeurteiler in der Regel der unmittelbare Vorgesetzte des jeweiligen Beamten ist[373]. Es erscheint sinnvoll, dem Erstbeurteiler die Aufgabe zuzuweisen, bis zur tatsächlichen Gewährung der Leistungsstufe die Leistung des Beamten weiterhin zu überwachen und bei einem erheblichen Leistungsabfall eine aktuelle Leistungseinschätzung zu erstellen, weil dieser aufgrund der dienstlichen Nähe die Arbeit des betreffenden Beamten am besten bewerten kann. Aus dem gleichen Grund sollte auch in Bayern der unmittelbare Vorgesetzte zuständig sein. Hier erfolgt die Beurteilung in der Regel durch den Behördenleiter als Dienstvorgesetzten[374]. Nach den Beurteilungsrichtlinien soll dieser den unmittelbaren Vorgesetzten mit der Erstellung eines Beurteilungsentwurfs beauftragen[375]. Unabhängig davon enthält jede Beurteilung eine abschließende Stellungnahme des unmittelbaren Vorgesetzten[376], so daß der Fachvorgesetzte in jedem Fall maßgeblich in das Beurteilungsverfahren involviert ist und den Inhalt der Beurteilungen seiner Mitarbeiter kennt.

Es wäre ebensowenig zu beanstanden, wenn der Dienstvorgesetzte beziehungsweise der Zweitbeurteiler[377] im Bereich des BMI für die tatsächliche Gewährung der Leistungsstufe zuständig ist. Da dieser allerdings das Arbeitsverhalten des betreffenden Beamten in der Regel nicht persönlich bewerten kann, müßte er vor Vergabe der Leistungsstufe bei dem unmittelbaren Vorgesetzten nachfragen, ob die gegenwärtige

---

[372] Anm. 4.3. der Beurteilungsrichtlinien des BMI, GMBl. 1997, S. 406 ff.
[373] Anm. 4.1. der Beurteilungsrichtlinien des BMI.
[374] *Summer*, in: Weiß/Niedermaier, Bayerisches Beamtengesetz, Art. 4, S. 4.
[375] Anm. 9.1. der materiellen Beurteilungsrichtlinien, FMBl. 1999, S. 34 ff.
[376] Anm. 9.4. der materiellen Beurteilungsrichtlinien.
[377] Der vom Dienststellenleiter bestimmte höhere Vorgesetzte (Anm. 4.2. und 4.3. der Beurteilungsrichtlinien des BMI), der abschließend über die Gesamtnote entscheidet (Anm. 5.5.1. der Beurteilungsrichtlinien des BMI).

Leistung (noch) als überdurchschnittlich anzusehen ist[378]. Da dies eine unnötige Komplizierung des Verfahrens darstellt, sollte besser der unmittelbare Vorgesetzte die Gewährung einer Leistungsstufe anordnen oder gegebenenfalls eine aktuelle Leistungseinschätzung vornehmen, die dazu führt, daß die Leistungsstufe trotz der notwendigen Beurteilungsnote doch nicht gewährt wird.

4.1.5. Unterstützung durch die Personalverwaltung beziehungsweise Besoldungsstelle

An dem vom Bund gewählten Vergabeverfahren fällt auf, daß der Entscheidungsberechtigte Leistungsstufen ohne Unterstützung durch die personalverwaltende Stelle vergeben soll[379]. Da er auch nicht wie in Bayern Listen mit den entsprechenden Daten von der Bezügestelle zur Verfügung gestellt bekommt, muß er bei der Besoldungsstelle nachfragen, ob und wann er einem Beamten eine Leistungsstufe gewähren kann[380]. Dieses Verfahren bedeutet zum einen unnötigen Aufwand und wird in vielen Fällen dazu führen, daß sich die Leistungsstufe nicht für die maximal mögliche Dauer oder möglicherweise nur für einen kurzen Zeitraum finanziell auswirken wird, weil der Entschluß eines Vorgesetzten, einem Mitarbeiter auf der Grundlage einer aktuellen Leistungseinschätzung eine Leistungsstufe zu gewähren, regelmäßig nicht genau zu dem Zeitpunkt erfolgen wird, an dem der Mitarbeiter genau die Hälfte der Zeit bis zum Erreichen der nächsten Stufe zurückgelegt hat. Es wurde bereits darauf hingewiesen, daß sich Leistungsstufen für den maximal möglichen Zeitraum finanziell auswirken sollten, weil ansonsten die Gefahr besteht, daß ihre Anreizwirkung nicht stark genug ist, um die Beamten zu höherer Leistung zu motivieren[381].

Vermutlich stellt die genannte Regelung im Bereich des Bundes einen Tribut an die Entkopplung der Vergabeentscheidung von der dienstlichen Beurteilung dar. Es soll vermieden werden, daß die Vorgesetzten nicht nur nach der gezeigten Leistung, son-

---

[378] Nach der BayLStuV muß der Entscheidungsberechtigte vor Vergabe einer Leistungsstufe die Vorgesetzten des Beamten hören, vgl. § 5 Abs. 3 S. 1 BayLStuV.

[379] Durchführungshinweise zu § 2 Abs. 1 LStuV.

[380] Vgl. den Mustertext Datenabfrage bei *Göser/Schlatmann*, S. 130.

[381] An dieser Stelle sei darauf hingewiesen, daß die finanziellen Auswirkungen von Leistungsstufe und Leistungsprämie in einem Mißverhältnis zueinander stehen, weil ein Beamter bei der Leistungsprämie als Belohnung für eine herausragende besondere Einzelleistung eine im Vergleich zur Leistungsstufe beachtliche Einmalzahlung in Höhe des Anfangsgrundgehaltes seiner Besoldungsgruppe erhalten kann, vgl. §§ 42a Abs. 2 S. 4 BBesG; 3 LPZV; 3 BayLPZV. Dies gilt entsprechend für das Verhältnis Leistungsstufe/Leistungszulage, da der Gesamtbetrag der Leistungszulage auch immerhin 84% des jeweiligen Anfangsgrundgehaltes betragen kann, vgl. §§ 42a Abs. 2 S. 4 BBesG; 4 LPZV; 4 BayLPZV.

dern auch danach entscheiden, bei welchem Beamten sich eine Leistungsstufe am längsten finanziell auswirkt. Da bei dem vorgeschlagenen Vergabesystem diese Gefahr nicht mehr gegeben ist, sollten den Entscheidungsberechtigten die benötigten Daten nach dem bayerischen Vorbild zur Verfügung gestellt werden.

Zusätzlich sollte das Verfahren in der Weise gestaltet werden, daß der Vergabeberechtigte bei den aufgrund ihrer Beurteilungsnote in Frage kommenden Beamten eine gewisse Zeit vor dem Zeitpunkt der frühestmöglichen Vergabe der Leistungsstufe überprüft, ob ihre derzeitige Leistung (noch) die Gewährung der Leistungsstufe rechtfertigt. Ist dies der Fall, hat er dem betreffenden Beamten und der Besoldungsstelle die Verleihung der Leistungsstufe durch Bescheid mitzuteilen. Anderenfalls muß er eine aktuelle Leistungseinschätzung erstellen, die den Leistungsabfall dokumentiert und die Nichtgewährung der Leistungsstufe ausspricht. Auch diese ist selbstverständlich dem Beamten zur Kenntnis zu bringen. Eine derartige Ausgestaltung des Vergabeverfahrens reduziert den durch Leistungsstufen verursachten zusätzlichen Aufwand auf ein Minimum.

4.1.6. Dauer der Leistungsstufe und Neugestaltung der Grundgehaltsstufen

Bei der maximal möglichen Dauer von Leistungsstufen fällt auf, daß sich diese zwischen einem und zwei Jahren bewegt. Da keine Gründe dafür ersichtlich sind, warum sich bei einem jungen Beamten die Leistungsstufe nur für ein Jahr auswirken kann, während sein älterer Kollege zwei Jahre lang mehr Geld erhalten kann, sollte hier ein einheitlicher Zeitraum gewählt werden. Will man das bisherige Leistungsstufensystem in der Weise beibehalten, daß eine Leistungsstufe erst nach der Hälfte der Zeit bis zum Erreichen der nächsten Grundgehaltsstufe vergeben werden kann, und zusätzlich gewährleisten, daß wirklich jedem Beamten aufgrund seiner Beurteilungsnote eine Leistungsstufe verliehen werden kann, die sich für den maximal möglichen Zeitraum auswirkt, so muß bei dem vorgeschlagenen Beurteilungszeitraum von drei Jahren § 27 Abs. 2 BBesG dahingehend geändert werden, daß die nächste Grundgehaltsstufe immer nach drei Jahren erreicht wird. Dadurch kann sich bei jedem Beamten, egal in welcher Stufe er sich befindet, die Leistungsstufe für einen Zeitraum von eineinhalb Jahren finanziell auswirken. Die Summe der in dieser Zeit zusätzlich gewährten Bezüge erscheint ausreichend, um einen Großteil der Beamten zu höherer Leistung zu motivieren. Zusätzliche Belastungen der Haushalte aufgrund dieser Vereinheitlichung des Stufenabstands sind nicht zu erwarten, sofern zusätzlich die Stufenanzahl und die Steigerungsbeträge in der Weise modifiziert werden, daß das Endgrundgehalt in jeder Besoldungsgruppe mit (etwa) dem gleichen Dienstalter erreicht wird wie bisher. Dadurch, daß eine Leistungsstufe bei jedem Beamten zu einer gleich langen Bezahlungsverbesserung führt, wird vermieden, daß die Entscheidungsberechtigten in Versuchung geführt werden, Leistungsstufen lieber an ältere Beamte in höheren Besoldungsgruppen zu vergeben, weil sie sich bei diesen Beamten für einen längeren Zeitraum als bei jungen Beamten auswirken[382], und durch dieses Vorgehen gegen §§ 4 Abs. 2 S. 2 LStuV; 2 Abs. 2 S. 6 BayLStuV verstoßen, wonach bei der Vergabe alle Laufbahngruppen berücksichtigt werden sollen.

4.1.7. Unwiderruflichkeit

Der Bund hat in seiner Leistungsstufenverordnung nicht geregelt, ob die gewährte Leistungsstufe bei einem Leistungsabfall widerrufen werden kann[383]. Nach *Bönders* kommt grundsätzlich ein Widerruf nach §§ 49 Abs. 2 S. 1 Nr. 1 i. V. m. 36 Abs. 2 Nr. 3 VwVfG oder nach § 49 Abs. 2 S. 1 Nr. 3 VwVfG in Betracht[384] [385]. Auf den ersten Blick muß man *Bönders* zustimmen. Insbesondere scheint ein Widerrufsvorbehalt zulässig zu sein, da es sich bei der Gewährung einer Leistungsstufe im Bereich des Bundes um eine Ermessensentscheidung handelt[386], und Ermessensverwaltungsakte grundsätzlich mit einem Widerrufsvorbehalt erlassen werden dürfen[387]. Betrachtet man jedoch die Umstände des Zustandekommens des § 27 Abs. 3 BBesG, so scheidet die Möglichkeit des Widerrufs einer Leistungsstufe aus. Die Bundesre-

---

[382] Erst ab der Besoldungsgruppe A7 kann die Gewährung einer Leistungsstufe zu einer zweijährigen Bezahlungsverbesserung führen, vgl. Tabelle in Anlage IV zum BBesG (Bundesbesoldungsordnung A), BGBl. I, 1999, 2207 ff. (2208).

[383] In Bayern hingegen wird die Widerruflichkeit explizit ausgeschlossen, vgl. § 3 Abs. 3 S. 1 BayLStuV.

[384] *Bönders*, ZBR 1999, S. 15 f.

[385] Die Gewährung einer Leistungsstufe ist unzweifelhaft ein VA, da dadurch die persönliche Rechtsstellung des Beamten verändert wird, und der Beamte hier seinem Dienstherrn nicht ausschließlich in seiner Funktion als Amtswalter und Glied der Verwaltung gegenübertritt, vgl. z. B. Kopp/Ramsauer, Verwaltungsverfahrensgesetz, § 35, Rn. 83; *P. Stelkens/U. Stelkens*, in: Stelkens/Bonk/Sachs, Verwaltungsverfahrensgesetz, § 35, Rn. 124; *Henneke*, in: Knack, Verwaltungsverfahrensgesetz, § 35, Rn. 37; BVerwG (Urteil des 2. Senats vom 22. Mai 1980), BVerwGE 60, S. 144 ff. (146); BVerwG (Urteil vom 09.06.1983), DVBl. 1983, S. 1110 ff. (1110 f.); BVerwG (Urteil des 6. Senats vom 15. Februar 1989), BVerwGE 81, S. 258 ff. (260). Soweit ersichtlich, gehen alle Autoren, die sich mit der Thematik Leistungsstufen beschäftigen, ohne nähere Begründung von der VA-Qualität der Gewährung einer Leistungsstufe aus.

[386] § 2 Abs. 3 S. 4 LStuV schließt auch bei dauerhaft herausragenden Gesamtleistungen einen Anspruch auf die Gewährung einer Leistungsstufe aus.

[387] *Stelkens*, in: Stelkens/Bonk/Sachs, Verwaltungsverfahrensgesetz, § 36, Rn. 60 und 74; Kopp/Ramsauer, Verwaltungsverfahrensgesetz, § 36, Rn. 47; VGH München (Urteil vom 27.12.1985), NJW 1986, S. 1564 ff. (1565 f.).

gierung spricht in ihrer Begründung zum Gesetzentwurf des DRRG aus, daß die vorzeitige Erhöhung des Grundgehalts (Leistungsstufe) nicht widerrufbar ist[388]. Es ist davon auszugehen, daß der Bundestag aufgrund der vorliegenden Begründung beim Erlaß des DRRG von der Unwiderruflichkeit einer Leistungsstufe ausging, auch wenn dies nicht ausdrücklich in § 27 Abs. 3 BBesG erwähnt wird. Für diese Auslegung spricht auch der Vergleich mit § 42a Abs. 2 S. 3 BBesG. Dort wird für den Bereich der Leistungszulage, die ja genau wie die Leistungsstufe für eine bestimmte Zeit zu einer Erhöhung der Besoldung führt, explizit normiert, daß diese im Fall eines Leistungsabfalls zu widerrufen ist. Da diese Verpflichtung nicht entsprechend in § 27 Abs. 3 BBesG zum Ausdruck kommt, ist von der Unwiderruflichkeit einer Leistungsstufe auszugehen[389].

Es stellt sich jedoch die Frage, ob es nicht sinnvoll wäre, durch eine entsprechende gesetzliche Normierung die Möglichkeit des Widerrufs einer Leistungsstufe mit Wirkung für die Zukunft zu eröffnen, wenn der jeweilige Beamte nach Gewährung einen extremen Leistungsabfall zeigt. Sucht man zunächst nach Gründen, die für die Unwiderruflichkeit sprechen, so läßt sich hier anführen, daß dadurch die Vorgesetzten entlastet werden, weil sie nicht ständig kontrollieren müssen, ob nicht eine Leistungsstufe wegen eines Leistungsabfalls widerrufen werden muß. Andererseits gilt es zu bedenken, daß es ja gerade zum Aufgabenbereich der Vorgesetzten gehört, eine besonders gute und hohe Leistung ihrer Mitarbeiter sicher zu stellen. Gegen die Unwiderruflichkeit spricht, daß dadurch die Glaubwürdigkeit des neuen Besoldungsinstruments leiden kann. Es ist davon auszugehen, daß der Empfänger einer Leistungsstufe von seinen Kollegen besonders genau dahingehend beobachtet wird, ob er wirklich eine Leistung erbringt, die deutlich über ihrer eigenen liegt und eine Leistungsstufe rechtfertigt. Wird die Leistungsstufe bei einem Leistungsabfall nicht widerrufen, wird es für die nicht bedachten Beamten noch schwerer zu akzeptieren sein, daß die Auswahl wirklich nach Leistungsgesichtspunkten getroffen wurde, als dies wegen der immer gegebenen subjektiven Betrachtung der eigenen und fremden Leistung sowieso schon der Fall ist.

---

[388] BT-Drs. 13/3993, S. 40.

[389] Ebenso, aber ohne Begründung, *Schnellenbach*, Beamtenrecht in der Praxis, Rn. 552. *Sander*, in: Schwegmann/Summer, Bundesbesoldungsgesetz, § 27, Rn. 10, begründet die Unwiderrufbarkeit mit dem Regelungszweck der Vorschrift. Daß eine Leistungsstufe unbedingt unwiderruflich sein muß, um ihren Zweck zu erfüllen, erscheint nicht zwingend. Es ist im Gegenteil sinnvoller, wenn sie widerrufen werden kann, vgl. sogleich.

Man muß sich natürlich vor Augen führen, daß ein Widerruf eher die Ausnahme darstellen wird, weil zu vermuten ist, daß die begünstigten Beamten sich auch weiterhin anstrengen, um auch zum nächst möglichen Zeitpunkt wieder eine Leistungsstufe zu erhalten. Da es jedoch auch denkbar ist, daß die Leistung eines Beamten aufgrund von ihm nicht zu vertretenden Gründen absinkt, sollte um der Glaubwürdigkeit des Leistungsstufensystems willen die Möglichkeit des Widerrufs mit Wirkung für die Zukunft eröffnet werden[390].

4.1.8. Die Endgrundgehaltsproblematik

Ein Problem des neu geschaffenen Leistungsstufensystems ist, daß Beamte, die bereits das Endgrundgehalt ihrer Besoldungsgruppe erreicht haben, keine Leistungsstufe mehr erhalten können. Dies führt dazu, daß ein großer Teil der Beamten gar nicht mehr in den Genuß einer Leistungsstufe kommen kann, weil je nach Besoldungsgruppe das Endgrundgehalt zwischen der Vollendung des 35. und 53. Lebensjahres erreicht wird[391]. Besonders bedauernswert ist diese Tatsache vor allem deshalb, weil gerade bei älteren Beamten die motivierende Wirkung von Leistungsstufen in vielen Fällen besonders notwendig und effektiv sein dürfte. Bei diesem Beamten ist nämlich die Gefahr besonders groß, daß sie mangels weiterer Beförderungsmöglichkeiten keinen Sinn in einem übermäßigen Arbeitsengagement mehr sehen. Gelingt es, diese Beamten mit Hilfe von Leistungsstufen zu höherer Leistung zu motivieren, dürfte der zu erwartende Nutzen besonders groß sein, weil diese Beamten regelmäßig über die größte Erfahrung verfügen, was eine hohe Qualität der erbrachten Arbeitsergebnisse erwarten läßt.

Um also auch diejenigen Beamten zu einer Leistungssteigerung zu motivieren, die bereits das Endgrundgehalt erreicht haben, sollte eine weitere fiktive Grundgehaltsstufe eingeführt werden, die nur als Leistungsstufe gewährt werden kann. Der Erhöhungsbetrag könnte zum Beispiel dem Unterschiedsbetrag zwischen der letzten und

---

[390] Ein besonderes Problem stellt hier eine Beförderung während der Dauer einer Leistungsstufe dar, weil hier häufig ein durch die neue Tätigkeit hervorgerufener Leistungsabfall zu verzeichnen sein wird. Grundsätzlich sollte wie bisher kein Widerruf der Leistungsstufe erfolgen (vgl. auch Anm. 2.3.3. der Durchführungshinweise zur BayLStuV, wo dies explizit geregelt ist), weil sonst die Anreizwirkung von Beförderungen sinkt, wenn Leistungsstufen regelmäßig nach Beförderungen widerrufen werden. In den Durchführungshinweisen sollte deshalb geregelt werden, daß in diesem Fall ein Widerruf nur dann erfolgen soll, wenn das bisherige hohe Leistungsniveau auch nach einer ausreichenden Einarbeitungszeit in dem neuen Amt nicht mehr erreicht wird.

[391] Vgl. Tabelle bei *Sander*, in: Schwegmann/Summer, Bundesbesoldungsgesetz, § 27, Rn. 1.

vorletzten Stufe entsprechen. Um unnötige Unterschiede zu vermeiden, sollte die zusätzliche Leistungsstufe weitgehend der normalen Leistungsstufe angepaßt werden. Dies würde insbesondere bedeuten, daß sich die zusätzliche Leistungsstufe ebenfalls für die Dauer von eineinhalb Jahren finanziell auswirken kann, sofern man der vorgeschlagenen Änderung des Grundgehaltsstufensystems folgt. Zusätzlich sollte sie erst ab dem Zeitpunkt gewährt werden können, ab welchem sie gewährt werden könnte, wenn der jeweilige Beamte fiktiv alle drei Jahre in weitere Grundgehaltsstufen aufgestiegen wäre. Es erscheint nämlich nicht vertretbar, daß derjenige Beamte, der bereits das Endgrundgehalt erreicht hat, die Leistungsstufe direkt nach der entsprechenden Beurteilung erhält, während sein jüngerer Kollege erst die Hälfte der Zeit bis zum Erreichen der nächsten Grundgehaltsstufe zurücklegen muß. Diese Regelung besitzt den positiven Nebeneffekt, daß sich auch dieser Beamte bis zum tatsächlichen Erhalt der Leistungsstufe besonders anstrengen wird[392]. Man muß sich natürlich im klaren sein, daß durch diese Ausgestaltung der Vergabebedingungen gegen die Intention der Bundesregierung verstoßen wird, erheblich über dem Durchschnitt liegende Leistungen einzelner Beamter zeitnah zu honorieren[393]. Es wurde jedoch in Kapitel III.6.1.2. bereits dargestellt, daß sich dies dann nicht negativ auswirken wird, wenn eine bestimmte Beurteilungsnote sicher zum Erhalt einer Leistungsstufe führt, sofern kein zwischenzeitlicher Leistungsabfall eingetreten ist. Der entscheidende Unterschied zur normalen Leistungsstufe wäre, daß sich nach Ende dieser zusätzlichen Leistungsstufe die Besoldung wieder auf die normale Höhe des Endgrundgehalts verringern würde[394].

Abschließend muß noch auf zwei Probleme eingegangen, die die Ausweitung der Vergabe von Leistungsstufen auf Beamte, die bereits das Endgrundgehalt ihrer Besoldungsgruppe erreicht haben, mit sich bringen würde: Zum einen würden sich die Personalkosten erhöhen, wenn man die angesprochene Vergabequote beibehalten möchte[395]. Zum anderen müßten bei der vorgeschlagenen Kopplung der Vergabe von

---

[392] Würde man zusätzlich die Widerruflichkeit von Leistungsstufen normieren, so wäre dies natürlich auch nach Gewährung einer Leistungsstufe zu erwarten.

[393] BT-Drs. 13/3994, S. 40.

[394] Diese Tatsache begegnet jedoch keinen verfassungsrechtlichen Bedenken, da die aufgrund einer Leistungsstufe zusätzlich erhaltenen Bezüge nach der Begründung der Bundesregierung zum DRRG gerade keinen alimentativen Charakter haben, vgl. BT-Drs. 13/3994, S. 40. Um allerdings zu vermeiden, daß sich die nur für einen gewissen Zeitraum gezeigte überdurchschnittliche Leistung dauerhaft auf die Besoldung auswirkt, darf diese fiktive Grundgehaltsstufe (Leistungsstufe) bei der Berechnung des Ruhestandsgehalts nicht berücksichtigt werden.

[395] Eine entsprechende Absenkung der Quote ist nicht empfehlenswert, vgl. Kapitel III.4.1.1.

Leistungsstufen an die dienstliche Beurteilung alle Beamte bis zu ihrer Versetzung in den Ruhestand Regelbeurteilungen erhalten, was einen höheren Aufwand für die Vorgesetzten bedeuten würde[396]. Es ist jedoch zu erwarten, daß sich sowohl die höheren Personalkosten als auch der höhere Beurteilungsaufwand rentieren werden, weil bei vielen Beamten in der Endgrundgehaltsstufe hohe unausgeschöpfte Leistungsreserven zu vermuten sind, die mit Hilfe dieser zusätzlichen Leistungsstufen nutzbar gemacht werden können.

4.1.9. Vergabe von Leistungsstufen nur bei ausreichenden Haushaltsmitteln

Im Bereich des Bundes steht die Vergabe von Leistungsstufen unter der Voraussetzung, daß entsprechende Haushaltsmittel zur Verfügung stehen[397]. Diese Regelung kann dazu führen, daß das Besoldungsinstrument Leistungsstufe nicht mehr geeignet ist, einen Großteil der Beamten zu höherer Leistung zu motivieren, sofern die praktische Erfahrung zeigt, daß in manchen Jahren Leistungsstufen wegen fehlender Haushaltsmittel nicht vergeben werden können. Das erweiterte Motivationsmodell von *Heckhausen* hat hinreichend deutlich gemacht, daß der Erfolg von Leistungsstufen maßgeblich davon abhängt, daß die Beamten der Meinung sind, daß eine entsprechend Arbeitsleistung mit hoher Wahrscheinlichkeit die Verleihung einer Leistungsstufe nach sich zieht. Wird die Gewährung einer Leistungsstufe von den haushaltsrechtlichen Möglichkeiten abhängig gemacht, ist zu befürchten, daß viele Beamte keine höheren beruflichen Anstrengungen unternehmen, weil sie den Erhalt einer Leistungsstufe als zu unsicher ansehen. Aus diesem Grund ist die Regelung des § 4 Abs. 5 LStuV höchst bedenklich, da sie dazu führen kann, daß die mit der Einführung von Leistungsstufen verbundene Intention, dadurch einen Leistungsanreiz zu schaffen[398], nicht erreicht wird.

Es muß weiterhin auf eine allgemeine Gefahr von Verwaltungsreformen hingewiesen werden, die gerade auch im Fall der Einführung von leistungsbezogenen Bezahlungselementen zu einer Verletzung der Verfassung führen kann: Verwaltungsreformer neigen dazu, die bei jeder Reform beabsichtigte Effizienzsteigerung als bereits

---

[396] Bisher wurden im Bereich des BMI und des Freistaates Bayern diejenigen Beamten, die mindestens das 55. Lebensjahr vollendet haben, nur noch auf Wunsch in die Regelbeurteilung einbezogen, vgl. § 40 Abs. 2 BLV, Anm. 3.1.2. der Beurteilungsrichtlinien des BMI; § 49 Abs. 3 LbV, Anm. 8 der materiellen Beurteilungsrichtlinien.

[397] Vgl. § 4 Abs. 5 LStuV und die Durchführungshinweise hierzu.

[398] BT-Drs. 13/3994, S. 29 f. und 40.

mit Erlaß der entsprechenden Gesetze eingetreten zu behandeln[399]. Auch die Bundesregierung scheint davon auszugehen, daß die Einführung von Leistungsstufen umgehend zu einer Leistungssteigerung führt, weil die durch Leistungsstufen verursachten Mehrkosten für Personal durch die Nichtwiederbesetzung von frei gewordenen Planstellen ausgeglichen werden sollen[400].

Der Abbau von Planstellen ohne gleichzeitige Reduktion der öffentlichen Aufgaben führt dazu, daß das gleich gebliebene Arbeitspensum auf weniger Beamte als bisher verteilt werden muß. Grundsätzlich ist gegen eine derartige Erhöhung der Arbeitsmenge nichts einzuwenden, weil sie die Findigkeit zur Beschreitung neuer Wege erhöht[401]. Es wird allerdings immer Beamte geben, die zu einer derartigen Leistungssteigerung nicht in der Lage sind. In diesem Fall verstößt der Dienstherr gegen seine sich aus Art. 33 Abs. 4 und 5 GG ergebende beamtenrechtliche Fürsorgepflicht[402]. Zusätzlich liegt eine Verletzung des Rechts- und Sozialstaatsprinzips vor, weil der Dienstherr wissentlich in Kauf nimmt, daß Staatsaufgaben nicht mehr „ganz, hier und jetzt" erledigt werden[403]. Schließlich findet ein Demokratieverlust statt, wenn der Wille des Parlaments in Gesetzesform nicht (vollständig) von der Exekutive erfüllt wird[404]. Zusätzlich zu diesen möglichen Verfassungsverstößen dürfte eine Erhöhung der Arbeitsmenge die Zahl der Frühinvaliditätsfälle in die Höhe treiben, da nicht alle Menschen diesem Leistungsdruck in gleicher Weise gewachsen sind[405].

Abschließend läßt sich jedenfalls feststellen, daß die jeweiligen Dienstherrn erst dann weitere Stellenstreichungen vornehmen sollten, wenn wirklich feststeht, daß Leistungsstufen zu Leistungssteigerungen führen, und welche Beamte zu dieser Leistungssteigerung in der Lage sind, da sonst die Gefahr besteht, daß sie gegen Prinzipien des Grundgesetzes verstoßen.

---

[399] *Leisner*, ZBR 1998, S. 79 f.
[400] BT-Drs. 13/3994, S. 53.
[401] *Summer*, ZBR 1995, S. 136.
[402] *Leisner*, ZBR 1998, S. 81 f.
[403] *Leisner*, ZBR 1998, S. 83 f.; er weist an dieser Stelle ebenfalls darauf hin, daß im Fall lebenswichtiger Leistungsaufgaben bereits die Verzögerung in der Regel mit einer Versagung der Leistung gleichzusetzen ist.
[404] *Leisner*, ZBR 1998, S. 84.
[405] *Summer*, ZBR 1995, S. 136.

4.1.10. Veröffentlichung der Namen der Stufenempfänger

Nach der gegenwärtigen Rechtslage ist nicht vorgesehen, daß die Namen der Stufenempfänger veröffentlicht werden. Es stellt sich die Frage, ob eine diesbezügliche Regelung sinnvoll und ohne weitere Voraussetzungen möglich ist. Ungeachtet der Tatsache, daß sowieso im Regelfall von einem Bekanntwerden auszugehen ist, sollte eine entsprechende Regelung in die Leistungsstufenverordnungen aufgenommen werden. Ansonsten könnte leicht der Anschein entstehen, daß man die Namen deshalb nicht veröffentlichen will, weil man befürchtet, daß Leistungsstufen doch nicht in nachvollziehbarer Weise nach Leistungsgesichtspunkten vergeben werden. Da die Gewährung einer Leistungsstufe sowohl im Bereich des Bundes als auch des Freistaates Bayern eine gewisse Nähe zur dienstlichen Beurteilung aufweist, weil die erforderliche aktuelle Leistungseinschätzung grundsätzlich nach den gleichen Kriterien vorgenommen wird wie eine Leistungsbeurteilung[406], beziehungsweise weil für die Feststellung einer herausragenden Leistung das Gesamturteil der dienstlichen Beurteilung beziehungsweise einer in gleicher Weise zu erstellenden aktuellen Leistungseinschätzung maßgeblich ist[407], erscheint es vertretbar, die namentliche Veröffentlichung von der Zustimmung des Begünstigten abhängig zu machen[408].

4.1.11. Rechtsschutzmöglichkeiten für übergangene Beamte

Wirft man nun die Frage nach Rechtsschutzmöglichkeiten für Beamte auf, die der Ansicht sind, daß ihnen aufgrund ihrer erbrachten Leistung eigentlich eine Leistungsstufe hätte zuerkannt werden müssen, so muß sich die Darstellung leider auf Grundsätzliches beschränken, weil bisher keine entsprechenden Gerichtsentscheidungen existieren, und sich auch das Schrifttum bei der Auseinandersetzung mit dieser Thematik sehr bedeckt gehalten hat.

Grundsätzlich kann jeder Beamte die Gewährung einer Leistungsstufe beantragen[409]. Gegen eine ablehnende Entscheidung ist nach § 126 Abs. 1 BRRG der Verwaltungsrechtsweg eröffnet. Nach § 126 Abs. 3 BRRG ist vor Erhebung einer Klage die Durchführung einer Vorverfahrens nach § 68 ff. VwGO erforderlich. Da es sich bei der Gewährung einer Leistungsstufe um einen Verwaltungsakt handelt[410], ist eine

---

[406] Gilt für den Bereich des Bundes, vgl. Abschnitt III.4.1.2.
[407] Vgl. § 4 BayLStuV.
[408] *Bönders*, ZBR 1999, S. 19.
[409] *Sander*, in: Schwegmann/Summer, Bundesbesoldungsgesetz, § 27, Rn. 6.
[410] Vgl. Kapitel III.4.1.7.

Verpflichtungsklage die richtige Klageart. Eine Verpflichtungsklage nach § 113 Abs. 5 S. 1 VwGO wird in der Regel selbst bei einer rechtswidrigen Ablehnung des Antrags auf Verleihung einer Leistungsstufe eine Klageabweisung im übrigen nach sich ziehen, weil die Gewährung einer Leistungsstufe sowohl im Bereich des Bundes als auch im Bereich des Freistaates Bayern eine Ermessensentscheidung darstellt[411], und bei einem Ermessensspielraum der Verwaltung ein Verpflichtungsurteil nur bei einer Ermessensreduktion auf Null ergehen kann[412]. Da eine derartige Ermessensreduktion in der Regel nicht gegeben sein wird, sollte bei einem Ermessensfehler des Entscheidungsberechtigten nur ein Bescheidungsurteil nach § 113 Abs. 5 S. 2 VwGO beantragt werden[413], um das Risiko zu vermeiden, trotz „eines Sieges" einen Teil der Prozeßkosten tragen zu müssen.

Eine erhobene Bescheidungsklage erledigt sich, wenn der Beamte nach der Grundregel des § 27 Abs. 2 BBesG in die nächste Grundgehaltsstufe aufgestiegen ist. Eine Schadensersatzklage nach Art. 34 GG i. V. m. § 839 BGB, daß der Beamte so gestellt wird, als ob die Leistungsstufe festgesetzt worden wäre, dürfte keine besonderen Erfolgsaussichten besitzen[414]. Schließlich müßte der Beamte nachweisen, daß es die einzig richtige Entscheidung des Entscheidungsberechtigten gewesen wäre, ihm eine Leistungsstufe zu verleihen. Zusätzlich müßte der Kläger zur Titulierung der Höhe des Schadens beweisen, daß sich bei einer korrekten Ermessensausübung die Leistungsstufe mindestens für einen bestimmten Zeitraum hätte finanziell auswirken müssen[415].

Sander vertritt die Auffassung, daß der nicht berücksichtigte Beamte sogar eine Anfechtungsklage gegen die Vergabe einer Leistungsstufe an einen anderen Beamten erheben kann, wenn eine vermeintliche Beschwer dadurch eingetreten ist, daß der übergangene Beamte die Vergabevoraussetzungen eher erfüllt als der berücksichtigte

---

[411] Nach §§ 2 Abs. 3 S. 4 LStuV; 2 Abs. 2 S. 8 BayLStuV ist z. B. ein Anspruch auf die Festsetzung explizit ausgeschlossen. Auch die Dauer der finanziellen Auswirkung einer Leistungsstufe hängt nach derzeitiger Rechtslage vom Ermessen des entscheidenden Vorgesetzten ab, da gerade nicht geregelt ist, daß eine Leistungsstufe für einen bestimmten Zeitraum zu einer höheren Besoldung führen muß.

[412] Kopp/Schenke, Verwaltungsgerichtsordnung, § 113, Rn. 207; *Schmidt*, in: Eyermann, Verwaltungsgerichtsordnung, § 113, Rn. 41; *Redeker*, in: Redeker/von Oertzen, Verwaltungsgerichtsordnung, § 113, Rn. 40.

[413] *Schnellenbach*, Beamtenrecht in der Praxis, Rn. 595.

[414] *Schnellenbach*, Beamtenrecht in der Praxis, Rn. 598.

[415] Es ist davon auszugehen, daß dieser Ermessensspielraum des Entscheidungsberechtigten unter den von *Schnellenbach* verwendeten Begriff des Ermessens auf der Rechtsfolgenseite zu fassen ist, vgl. *Schnellenbach*, Beamtenrecht in der Praxis, Rn. 595.

Beamte, und die Behörde zur Begründung der Nichtgewährung auf die Ausschöpfung der Zehn-Prozent-Grenze verweist[416]. Betrachtet man jedoch die vergleichbare Situation der bereits erfolgten Ernennung eines Mitbewerbers bei einer Konkurrenz um ein Beförderungsamt, so ist ein derartiges Vorgehen nicht zu empfehlen. Nach Auffassung der Rechtsprechung und auch vieler Literaturstimmen verbleiben dem Bewerber um einen Beförderungsdienstposten nach Ernennung eines Mitbewerbers allenfalls Schadensersatzansprüche, weil die Ernennung des Mitbewerbers nicht mehr rückgängig gemacht werden kann[417]. Dementsprechend ist zu erwarten, daß die Rechtsprechung auch Anfechtungsklagen gegen die Gewährung einer Leistungsstufe an einen Dritten als unzulässig abweist.

Es stellt sich schließlich die Frage, ob dem ermessensfehlerhaft übergangenen Beamten neben einer Bescheidungsklage ein Antrag auf vorläufigen Rechtsschutz zu empfehlen ist. Nach *Schnellenbach* kommt eine Regelungsanordnung nach § 123 Abs. 1 S. 2 VwGO, durch die der Dienstherr vorläufig zur Festsetzung einer Leistungsstufe verpflichtet wird, nicht in Betracht, da dies auf eine Vorwegnahme der Hauptsache und zusätzlich auf eine rechtlich inakzeptable Überschreitung des Entscheidungsrahmens der Hauptsache hinausliefe[418]. Obwohl teilweise vertreten wird, daß nicht nur im Fall einer Ermessensreduktion auf Null, sondern in Ausnahmefällen auch dann eine vorläufige Regelungsanordnung ergehen kann, wenn in der Hauptsache nur ein Anspruch auf eine ermessensfehlerfreie Entscheidung besteht, und nur durch eine derartige Regelungsanordnung ein ausreichender Rechtsschutz gewährleistet ist[419], muß man *Schnellenbach* im Ergebnis zustimmen, da ein genügender Rechtsschutz dadurch sichergestellt ist, daß der antragstellende Beamte nach Erledigung seiner Bescheidungsklage durch das normale Erreichen der nächsten Grundge-

---

[416] *Sander*, in: Schwegmann/Summer, Bundesbesoldungsgesetz, § 27, Rn. 6.

[417] BVerfG (Beschluß der 3. Kammer des 2. Senats vom 19.09.1989), NJW 1990, S. 501 f. (501); BVerwG (Urteil des 2. Senats vom 25. August 1988), BVerwGE 80, S. 127 ff. (127 und 130); BVerwG (Urteil vom 09. März 1989), ZBR 1989, S. 281 ff. (282); OVG Magdeburg (Beschluß vom 30. September 1997), ZBR 2000, S. 62 ff. (63); VGH München (Beschluß vom 11.01.1983), NVwZ 1983, S. 755 ff. (755). Ebenso *Wittkowski*, NJW 1993, S. 817; *Kernbach*, Die Rechtsschutzmöglichkeiten des unterlegenen Konkurrenten im beamtenrechtlichen Ernennungsverfahren, S. 99 ff; *von Oertzen*, in: Redeker/von Oertzen, Verwaltungsgerichtsordnung, § 42, Rn. 119; *Schnellenbach*, Beamtenrecht in der Praxis, Rn. 41. Für die Möglichkeit der Anfechtung der Ernennung durch den übergangenen Bewerber im Rahmen einer sogenannten Konkurrentenklage z. B. *Ronellenfitsch*, VerwArch 1991, S. 140 ff.; *Finkelnburg*, DVBl. 1980, S. 811 f.; *Schmitt-Kammler*, DÖV 1980, S. 290.

[418] *Schnellenbach*, Beamtenrecht in der Praxis, Rn. 602.

[419] *Redeker*, in: Redeker/von Oertzen, Verwaltungsgerichtsordnung, § 123, Rn. 8c; Kopp/Schenke, Verwaltungsgerichtsordnung, § 123, Rn. 12 (m. w. N.); *Happ*, in: Eyermann, Verwaltungsgerichtsordnung, § 123, Rn. 49/66.

haltsstufe eine Schadensersatzklage erheben kann. Zum gleichen Ergebnis gelangt man bei erneuter Betrachtung der vergleichbaren Situation einer Beförderungskonkurrenz. Hier wird die rechtliche Zulässigkeit einer vorläufigen Ernennung des Antragstellers selbst dann abgelehnt, wenn diesem wegen einer Zusicherung oder Ermessensreduktion auf Null ein Anspruch auf Beförderung zusteht[420].

Es bleibt jedoch zu klären, ob zumindest eine Sicherungsanordnung nach § 123 Abs. 1 S. 1 VwGO in Betracht kommt. Für den Fall, daß sich mehrere Beamte um einen Beförderungsdienstposten bewerben, ist anerkannt, daß ein ermessensfehlerhaft übergangener Bewerber einen Antrag auf Erlaß einer Sicherungsanordnung stellen kann, die es dem Dienstherrn vorläufig untersagt, den von ihm ins Auge gefaßten Bewerber zu ernennen, weil ansonsten der vom Antragsteller begehrte Dienstposten nicht mehr zur Verfügung stünde[421]. Da sich bisher weder die Rechtsprechung noch die Literatur mit der Frage auseinandergesetzt haben, ob in vergleichbarer Weise zumindest dann zur Sicherung des Anspruchs auf eine ermessensfehlerfreie Entscheidung über die Gewährung einer Leistungsstufe eine entsprechende Sicherungsanordnung erlassen werden kann, wenn im Bereich eines Entscheidungsberechtigten die jährliche Vergabequote nahezu ausgeschöpft ist, muß die Praxis der Verwaltungsgerichte im Umgang mit derartigen Anträgen abgewartet werden[422].

Insgesamt läßt sich feststellen, daß die Erfolgsaussichten des zu Unrecht von der Vergabe einer Leistungsstufe ausgeschlossenen Beamten, durch die Inanspruchnahme von Rechtsschutz doch in den Genuß einer Leistungsstufe zu kommen oder zumindest einen finanziellen Ausgleich für den rechtswidrig nicht gewährten Besoldungszuwachs zu erhalten, eher gering sind. Es steht zu hoffen, daß die Entscheidungsberechtigten durch eine transparente und nachvollziehbare Vergabepraxis dazu beitragen, daß nicht zusätzlich viele Beamte irrtümlich der Meinung sind, auch ihnen sei rechtswidrig die Leistungsstufe vorenthalten worden, weil dies trotz der niedrigen

---

[420] *Finkelnburg/Jank*, Vorläufiger Rechtsschutz, Rn. 1154, begründen dies damit, daß eine vorläufige Beförderung einen Verstoß gegen beamtenrechtliche Grundsätze bedeuten würde.

[421] BVerwG (Beschluß vom 10.11.1993), DVBl. 1994, S. 118 ff. (119); OVG Schleswig (Beschluß vom 15.01.1999), NVwZ-RR 1999, S. 417 ff. (418); *von Golitschek*, ThürVBl. 1996, S. 2.

[422] Nach *Schnellenbach*, Beamtenrecht in der Praxis, Rn. 602, kommt im Bereich von Leistungsprämien und -zulagen der Erlaß einer Sicherungsanordnung ausnahmsweise in Betracht, wenn der Antragsteller neben der annähernden Ausschöpfung der Zehn-Prozent-Quote zusätzlich glaubhaft machen kann, daß die bisherige Vergabepraxis rechtswidrig war und sich zumindest nicht ausschließen läßt, daß der Fehler für seine Benachteiligung kausal war.

Erfolgsaussichten sogar einer tatsächlich rechtswidrigen Nichtgewährung einen erhöhten Arbeitsanfall bei den ohnehin schon überlasteten Verwaltungsgerichten erwarten läßt.

4.1.12. Zusammenfassung

Bei einer zusammenfassenden Bewertung der LStuV und der BayLStuV muß man zu dem Ergebnis kommen, daß das vom Freistaat Bayern gewählte Verfahren für die Vergabe von Leistungsstufen vor allem wegen der Anknüpfung an die dienstliche Beurteilung insgesamt vorzugswürdig ist. Es wurde jedoch dargestellt, daß auch die bayerische Lösung verbesserungsbedürftig ist, um eine größtmögliche Motivationswirkung des neuen Besoldungsinstruments zu erreichen. Hierfür muß auch § 27 Abs. 2 und 3 BBesG entsprechend überarbeitet werden.

4.2. Verbleiben in der bisherigen Grundgehaltsstufe

Nunmehr sollen auch für die Hemmung des Stufenaufstiegs Einzelheiten der gesetzlichen Regelung in § 27 Abs. 3 BBesG und der Leistungsstufenverordnungen des Bundes und des Freistaates Bayern bewertet werden.

4.2.1. Unverschuldete Minderleistung

Problematisch an dem neuen Personalführungsinstrument Aufstiegshemmung ist, daß nach der derzeitigen Regelung die Minderleistung nicht vorwerfbar sein muß. Der Deutsche Bundestag, die Bundesregierung und die Bayerische Staatsregierung gehen (zumindest mehrheitlich) scheinbar davon aus, daß eine Minderleistung immer auf einer mangelnden Leistungsbereitschaft des jeweiligen Beamten beruht. Dabei lassen sich genügend Gründe denken, die der Beamte nicht zu vertreten hat, wie zum Beispiel gesundheitliche Gründe, Ausbildungsdefizite, mangelnde Einarbeitung am Arbeitsplatz, Kommunikationsprobleme, objektive Überlastung oder mangelhafte Arbeitsmittel[423]. Eine verschuldensunabhängige Aufstiegshemmung ist in zweierlei Hinsicht problematisch: Zum einen führt der Nichtaufstieg in die nächste Grundgehaltsstufe faktisch zu einem Einkommensverlust, weil der betroffene Beamte dadurch eine geringere Besoldung erhält als er aufgrund seines Dienstalters normalerweise erhalten müßte. Ein solcher Einkommensverlust kann sonst im Beamtenrecht nur im Wege einer disziplinarischen Maßnahme herbeigeführt werden[424]. Zum ande-

---

[423] *Günther*, VR 1997, S. 55.

[424] *Bönders*, ZBR 1999, S. 14; *Günther*, VR 1995, S. 55.

ren kann der Zweck der Aufstiegshemmung, leistungsunwillige Beamte zu einer Leistungssteigerung zu bewegen, gar nicht erreicht werden, wenn der jeweilige Beamte aus von ihm nicht zu vertretenden Gründen zu einer Leistungssteigerung nicht in der Lage ist.

Aus den genannten Gründen sollte normiert werden, daß eine Aufstiegshemmung nur erfolgen kann, wenn dem Beamten die nicht den durchschnittlichen Anforderungen entsprechende Leistung vorwerfbar ist. Natürlich muß man sich darüber im klaren sein, daß die Minderleistung in der Regel verschuldet ist, zumindest wenn die Vorgesetzten der Intention der Bundesregierung entsprechend vor Suspension des Stufenaufstiegs die üblichen Personalführungsinstrumente ergreifen[425]. In diesem Fall dürfte es nahezu nicht vorkommen, daß die Minderleistung auf einem verschuldensunabhängigen Grund beruht, weil ein gewissenhafter Vorgesetzter den betreffenden Mitarbeiter entsprechend umsetzen, auf einen Lehrgang entsenden, ihm einen besser ausgestatteten Arbeitsplatz zur Verfügung stellen oder im Extremfall sogar dessen vorzeitige Versetzung in den Ruhestand veranlassen wird.

4.2.2. Nichtaufstieg als zwingende Folge einer entsprechenden Beurteilung oder separate Entscheidung

Sowohl im Bereich des BMI als auch im Bereich des Freistaates Bayern erfolgt die Feststellung einer Hemmung des Stufenaufstiegs häufig auf der Grundlage der letzten dienstlichen Beurteilung[426]. Während jedoch in Bayern eine entsprechende Beurteilungsnote automatisch zur Feststellung des Nichtaufstiegs führt[427], muß der Entscheidungsberechtigte beim BMI trotz einer entsprechenden Beurteilungsnote noch eine eigenständige Entscheidung treffen[428]. Diese Ausgestaltung des Verfahrens im Bereich des BMI besitzt den großen Nachteil, daß hier leistungsunwillige Beamte eine Hemmung des Stufenaufstiegs noch weniger zu befürchten haben als dies in Bayern sowieso schon der Fall ist[429]. Schließlich wird es bereits im Freistaat Bayern

---

[425] Vgl. Begründung der Bundesregierung zum Entwurf des DRRG, BT-Drs. 13/3994, S. 40.

[426] Oder aber auf der Grundlage einer aktuellen Ergänzung der Beurteilung (§ 3 Abs. 1 S. 3 LStuV) bzw. einer an deren Stelle tretenden aktuellen Leistungseinschätzung (§ 3 Abs. 1 S. 3 BayLStuV), dazu unten.

[427] Nach Anm. 3.1. der Durchführungshinweise zur BayLStuV ist das Verbleiben in der Stufe zwingende Folge einer entsprechenden negativen Beurteilung und wird durch Verwaltungsakt lediglich festgestellt.

[428] In den Durchführungshinweisen zu § 3 LStuV wird ausdrücklich geregelt, daß eine entsprechende Beurteilung nicht automatisch zum Verbleiben in der Stufe führt.

[429] Vgl. Kapitel III.3.3.

den meisten Vorgesetzten sehr schwer fallen, eine sehr schlechte Arbeitsleistung auch wirklich in einer Beurteilung zum Ausdruck zu bringen, da dann eine Beeinträchtigung der (häufig gegebenen) persönlichen Beziehung und der dienstlichen Zusammenarbeit zu befürchten ist. Noch schwieriger wird der Gewissenskonflikt des Vorgesetzten sein, wenn er zusätzlich direkt entscheiden soll, ob der betreffende Mitarbeiter auch finanziell gemaßregelt wird. Welchem Entscheidungsberechtigten kann man es bei dem Verfahren des BMI menschlich verdenken, wenn er von einer Hemmung des Stufenaufstiegs absieht, um das Verhältnis zu dem jeweiligen Beamten nicht völlig zu zerstören? Dieses Verhalten mag durchaus unbewußt sein, weil sich der Vorgesetzte einredet, daß die Arbeitsleistung des Beamten aufgrund des „Denkzettels" nunmehr durchschnittlichen Anforderungen entspricht. Da darüber hinaus auch die Glaubwürdigkeit dieses neuen Besoldungsinstruments leidet, wenn trotz einer entsprechenden Beurteilung und (objektiv) gleichgebliebener Leistung doch keine Hemmung des Stufenaufstiegs verfügt wird, sollte auch im Bereich des BMI zwingend eine Aufstiegshemmung festgestellt werden müssen, wenn eine entsprechende Beurteilung vorliegt[430].

Wirft man schließlich die Frage auf, welche Beurteilungsnote eine Aufstiegshemmung nach sich ziehen sollte, so muß man *Göser/Schlatmann* dahingehend zustimmen, daß es sich im Regelfall um die schlechteste Bewertung des jeweiligen Beurteilungssystems handeln wird[431]. In Bayern ist dementsprechend auch geregelt, daß von einer unzureichenden Leistung nur bei einem Beurteilungsgesamturteil von ein oder zwei Punkten auszugehen ist[432], was auch der schlechtesten (verbalen) Note entspricht[433]. Gleiches muß im Bereich des BMI gelten, weil hier die Definition der schlechtesten Note (ein Punkt – entspricht nicht den Anforderungen)[434] annähernd wortgleich mit der Formulierung des § 27 Abs. 3 S. 3 BBesG (Leistung entspricht nicht den durchschnittlichen Anforderungen) ist[435].

---

[430] Die angesprochenen Probleme sind auch auf bayerischer Ebene dann zu befürchten, wenn die Eröffnung der dienstlichen Beurteilung bezogen auf den Zeitpunkt des bevorstehenden Aufsteigens mehr als zwölf Monate zurückliegt, und deshalb die Leistung in einer aktuellen Leistungseinschätzung erneut darzustellen ist, vgl. § 3 Abs. 1 S. 3 BayLStuV, Anm. 3.1. der Durchführungshinweise zur BayLStuV. Auch hier ist zu erwarten, daß die Vorgesetzten trotz einer weiterhin schlechten Leistung bei der Bewertung derselben Milde walten lassen.

[431] *Göser/Schlatmann*, Leistungsbezahlung in der Besoldung, S. 43.

[432] Anm. 3. der Durchführungshinweise zur BayLStuV.

[433] Vgl. Anm. 3.2.3. der materiellen Beurteilungsrichtlinien.

[434] Vgl. Anm. 5.3. der Beurteilungsrichtlinien des BMI.

[435] *Bönders*, ZBR 1999, S. 15.

4.2.3. Zeitpunkt der Feststellung

In Bayern regelt § 3 Abs. 1 S. 2 BayLStuV, daß die Aufstiegshemmung anläßlich eines bevorstehenden regelmäßigen Aufsteigens in den Stufen festgestellt werden muß. Im Bereich des Bundes hingegen ist ein derartiger Zeitpunkt nicht vorgeschrieben. Der Verzicht auf eine explizite Regelung besitzt den Nachteil, daß sich der Entscheidungsberechtigte möglicherweise aufgrund einer einschneidenden Auseinandersetzung mit dem nicht durchschnittliche Leistung erbringenden Beamten endgültig zu einer Feststellung der Aufstiegshemmung entschlossen hat, dies jedoch ohne Auswirkungen bleibt, weil der betreffende Mitarbeiter erst vor kurzem in eine höhere Grundgehaltsstufe aufgestiegen ist.

Natürlich wird ein gewissenhafter Vorgesetzter bei den aufgrund ihrer Beurteilungsnote grundsätzlich für eine Aufstiegshemmung in Frage kommenden Beamten bei der Besoldungsstelle nachfragen, ob und wann diese in die nächste Grundgehaltsstufe aufsteigen[436], um dann eine gewisse Zeit vor dem normalen Aufsteigen zu entscheiden, ob er den Stufenaufstieg verhindert oder nicht. Andererseits wird es genügend Entscheidungsberechtigte geben, die nicht in dieser Weise vorgehen, sondern rein anlaßbezogen entscheiden (wollen), mit der Folge, daß eine (berechtigte und notwendige) Stufenhemmung nicht mehr verfügt werden kann, weil der das Faß zum Überlaufen bringende Tropfen erst kurz nach dem normalen Stufenaufstieg fällt[437].

Um dies zu vermeiden, sollte auch in der Leistungsstufenverordnung des Bundes geregelt werden, daß bei den aufgrund ihrer Beurteilungsnote in Betracht kommenden Beamten eine Entscheidung über den Nichtaufstieg zwingend anläßlich eines bevorstehenden Aufsteigens zu erfolgen hat. Zusätzlich sollten alle Entscheidungsberechtigten Personallisten nach dem bayerischen Vorbild erhalten, aus denen sie den Zeitpunkt des normalen Stufenaufstiegs ihrer Mitarbeiter ablesen können[438], damit

---

[436] Es ist davon auszugehen, daß ein derartiges Auskunftsersuchen nicht nur für die Gewährung einer Leistungsstufe möglich ist, vgl. *Göser/Schlatmann*, Leistungsbezahlung in der Besoldung, S. 130, sondern auch für den umgekehrten Fall der Aufstiegshemmung.

[437] Da den gefährdeten Mitarbeitern ein derartiges Vorgehen ihres Vorgesetzten bekannt sein dürfte, werden sie vor einem in absehbarer Zeit bevorstehenden Stufenaufstieg größeren Konfrontationen aus dem Weg gehen bzw. ihre beruflichen Anstrengungen kurzzeitig erhöhen.

[438] Vgl. Anm. 5.1. der Durchführungshinweise zur BayLStuV.

unnötiger Aufwand vermieden werden kann, der durch ansonsten notwendige Auskunftsersuchen verursacht würde[439].

Auch die Frage, wann im Fall einer Aufstiegshemmung die Feststellung erfolgen kann, daß wieder die für den Stufenaufstieg erforderliche Leistung erbracht wird, wird in der LStuV und BayLStuV unterschiedlich beantwortet. Während im Bereich des Bundes kein Mindestzeitraum bis zur Feststellung der Leistungssteigerung verstreichen muß, wird in Bayern von Amts wegen in jährlichen Abständen geprüft, ob die Leistung inzwischen den Anforderungen genügt[440], ohne daß der Beamte die Möglichkeit besitzt, eine vorzeitige Leistungseinschätzung zu beantragen[441].

Selbst wenn man davon ausgeht, daß die Entscheidungsberechtigten im Bereich des Bundes versuchen, wirklich nur dann eine Leistungssteigerung zu attestieren, wenn die Leistung durchgängig ein höheres Niveau erreicht hat, und nicht nur Leistungsschwankungen zum Positiven ausreichen lassen[442], ist das bayerische System dennoch vorzugswürdig, da dadurch eher die bereits in Kapitel III.6.2.2. angesprochenen, auf Milde oder mangelnder Konfliktbereitschaft beruhenden, menschlichen Unzulänglichkeiten der Vorgesetzten ausgeschlossen werden können. Genau wie bei der Entscheidung, überhaupt eine Aufstiegshemmung zu verfügen, ist auch bei deren Aufhebung zu erwarten, daß die Entscheidungsberechtigten sehr leicht die dafür notwendigen Gründe (er)finden[443]. Deshalb sollte auch in der Leistungsstufenverordnung des Bundes ein gewisser Mindestzeitraum bis zur nächst möglichen Überprüfung der Leistung vorgesehen werden. Ansonsten besteht die Gefahr, daß das Besoldungsinstrument Aufstiegshemmung jegliche abschreckende Wirkung verliert, wenn der jeweilige Beamte (sogar bei gleichbleibend schlechter Leistung) regelmäßig nach kurzer Zeit aufsteigt. Es dürfte allerdings insbesondere unter dem Gesichtspunkt der beamtenrechtlichen Fürsorgepflicht auch ein Zeitraum von sechs Monaten bis zur nächsten Leistungsüberprüfung ausreichend sein, um eine längerfristige Leistungssteigerung feststellen zu können. Auch in diesem Fall erscheinen die zu befürchtenden finanziellen Nachteile ausreichend, um leistungsunwillige Beamte zu einer Lei-

---

[439] Für den Bereich der Leistungsstufen wurde die Zurverfügungstellung von derartigen Listen bereits in Kapitel III.4.1.5. befürwortet.
[440] § 3 Abs. 2 S. 1 BayLStuV.
[441] Anm. 3.2.3. der Durchführungshinweise zur BayLStuV.
[442] *Göser/Schlatmann*, Leistungsbezahlung in der Besoldung, S. 44.
[443] Schließlich werden die betroffenen Mitarbeiter sie bei jedem Zusammentreffen merken lassen, daß sie mit der Aufstiegshemmung in keiner Weise einverstanden sind.

stungssteigerung zu bewegen und andere Beamte von einem Leistungsabfall abzuhalten.

4.2.4. Beamte in der Endgrundgehaltsstufe

Ähnlich wie für Leistungsstufen ergibt sich auch für die Aufstiegshemmung das Problem, daß dieses Personalführungsinstrument Beamte nicht mehr betreffen kann, die bereits das Endgrundgehalt ihrer Besoldungsgruppe erreicht haben[444]. Es ist zu erwarten, daß Beamte, die bis zum Erreichen der letzten Stufe wegen der gegebenen Möglichkeit einer Aufstiegshemmung eine gerade noch akzeptable Leistung erbracht haben, ihre beruflichen Anstrengungen weiter drosseln, weil sie eine leistungsbedingte Beförderung und auf der anderen Seite ein Disziplinarverfahren für sehr unwahrscheinlich halten. Da das Endgrundgehalt relativ frühzeitig im Berufsleben erreicht wird[445], muß hier eine Lösung gefunden werden, um dem angesprochenen Leistungsabfall entgegen zu wirken.

Summer schlägt für alle Beamten statt der Aufstiegshemmung einen prozentualen Abschlag wegen Minderleistung vor, um insbesondere auch Beamte mit festen Gehältern für eine dauerhaft nicht den durchschnittlichen Anforderungen entsprechende Arbeitsleistung maßregeln zu können[446]. Nach seiner Auffassung begegnet eine derartige Gehaltskürzung keinen verfassungsrechtlichen Bedenken[447].

Da jedoch bereits erörtert wurde, daß eine leistungsabhängige Bezahlung auch für Beamte der Besoldungsordnung B unter dem Gesichtspunkt des Rechts- und Sozialstaatsprinzips verfassungsrechtlichen Bedenken begegnet[448], und eine derartige generelle Änderung des § 27 Abs. 3 BBesG und der Leistungsstufenverordnungen nicht notwendig erscheint, sollte besser für Beamte in der letzten Besoldungsstufe die Möglichkeit eines Stufenabstiegs in die vorletzte Stufe eröffnet werden, wenn sie dauerhaft eine unterdurchschnittliche Leistung erbringen. Im Sinne von *Summer* kann man davon ausgehen, daß auch diese Form einer Gehaltskürzung verfassungsgemäß ist, zumindest wenn bei einer Versetzung in den Ruhestand während der Dauer einer „Minderleistungsstufe“ das Ruhegehalt auf der Grundlage des normalen

---

[444] Vgl. Abschnitt III.4.1.8.
[445] Vgl. Tabelle bei *Sander*, in: Schwegmann/Summer, Bundesbesoldungsgesetz, § 27, Rn. 1.
[446] *Millack/Summer*, ZBR 1978, S. 151.
[447] *Summer*, ZBR 1995, S. 136.
[448] Vgl. Abschnitt III.2.2.4.

Endgrundgehalts berechnet wird, da ansonsten eine Verletzung des Alimentationsprinzips zu befürchten ist, wenn sich die nur für einen gewissen Zeitraum erbrachte Minderleistung dauerhaft auf die Besoldung auswirkt[449].

4.2.5. Zusammenfassung

Auch bei der Ausgestaltung des Systems für eine Hemmung des Stufenaufstiegs hat der bayerische Verordnungsgeber im Verhältnis zur Verordnung des Bundes insgesamt die besseren Regelungen erlassen. Insbesondere dadurch, daß dem Entscheidungsberechtigten nicht die Möglichkeit eröffnet wird, trotz einer entsprechend schlechten Beurteilung doch keine Aufstiegshemmung zu verfügen oder aber die Aufstiegshemmung bereits nach kurzer Zeit wieder aufzuheben, wird die Gefahr minimiert, daß sich aufgrund mangelnder Konsequenz der Entscheidungsberechtigten das Instrument der Aufstiegshemmung letztlich als ungeeignet erweist, um leistungsunwillige Beamte zu höherer Leistung zu motivieren. Problematisch ist jedoch auch in Bayern, daß die unterdurchschnittliche Arbeitsleistung nicht verschuldet sein muß, um eine Hemmung des Stufenaufstiegs bewirken zu können. Der entscheidende Nachteil der Neuregelungen insgesamt ist, daß bei Beamten in der letzten Grundgehaltsstufe eine Minderleistung nicht in vergleichbarer Weise sanktioniert werden kann. Hier ist der Bundesgesetzgeber zu einer entsprechenden Änderung des § 27 Abs. 3 BBesG aufgefordert.

5. Abschließende Bewertung

Abschließend läßt sich feststellen, daß die durch § 27 Abs. 3 BBesG neu eingeführten besoldungsrechtlichen Möglichkeiten der Gewährung von Leistungsstufen und der Feststellung des Nichtaufsteigens in die nächste Grundgehaltsstufe trotz der angesprochenen Nachteile der untersuchten Bestimmungen grundsätzlich geeignet sind, eine Leistungssteigerung der Verwaltung insgesamt zu bewirken. Es muß allerdings erneut darauf hingewiesen werden, daß selbst bei einer Änderung des Systems in der vorgeschlagenen Weise keine dauerhafte Erhöhung der Arbeitsleistung zu erreichen ist, wenn die entscheidungsberechtigten Vorgesetzten nicht in der Lage sind, Leistungsstufen in nachvollziehbarer Weise nur an ihre wirklichen Leistungsträger zu verleihen und Minderleistungen in konsequenter Weise mit einer Aufstiegshemmung zu sanktionieren.

---

[449] Vgl. Kapitel III.2.2.1.

IV. Leistungsprämien und -zulagen

Nach der eingehenden Untersuchung des neuen § 27 Abs. 3 BBesG sollen nun auch die weiteren durch das DRRG neu eingeführten leistungsabhängigen Bezahlungselemente Leistungsprämie und -zulage näher beleuchtet werden. Zum besseren Verständnis sollen auch hier die für diese Arbeit interessanten Regelungen des § 42a BBesG und der Leistungsprämien- und -zulagenverordnungen des Bundes (LPZV)[450] und des Freistaates Bayern (BayLPZV)[451] kurz dargestellt werden, wobei auch hier erforderlichenfalls auf die entsprechenden Durchführungshinweise des BMI[452] und des Bayerischen Staatsministeriums der Finanzen[453] eingegangen werden soll.

1. Überblick über die gesetzlichen Neuerungen

1.1. Die Regelung im Bundesbesoldungsgesetz (§ 42a BBesG)

Die durch das DRRG neu eingeführte Vorschrift des § 42a BBesG eröffnet die Möglichkeit, zur Abgeltung von herausragenden besonderen Leistungen an Beamte (und Soldaten) in Besoldungsgruppen des Besoldungsordnung A Leistungsprämien (Einmalzahlungen) und Leistungszulagen zu gewähren, wobei die Bundesregierung und die Landesregierungen ermächtigt werden, für ihren Bereich entsprechende Rechtsverordnungen zu erlassen[454]. Jeder Dienstherr kann Leistungsprämien und -zulagen an insgesamt maximal zehn Prozent seiner Beamten gewähren, wobei durch Rechtsverordnung zugelassen werden kann, daß ein Dienstherr mit weniger als zehn Beamten eine Vergabemöglichkeit besitzt[455]. Die erneute Gewährung an einen Beamten ist möglich[456]. Die Gewährung einer Leistungszulage ist zu befristen und bei einem Leistungsabfall zu widerrufen[457]. Der Vergabeberechtigte kann die Höhe der Bezahlungselemente in der Weise wählen, daß bei einer Leistungsprämie maximal das Anfangsgrundgehalt der Besoldungsgruppe des Beamten und bei einer Leistungszulage höchstens ein Betrag von monatlich sieben Prozent des entsprechenden Anfangs-

---

450 Verordnung über die Gewährung von Prämien und Zulagen für besondere Leistungen vom 01. Juli 1997, BGBl. I, 1997, 1598 f.

451 Verordnung über die Gewährung von Prämien und Zulagen für herausragende besondere Leistungen vom 15. Dezember 1998, GVBl. 1998, S. 1020 f.

452 Durchführungshinweise des Bundesministeriums des Innern zur Leistungsprämien- und -zulagenverordnung vom 26. September 1997, abgedruckt bei *Göser/Schlatmann*, Leistungsbezahlung in der Besoldung, S. 187 ff.

453 FMBek. betr. Durchführungshinweise zur Bayerischen Leistungsprämien- und -zulagenverordnung vom 22. Juli 1999, FMBl. 1999, S. 298 ff.

454 § 42a Abs. 1 S. 1 BBesG.

455 § 42a Abs. 2 S. 1 BBesG.

456 Vgl. § 42a Abs. 2 S. 2 BBesG.

457 § 42a Abs. 2 S. 3 BBesG.

grundgehalts zusätzlich zur normalen Besoldung gewährt wird[458]. Zuständig für die Entscheidung ist die jeweilige oberste Dienstbehörde oder die von ihr bestimmte Stelle[459]. Leistungsprämien und -zulagen dürfen schließlich nur vergeben werden, wenn im Haushalt entsprechende Mittel ausgewiesen sind[460]. Schließlich sind in den zu erlassenden Verordnungen Anrechnungs- oder Ausschlußvorschriften vorzusehen, wenn andere Zahlungen aus demselben Anlaß geleistet werden[461].

1.2. Die Leistungsprämien- und -zulagenverordnung des Bundes (LPZV)

Die LPZV regelt die Gewährung von Leistungsprämien und -zulagen an Bundesbeamte (und Soldaten)[462] und trifft folgende über § 42a BBesG hinausgehende Regelungen: Für eine herausragende besondere Einzelleistung kann in jedem Kalenderjahr an zehn Prozent der am 01. Januar vorhandenen[463] Beamten eines Dienstherrn eine Leistungsprämie oder -zulage gewährt werden. Eine Einzelleistung kann entweder eine über einen Zeitraum erbrachte Leistung oder ein Einzelarbeitsergebnis sein[464]. Ein Anspruch auf die Gewährung bei Erbringung einer herausragenden besonderen Einzelleistung wird explizit ausgeschlossen[465]. Anstalten, Stiftungen und Körperschaften mit weniger als zehn maßgeblichen Beamten können in jedem Kalenderjahr eine Leistungsprämie oder -zulage gewähren[466]. Für den Fall, daß die besondere Leistung von mehreren Beamten erbracht wurde, kann jedem Beamten eine Leistungsprämie oder -zulage gewährt werden, der an der Leistung wesentlich beteiligt war[467]. Aufgrund dieser Sonderregelung muß der Entscheidungsberechtigte lediglich feststellen, daß die Gruppe eine entsprechende Leistung erbracht hat, und daß der betreffende Beamte hieran wesentlich beteiligt war[468].

Wenn ein bestimmter Sachverhalt bereits durch die Zahlung einer Mehrarbeitsvergütung oder einer Zulage nach § 46 BBesG abgegolten wurde, darf nicht zusätzlich

---

458 Vgl. § 42a Abs. 2 S. 4 BBesG.
459 § 42a Abs. 2 S. 5 BBesG.
460 § 42a Abs. 3 S. 1 BBesG.
461 § 42a Abs. 3 S. 2 BBesG.
462 § 1 LPZV.
463 Zum Begriff des Vorhandenseins wird auf die Ausführungen zur LStuV verwiesen, vgl. Abschnitt III.1.2., wobei hier für die Ermittlung der Quote natürlich auch diejenigen Beamten einbezogen werden, die bereits das Endgrundgehalt erreicht haben.
464 Durchführungshinweise zu § 2 Abs. 1 LPZV.
465 § 2 Abs. 1 S. 2 LPZV.
466 § 2 Abs. 1 S. 3 LPZV.
467 § 2 Abs. 2 LPZV.
468 Vgl. Durchführungshinweise zu § 2 Abs. 2 LPZV.

aufgrund desselben Sachverhalts eine Leistungsprämie oder -zulage gewährt werden[469]. Dies bedeutet allerdings nur, daß nicht zum Beispiel in der Mehrarbeit an sich eine besondere Leistung gesehen werden darf, wenn diese bereits in Form einer Mehrarbeitsvergütung abgegolten wurde. Es ist jedoch nicht ausgeschlossen, daß dem Beamten eine Leistungsprämie oder -zulage gewährt wird, weil er in der zusätzlichen Arbeitszeit beispielsweise einen besonders guten Schriftsatz verfaßt oder ein besonders hohes Arbeitspensum bewältigt hat[470]. Gewisse (früher staatliche) Bereiche, in denen aufgrund von Sonderregelungen vergleichbare Zuwendungen und Zulagen vergeben werden können, werden schließlich von der Möglichkeit der Gewährung von Leistungsprämien und -zulagen ausgenommen[471].

Bei Gewährung einer Leistungsprämie soll der Entscheidungsberechtigte die Höhe entsprechend der erbrachten Leistung bemessen[472], wobei der Höchstbetrag von einem Anfangsgrundgehalt der jeweiligen Besoldungsgruppe nicht den Regelfall darstellen soll[473]. Darüber hinaus soll die Prämie in engem zeitlichen Zusammenhang zu der herausragenden Leistung gezahlt werden[474].

Nach der Intention der Bundesregierung soll die Leistungszulage eine bereits über einen Zeitraum von drei Monaten erbrachte herausragende besondere Einzelleistung honorieren, sofern diese Leistung auch in Zukunft zu erwarten ist[475]. Die Gewährung einer Leistungszulage kommt insbesondere bei zeitlich begrenzten Projekten oder Übernahme der Aufgaben eines Dienstpostens mit höheren Anforderungen in Betracht. Da regelmäßig bei Aufnahme der Tätigkeit nicht beurteilt werden kann, ob eine entsprechende Leistung erbracht wird[476], besteht die Möglichkeit, die Leistungszulage für bis zu drei Monate rückwirkend zu gewähren[477]. Eine Leistungszulage darf für einen zusammenhängenden Zeitraum von maximal einem Jahr gewährt werden, wobei innerhalb dieses Zeitraums Verlängerungen möglich sind[478]. Eine derarti-

---

[469] § 2 Abs. 3 S. 1 LPZV.
[470] Vgl. Durchführungshinweise zu § 2 Abs. 3 LPZV.
[471] § 2 Abs. 3 S. 2 LPZV.
[472] § 3 Abs. 2 S. 2 LPZV.
[473] Durchführungshinweise zu § 3 LPZV.
[474] § 3 Abs. 1 LPZV.
[475] § 4 Abs. 1 S. 1 LPZV.
[476] Durchführungshinweise zu § 4 Abs. 1 LPZV.
[477] § 4 Abs. 1 S. 2 LPZV.
[478] § 4 Abs. 2 S. 3 LPZV. Aus dieser Regelung ergibt sich, daß eine Befristung auf weniger als ein Jahr zu erfolgen hat, wenn das Ende der besonderen Leistung absehbar ist, vgl. auch Durchführungshinweise zu § 4 Abs. 1 LPZV.

ge Verlängerung stellt keine erneute Vergabe dar und ist deshalb für die Zehn-Prozent-Quote des jeweiligen Jahres unbeachtlich[479]. Die erneute Gewährung einer Leistungszulage ist frühestens ein Jahr nach Ende der letzten Gewährung möglich, unabhängig von der Tatsache, für welchen Zeitraum die frühere Leistungszulage gezahlt wurde[480]. Ähnlich wie bei der Leistungsprämie soll der Höchstbetrag von monatlich sieben Prozent des Anfangsgrundgehalts nicht im Regelfall gezahlt werden[481]. Für einen Widerruf der Leistungszulage mit Wirkung für die Zukunft reichen normale Leistungsschwankungen nicht aus, sondern es muß ein deutlicher Leistungsabfall festgestellt werden. Ein Verwendungswechsel führt nur dann zum Widerruf, wenn ein derartiger Leistungsabfall zu verzeichnen ist[482].

Im Bereich des Bundes bestimmt der Leiter der jeweiligen Behörde die Entscheidungsberechtigten, wobei er den Grundsatz der dezentralen Vergabe zu berücksichtigen hat. Der Leiter der jeweiligen obersten Bundesbehörde kann diese Entscheidung an sich ziehen[483]. Der Grundsatz der dezentralen Vergabe verlangt jedoch nicht, daß immer der Leiter der kleinsten Organisationseinheit entscheidet[484]. In jedem Fall sollen vor der Entscheidung die übrigen Vorgesetzten des Beamten gehört werden[485]. Der Entscheidungsberechtigte kann an zehn Prozent der ihm unterstellten Beamten[486] Leistungsprämien oder -zulagen gewähren, wobei er alle Laufbahngruppen berücksichtigen soll[487] und in der jeweiligen Entscheidung darzulegen hat, was er als herausragende besondere Einzelleistung ansieht[488]. Dem Entscheidungsberechtigten wird bei der Bewertung einer Einzelleistung ein weiter Ermessensspielraum eingeräumt[489].

---

[479] Durchführungshinweise zu § 4 Abs. 2 LPZV.
[480] § 4 Abs. 2 S. 4 LPZV, Durchführungshinweise zu § 4 Abs. 2 LPZV.
[481] Durchführungshinweise zu § 4 Abs. 2 LPZV. Nur der Vollständigkeit halber sei darauf hingewiesen, daß die Festsetzung als DM-Betrag und nicht als Prozentsatz zu erfolgen hat.
[482] Durchführungshinweise zu § 4 Abs. 1 LPZV.
[483] § 5 Abs. 1 S. 1 LPZV.
[484] Durchführungshinweise zu § 5 Abs. 1 LPZV.
[485] § 5 Abs. 1 S. 5 LPZV.
[486] Unterstellt in diesem Sinne sind alle Beamte, die im Bereich des jeweiligen Entscheidungsberechtigten tätig sind, also auch die von anderen Behörden abgeordneten Beamten, vgl. auch die entsprechenden Ausführungen zur LStuV (Kapitel III.1.2.).
[487] § 5 Abs. 1 S. 4 LPZV. Obwohl damit nicht zwingend eine anteilige Verteilung auf die Laufbahngruppen vorgeschrieben ist, sollte diese mittelfristig erreicht werden, vgl. Durchführungshinweise zu § 5 Abs. 1 LPZV.
[488] § 5 Abs. 1 S. 2 LPZV.
[489] Durchführungshinweise zu § 5 Abs. 1 LPZV.

Der Leiter der obersten Bundesbehörde kann ein Fünftel der Vergabemöglichkeiten von einem Entscheidungsberechtigten auf einen anderen übertragen[490]. Entsprechendes gilt für die Leiter der übrigen Bundesbehörden, sofern der Leiter der obersten Bundesbehörde nichts anderes bestimmt[491]. Diese Regelung ermöglicht eine höhere Vergabequote in Bereichen, in denen durchgängig eine höhere Leistung gefordert wird[492]. Der Ermächtigungsgrundlage entsprechend spricht die Bundesregierung in der LPZV aus, daß Leistungsprämien und -zulagen nur dann gewährt werden dürfen, wenn dafür entsprechende Haushaltsmittel ausgewiesen sind[493].

1.3. Die bayerische Leistungsprämien- und Leistungszulagenverordnung (BayLPZV)

Auch die Bayerische Staatsregierung ist ihrer Umsetzungspflicht[494] fristgerecht nachgekommen und hat am 15. Dezember 1998 ihre Leistungsprämien- und -zulagenverordnung erlassen[495]. Diese trifft folgende über § 42a BBesG hinausgehende Einzelregelungen für die Vergabe von Leistungsprämien und -zulagen: Die BayLPZV gilt für alle Beamten, die vom Bayerischen Beamtengesetz oder vom Bayerischen Hochschullehrergesetz erfaßt werden und sich in einer Besoldungsgruppe der Besoldungsordnung A befinden[496]. Voraussetzung für die Gewährung einer Leistungsprämie oder -zulage ist die Erbringung einer herausragenden besonderen Leistung[497], wobei sich diese zusätzlichen Bezahlungselemente insbesondere für die Honorierung von kurzfristigen Leistungen quantitativer oder qualitativer Art eignen[498]. Eine herausragende Leistung kann auch darin liegen, daß ein Beamter zu seinen normalen Pflichten zusätzliche Aufgaben übernimmt und trotz der höheren Belastung alles sachgerecht erfüllt[499]. Genau wie im Bereich des Bundes wird ein Anspruch auf die Gewährung ausgeschlossen[500], und dem Entscheidungsberechtigten ein weiter Ermessensspielraum bei der Bewertung einer Leistung als honorierungsfähig eingeräumt[501].

---

[490] § 5 Abs. 2 S. 1 LPZV.
[491] § 5 Abs. 2 S. 2 LPZV.
[492] Durchführungshinweise zu § 5 Abs. 2 LPZV.
[493] § 5 Abs. 4 S. 1 LPZV. Vgl. auch Durchführungshinweise zu § 5 Abs. 2 LPZV.
[494] Vgl. Abschnitt III.1.1.
[495] GVBl. 1998, S. 1020 f.
[496] § 1 S. 1 BayLPZV.
[497] § 2 Abs. 1 S. 1 BayLPZV.
[498] Durchführungshinweise zu § 2 Abs. 1 BayLPZV.
[499] § 2 Abs. 1 S. 2 BayLPZV.
[500] § 2 Abs. 1 S. 3 BayLPZV.
[501] Durchführungshinweise zu § 2 Abs. 1 BayLPZV.

Ähnlich wie im Bereich des Bundes kann in Bayern bei einer von mehreren Beamten gemeinsam erbrachten besonderen Leistung jedem Beamten eine Leistungsprämie oder -zulage gewährt werden, wenn seine wesentliche Beteiligung an der Leistung festgestellt wird[502]. Hier existiert jedoch die Besonderheit, daß die Vergabe an mehrere Beamte nur als eine Gewährung im Sinne der Zehn-Prozent-Grenze gewertet werden kann, wenn nämlich der Gesamtbetrag aller an die Gruppe vergebenen Leistungsprämien oder -zulagen den bei einer einzigen Leistungsprämie oder -zulage möglichen Maximalbetrag nicht übersteigt, wobei für die Ermittlung dieses Betrages die höchste Besoldungsgruppe der an der Leistung wesentlich beteiligten Beamten maßgeblich ist. Wird dieser Betrag überschritten, ist jede Gewährung bei der Vergabequote einzeln zu berücksichtigen[503]. Weiterhin darf entsprechend der bundesrechtlichen Regelung eine Leistungsprämie oder -zulage nicht aufgrund eines Sachverhalts vergeben werden, der bereits in anderer Form finanziell abgegolten wurde[504].

Bezüglich der näheren Ausgestaltung der Leistungsprämie kann grundsätzlich auf die Ausführungen zur Leistungsprämien- und -zulagenverordnung des Bundes verwiesen werden[505]. Auch in Bayern soll die Gewährung zeitnah zu der maßgeblichen Leistung erfolgen[506], wobei angeraten wird, die Leistung eines abgelaufenen Quartals oder Halbjahres auf die Möglichkeit einer Honorierung zu überprüfen. Weiterhin soll der Höchstbetrag von einem Anfangsgrundgehalt der jeweiligen Besoldungsgruppe nicht den Regelfall darstellen[507], und soll die Höhe entsprechend der erbrachten Leistung bemessen werden[508]. Werden innerhalb eines Zeitraums von zwölf Monaten mehrere Prämien gewährt, darf deren Gesamtbetrag die Höhe des Anfangsgrundgehalts nicht übersteigen[509].

Auch bei der Leistungszulage hat der bayerische Verordnungsgeber ähnliche Einzelregelungen wie die Bundesregierung erlassen. So soll die Leistungszulage auch in Bayern eine besondere Leistung honorieren, die bereits über einen Zeitraum von

[502] § 2 Abs. 2 S. 1 BayLPZV.
[503] § 2 Abs. 2 S. 2 und 3 BayLPZV, Durchführungshinweise zu § 2 Abs. 2 BayLPZV.
[504] § 2 Abs. 3 BayLPZV. Vgl. Kapitel IV.1.2.
[505] Vgl. Kapitel IV.1.2.
[506] § 3 Abs. 1 BayLPZV.
[507] Durchführungshinweise zu § 3 BayLPZV.
[508] § 3 Abs. 2 S. 1 BayLPZV.
[509] § 3 Abs. 2 S. 2 BayLPZV.

mindestens drei Monaten erbracht wird[510]. Anders als beim Bund kann sie hier in Ausnahmefällen für bis zu sechs Monate rückwirkend gewährt werden[511], und ist für die Vergabe nicht erforderlich, daß die herausragende Leistung auch in Zukunft zu erwarten ist[512]. Bezüglich der Einzelheiten einer Befristung, einer Verlängerung, einer erneuten Gewährung und der Höhe der Leistungszulage gilt das zur LPZV (des Bundes) Gesagte entsprechend[513]. Die Leistungszulage ist zwingend zu widerrufen, wenn ein Leistungsabfall zu verzeichnen ist[514]. Entsprechendes gilt, wenn die Leistungszulage für die Übernahme zusätzlicher Aufgaben bei insgesamt sachgerechter Arbeitsleistung gewährt wurde[515], und diese Aufgaben auf Dauer nicht mehr wahrgenommen werden[516], sofern nicht an deren Stelle eine andere honorierungsfähige Leistung tritt[517].

Die Gesamtzahl von Leistungszulagen und -prämien darf in einem Kalenderjahr zehn Prozent der am 01. Januar des Jahres vorhandenen Beamten eines Dienstherrn nicht übersteigen, wobei Dienstherrn mit weniger als zehn Beamten eine Vergabemöglichkeit besitzen[518]. Innerhalb der staatlichen Verwaltung sind die Vergabemöglichkeiten nach der Zahl der Beamten auf die jeweiligen Behörden zu verteilen[519]. Dabei sind angeordnete Beamte bei der Beschäftigungsbehörde zu berücksichtigen[520]. Eine über das Ende eines Kalenderjahres hinaus gewährte Leistungszulage zählt im Folgejahr nicht als Vergabe. Nicht genutzte Vergabemöglichkeiten können nicht ins nächste Kalenderjahr übertragen werden[521]. Auch in Bayern dürfen Leistungsprämien und -zulagen erst gewährt werden, wenn dafür entsprechende Haushaltsmittel bewilligt wurden[522].

---

510 § 4 Abs. 1 BayLPZV.
511 § 4 Abs. 2 S. 5 BayLPZV.
512 Beim Bund ist eine derartige positive Prognose Vergabevoraussetzung, vgl. Kapitel IV.2.
513 Vgl. Kapitel IV.1.2.; § 4 Abs. 2 S. 4 und 6, Abs. 3 S. 1 und 2 BayLPZV, Durchführungshinweise zu § 4 BayLPZV.
514 § 4 Abs. 3 S. 4 BayLPZV. Für eine Ermessensentscheidung ist in diesem Fall kein Raum. Genau wie im Bereich des Bundes ist ein deutlicher Leistungsabfall erforderlich. Normale Leistungsschwankungen reichen nicht aus, vgl. Durchführungshinweise zu § 4 BayLPZV.
515 Vgl. § 2 Abs. 1 S. 2 BayLPZV.
516 § 4 Abs. 3 S. 3 BayLPZV.
517 Durchführungshinweise zu § 4 BayLPZV.
518 § 5 S. 1 BayLPZV.
519 § 5 S. 2 BayLPZV.
520 § 5 S. 3 BayLPZV.
521 Durchführungshinweise zu § 5 BayLPZV.
522 § 5 S. 4 BayLPZV.

Zuständig für die Vergabeentscheidung ist grundsätzlich die oberste Dienstbehörde. Diese kann jedoch durch Rechtsverordnung eine andere Stelle bestimmen[523]. Für abgeordnete Beamte ist der Entscheidungsberechtigte der Beschäftigungsdienststelle zuständig[524]. Vor der Gewährung einer Leistungsprämie oder -zulage sollen die Vorgesetzten des Beamten gehört werden[525]. Bei einem beabsichtigten Widerruf einer Leistungszulage hat dies zwingend zu erfolgen. Zusätzlich ist in diesem Fall dem jeweiligen Beamten Gehör zu gewähren[526]. Schließlich muß dem betreffenden Beamten schriftlich mitgeteilt werden, daß eine Leistungsprämie oder -zulage für ihn festgesetzt wurde oder eine Leistungszulage widerrufen wurde. Dabei muß die Leistung oder der Grund des Widerrufs genau dargestellt werden[527].

2. Verfassungsrechtliche Würdigung von Leistungsprämien und -zulagen

Bezüglich der verfassungsrechtlichen Zulässigkeit von Leistungsprämien und -zulagen kann weitestgehend auf die Ausführungen zu den in dieser Hinsicht vergleichbaren Leistungsstufen verwiesen werden[528]. Auf einige Besonderheiten soll jedoch hingewiesen werden:

Ein Verstoß von Leistungsprämien und -zulagen gegen das Alimentationsprinzip scheidet zum einen deshalb aus, weil diese zusätzlichen Bezahlungselemente nach der Begründung der Bundesregierung zum DRRG gerade keinen alimentativen Charakter haben[529]. Es ist deshalb verfassungsrechtlich unbedenklich, daß sich die kurzfristig von einem Beamten gezeigte Leistung auf die Höhe der Besoldung auswirkt[530]. Auch die Tatsache, daß ein Beamter aufgrund einer (mehrerer) Leistungsprämie(n) oder Leistungszulage für einen gewissen Zeitraum eine höhere Besoldung erhält als sein ebenso alter Kollege, der ein Amt der nächsthöheren Besoldungsgruppe innehat, bedeutet keinen Verstoß gegen das Alimentationsprinzip. Zwar widerspricht dies dem Alimentationsprinzip in der Hinsicht, daß verschiedene Ämter im

---

523 § 6 Abs. 1 S. 1 BayLPZV.
524 § 6 Abs. 1 S. 3 BayLPZV.
525 § 6 Abs. 2 S. 1 BayLPZV.
526 § 6 Abs. 2 S. 2 BayLPZV.
527 § 6 Abs. 2 S. 3 BayLPZV.
528 Vgl. Kapitel III.2.2.
529 BT-Drs. 13/3994, S. 40.
530 Bei der Neuregelung des § 27 Abs. 3 BBesG war dieser Punkt in Bezug auf „Minderleistungsstufen" problematisch, weil eine nicht den durchschnittlichen Anforderungen entsprechende Leistung dazu führen kann, daß der jeweilige Beamte unterhalb der „normalen" Regelalimentation liegende Bezüge erhält.

statusrechtlichen Sinne auch unterschiedlich besoldet werden müssen. Allerdings ist auch hier diese Einschränkung durch die beabsichtigte Stärkung des Leistungsprinzips gerechtfertigt[531].

Die Einführung von Leistungsprämien und -zulagen begegnet unter dem Gesichtspunkt der Gesetzmäßigkeit der Besoldung größeren verfassungsrechtlichen Bedenken als die Einführung von Leistungsstufen. Während bei der Vergabe von Leistungsstufen der (auch dort gegebene) Ermessensspielraum des Entscheidungsberechtigten dadurch eingeschränkt ist, daß die Gewährung einer Leistungsstufe an die dienstliche Beurteilung anknüpft, beziehungsweise die dafür erforderliche aktuelle Leistungseinschätzung zumindest eine gewisse Vergleichbarkeit dazu aufweist[532], ist der Vergabeberechtigte bei Leistungsprämien und -zulagen in viel geringerem Maße gebunden. Beachtet er das Willkürverbot, kann er mangels gesetzlich festgelegter Vergabekriterien letztlich frei entscheiden, welche Voraussetzungen vorliegen müssen, damit eine honorierungsfähige herausragende besondere Leistung festgestellt werden kann[533]. Dies muß jedoch hingenommen werden, da die gesetzliche Festlegung von festen Vergabevoraussetzungen dazu führen würde, daß die beabsichtigte Motivationswirkung nicht erreicht werden kann[534], da dadurch den neuen Elementen jegliche Kreativität, Spontaneität und Phantasie genommen würde[535]. Aus diesem Grund rechtfertigt auch hier die beabsichtigte Stärkung des Leistungsprinzips diese Einschränkung des Grundsatzes der Gesetzmäßigkeit der Besoldung[536]. Man muß sogar die Frage aufwerfen, ob die Festlegung von Vergabekriterien nicht ein Scheitern der neuen Besoldungsinstrumente Leistungsprämie und -zulage überhaupt erwarten ließe. Schließlich dürften sich derartige Kriterienkataloge in der Praxis nur schwierig entwickeln lassen, was das gesamte Verfahren schwerfällig machen würde. Dies gilt entsprechend für deren Änderung, wenn man neuen rechtlichen, wirtschaftlichen oder tatsächlichen Gegebenheiten Rechnung tragen möchte[537].

---

[531] Vgl. Kapitel III.2.2.1. Anders *Summer*, ZBR 1995, S. 134; *Günther*, ZBR 1996, S. 74, die ersichtlich die Auffassung vertreten, daß zumindest bei einer Leistungszulage die Besoldung des nächsthöheren Amtes in keinem Fall überrundet werden darf. Dieser Meinung kann jedoch nicht gefolgt werden, da ansonsten die Gefahr besteht, daß die finanzielle Anreizwirkung von Leistungszulagen nicht ausreichend ist, um eine Stärkung des Leistungsprinzips zu bewirken.

[532] Vgl. Abschnitt III.2.2.3.

[533] *Battis*, ZBR 1996, S. 196; ähnlich *Günther*, ZBR 1996, S. 74.

[534] *Beus*, PersV 1998, S. 39; *Beus/Bredendiek*, ZBR 1997, S. 202.

[535] *Bönders*, ZBR 1999, S. 18.

[536] *Schnellenbach*, DVBl. 1995, S. 1155.

[537] *Bönders*, ZBR 1999, S. 17 f.

Abschließend sei darauf hingewiesen, daß die Vergabe einer Leistungsprämie oder -zulage aufgrund von außerhalb der fachlichen Leistung liegenden Kriterien weitaus unwahrscheinlicher ist als bei der Gewährung einer Leistungsstufe, da bei Leistungsprämien und -zulagen gerade kein Bezug zur dienstlichen Beurteilung besteht[538]. Aus diesem Grund ist auch kein Verstoß des § 42a BBesG und der hierzu ergangenen Verordnungen des Bundes und des Freistaates Bayern gegen das Leistungsprinzip ersichtlich.

3. Motivationswirkung von Leistungsprämien und -zulagen

Geht man nun der Frage nach, ob auch Leistungsprämien und -zulagen geeignet sind, einen Großteil der Beamten zu einer höheren und/oder besseren Leistung zu motivieren, so kann bezüglich der derzeitigen Motivationslage der Beamten in der öffentlichen Verwaltung und der allgemeinen Aussagen der einzelnen Motivationstheorien auf die zu Leistungsstufen gemachten Ausführungen verwiesen werden[539]. Die folgenden Überlegungen werden sich deshalb insbesondere mit den unterschiedlichen motivierenden Wirkungen von Leistungsprämien und -zulagen im Gegensatz zu Leistungsstufen beschäftigen.

3.1. Die Bedürfnistheorie von *Maslow*

Die Möglichkeit der Vergabe von Leistungsprämien und -zulagen läßt auf der Grundlage der Bedürfnistheorie von *Maslow* eine hohe Motivationswirkung erwarten: Zum einen drückt die Vergabe einer Leistungsprämie oder -zulage eine gewisse Anerkennung aus, wodurch das in der öffentlichen Verwaltung zu wenig berücksichtigte Anerkennungsbedürfnis des einzelnen Beamten befriedigt werden kann[540]. Daneben stellt die Gewährung einer Leistungsprämie oder -zulage einen nicht unerheblichen Einkommenszuwachs dar, zumindest wenn der maximale Rahmen ausgeschöpft wird[541]. Dieses zusätzliche Geld kann dann insbesondere für die Anschaffung von Statussymbolen verwendet werden, was zu zusätzlicher Anerkennung bei Freunden und Bekannten führt[542].

---

[538] Vgl. Abschnitt III.2.2.3. An dieser Stelle wurde darauf hingewiesen, daß gerade in Bayern die Gefahr besteht, daß die Vergabe einer Leistungsstufe nicht nur von der fachlichen Leistung, sondern auch von Eignung und Befähigung des jeweiligen Beamten abhängig gemacht wird.

[539] Vgl. Abschnitt III.3.1. und III.3.2.

[540] Vgl. Kapitel III.3.2.1.1.

[541] A. a. *Oechsler/Vaanholt*, DBW 1997, S. 533, die bezweifeln, ob die maximale Höhe von Leistungszulagen ausreichend ist, um die Beamten zu einer Leistungssteigerung zu motivieren.

[542] Vgl. Kapitel III.3.2.1.1.

Auf der anderen Seite begegnet die Tatsache, daß sowohl beim Bund als auch beim Freistaat Bayern keine Mindesthöhe für eine Leistungsprämie oder -zulage vorgeschrieben wird, sondern lediglich die Höhe entsprechend der erbrachten Leistung zu bemessen ist[543], unter Motivationsgesichtspunkten erheblichen Bedenken. Da nämlich nicht unwahrscheinlich ist, daß in den jeweiligen Haushalten keine ausreichenden Mittel für die Vergabe von Leistungsprämien und -zulagen vorgesehen werden[544], ist zu befürchten, daß der Erhalt einer Leistungsprämie oder -zulage regelmäßig nur zu einem geringen Besoldungszuwachs führt, weil die Entscheidungsberechtigten lieber möglichst viele derartige Bezahlungselemente vergeben anstatt auf eine ausreichende Höhe zu achten[545]. In diesem Fall besteht die Gefahr, daß die Anreizwirkung dieser Besoldungselemente nicht mehr ausreicht, um die Beschäftigten zu mehr Leistung zu motivieren, weil der Erhalt einer Leistungsprämie oder -zulage nur eine geringe zusätzliche Bedürfnisbefriedigung verspricht. Aus diesem Grund muß eine Mindesthöhe von Leistungsprämien und -zulagen sichergestellt sein.

Da Leistungsprämien und -zulagen anders als Leistungsstufen die Möglichkeit bieten, direkt und zeitnah auf entsprechende Einzelleistungen reagieren zu können, sind sie grundsätzlich geeignet, eine besonders hohe Motivationswirkung zu erzeugen[546]. Zusätzlich stellt die Gewährung in nahem zeitlichen Zusammenhang zur erbrachten Leistung am ehesten sicher, daß die anderen Beschäftigten die Entscheidung nachvollziehen können, wodurch die Transparenz des Vergabeverfahrens erhöht wird[547].

Nach dem Gesagten läßt sich jedenfalls feststellen, daß auf der Grundlage der Bedürfnistheorie von *Maslow* auch die Einführung von Leistungsprämien und -zulagen

---

[543] Vgl. Kapitel IV.1.2. und IV.1.3.

[544] Vgl. § 5 Abs. 4 LPZV; § 5 S. 4 BayLPZV.

[545] Weil sie hoffen, dadurch möglichst viele ihrer Mitarbeiter zu motivieren.

[546] *Göser/Schlatmann*, Leistungsbezahlung in der Besoldung, S. 58; *Bönders*, ZBR 1999, S. 17. *Comelli/von Rosenstiel*, Führung durch Motivation, S. 138, weisen darauf hin, daß diese Motivationswirkung jedenfalls dann wahrscheinlich ist, wenn ein unmittelbarer und zeitlicher Zusammenhang zwischen Leistung und Zuwendung besteht. Im gleichen Sinne gibt *Schlatmann*, PersV 1999, S. 115, zu bedenken, daß zwar auch die nicht unmittelbare Honorierung einer Leistung erfreut, die motivierende Wirkung jedoch nicht mit der zeitnahen Belohnung vergleichbar ist.

[547] *Beus*, PersV 1998, S. 39; *Beus/Bredendiek*, ZBR 1997, S. 202. Zuzustimmen ist *Tondorf*, Leistungszulagen als Reforminstrument, S. 79, in der Weise, daß ein Vergabeverfahren wie bei Leistungsprämien und -zulagen, wo der Vorgesetzte große subjektive Beurteilungsspielräume besitzt, niemals vollkommen transparent und kontrollierbar sein wird. Immerhin erhöht die zeitnahe Belohnung die Transparenz. Ob die nicht begünstigten Beschäftigten die Verteilung der zusätzlichen Bezahlungselemente als gerecht empfinden, hängt letztlich von der konkreten Vergabepraxis durch den jeweiligen Vorgesetzten ab.

eine Erhöhung der Arbeitsleistung eines Großteils der in der öffentlichen Verwaltung tätigen Beamten erwarten läßt.

3.2. Die Zwei-Faktoren-Theorie von *Herzberg*

Untersucht man nun die Einführung von Leistungsprämien und -zulagen anhand der Zwei-Faktoren-Theorie auf ihre motivierende Wirkung, so wird sich zeigen, daß diese leistungsbezogenen Bezahlungselemente nicht in jedem Fall geeignet sind, die Mehrzahl der Beamten zu höherer/besserer Leistung zu motivieren. An dieser Stelle sei noch einmal darauf hingewiesen, daß bei der Untersuchung von Leistungsstufen die Theorie von *Herzberg* bereits in der Weise modifiziert wurde, daß den Hygienefaktoren keine allein Arbeitsunzufriedenheit abbauende und den Motivatoren keine allein Arbeitszufriedenheit erzeugende Wirkung beigemessen werden kann[548].

Betrachtet man zunächst den Fall, daß einem Beamten, der ein durchschnittliches berufliches Engagement zeigt, eine Leistungsprämie oder -zulage gewährt wird. Es ist davon auszugehen, daß dieser Beamte in aller Regel auch Beurteilungsnoten erhalten wird, die (bei einer fehlerfreien Beurteilung der gezeigten Leistung durch den Vorgesetzten)[549] im Vergleich zu den Noten von Kollegen derselben Besoldungsgruppe und Laufbahn im Mittelfeld liegen. Der begünstigte Beamte selbst wird den Erhalt der Leistungsprämie oder -zulage als Anerkennung seiner beruflichen Anstrengungen empfinden, was ihn nach *Herzberg* zu einer Erhöhung seiner Arbeitsleistung motiviert. Zusätzlich wird dieser Beamte mit Blick auf die weniger als er leistenden Beamten das Gefühl entwickeln, daß seine höhere Arbeitsleistung finanziell honoriert wird[550]. Da eine als gerecht empfundene Bezahlung nach *Herzberg* einen Hygienefaktor darstellt, vermindert sich bei diesem Beamten der Grad der Arbeitsunzufriedenheit[551], was die Wirkung von der jeweiligen Tätigkeit anhaftenden Moti-

---

[548] Vgl. Kapitel III.3.2.1.2.

[549] Man kann davon ausgehen, daß die meisten Vorgesetzten in der Lage sind, die von ihren Mitarbeitern gezeigte berufliche Leistung richtig zu beurteilen. Schließlich wurde bereits dargelegt, daß immerhin fast drei Viertel der beurteilten Beamten dieser Ansicht sind, vgl. Abschnitt III.3.1.

[550] Die gesamte Betrachtung der voraussichtlichen Wirkungen von Leistungsprämien und -zulagen setzt natürlich voraus, daß sehr viele Beamte in der Lage sind, ihre eigene Leistung im Verhältnis zu der Leistung ihrer Kollegen in etwa richtig einzuschätzen. Diese Voraussetzung kann als gegeben angesehen werden. Schließlich werden die (in der Regel zutreffenden) Beurteilungen und die in vielen Verwaltungsbereichen existierenden Kennzahlen peinlich genau miteinander verglichen.

[551] Nach hier vertretener Auffassung ist nicht auszuschließen, daß sich bei einer als gerecht empfundenen Bezahlung auch der Grad der Arbeitszufriedenheit erhöht, und dadurch Motivation erzeugt wird. Schließlich ist es auch nicht unwahrscheinlich, daß das Hinzutreten eines Hygienefaktors direkt zu einer Steigerung der Arbeitsmotivation führt, vgl. Kapitel III.3.2.1.2.

vatoren erhöht. Die Tatsache, daß dem grundsätzlich durchschnittliche Leistung erbringenden Beamten bewußt ist, daß andere Beamte eine insgesamt höhere Arbeitsleistung erbringen als er selbst, wird die erzeugte Motivation nicht verringern, sofern diese höhere Gesamtleistung in Form einer Leistungsstufe honoriert wird. In diesem Fall entsteht für den durch eine Leistungsprämie oder -zulage begünstigten Beamten kein Widerspruch innerhalb des leistungsabhängigen Bezahlungssystems, weil kein Grund dafür ersichtlich ist, bei dem dauerhaft besser arbeitenden Beamten neben der „Abgeltung" der herausragenden Gesamtleistung zusätzlich eine in diesem Zeitraum erbrachte besondere Einzelleistung zu honorieren[552].

Bei dem dauerhaft weit überdurchschnittlich arbeitenden Beamten wird die Gewährung einer Leistungsprämie oder -zulage an einen grundsätzlich „nur" durchschnittliche Leistung erbringenden Kollegen dann nicht zu einem höheren Grad an Arbeitsunzufriedenheit führen, wenn ihm für seine dauerhaft herausragende Gesamtleistung eine Leistungsstufe gewährt wird. In diesem Fall ist es auch unschädlich, daß dieser Beamte grundsätzlich von der Gewährung von Leistungsprämien und -zulagen ausgeschlossen wird. Natürlich würde auch er über die zusätzliche Gewährung einer Prämie oder Zulage hoch erfreut sein. Allerdings dürfte damit keine nennenswerte Verringerung der Arbeitsunzufriedenheit und Erhöhung der Arbeitszufriedenheit zu erzielen sein. Schließlich ist diesem Beamten die Anerkennung seines Vorgesetzten bereits durch die Gewährung der Leistungsstufe zuteil geworden[553]. Sofern Leistungsstufen wirklich nur an die Leistungsträger vergeben werden, wird er auch das Gefühl haben, daß im öffentlichen Dienst ein Bezahlungssystem existiert, das eine höhere Arbeitsleistung auch tatsächlich finanziell honoriert. Die Tatsache, daß er nicht noch zusätzlich Leistungsprämien und -zulagen erhält, die ihm bei vollkommen korrekter Anwendung der gesetzlichen Vorschriften eigentlich „zustehen" würden, wird er ohne Motivationsverlust akzeptieren. Ein sorgfältiger Vorgesetzter, der Wert auf die Transparenz des Vergabeverfahrens legt, wird seinen Mitarbeitern auch erläutern, daß die leistungsabhängigen Bezahlungselemente nur dann eine möglichst große Zahl von Beschäftigten zu höherer Leistung motivieren und damit ihren Zweck

---

552 Die Kumulation der genannten leistungsabhängigen Bezahlungselemente ist deshalb grundsätzlich nicht zu empfehlen. Dementsprechend weisen die Durchführungshinweise zu § 2 Abs. 3 LPZV auch darauf hin, daß sich bei Gewährung einer Leistungsprämie oder -zulage neben einer Leistungsstufe in besonderer Weise ein Akzeptanzproblem stellen kann.

553 Außerdem ist anzunehmen, daß dieser Beamte auch bei Beförderungen bevorzugt wird, so daß sein Arbeitsengagement auch in dieser Hinsicht Anerkennung erfährt.

erfüllen können, wenn sie nicht nur an eine kleine Gruppe von herausragenden Beamten vergeben werden[554] [555].

Richtet man nun den Blick auf den Beamten, der (bewußt) nur ein unterdurchschnittliches Arbeitsengagement zeigt, so ist zu vermuten, daß er keinen Wert auf die mit dem Erhalt einer Leistungsstufe oder -prämie verbundene Anerkennung seines Vorgesetzten legt[556]. Dementsprechend wird auch die Nichtgewährung eines dieser Bezahlungselemente zu keiner Verringerung der vorhandenen Motivatoren führen[557]. Auf der anderen Seite gilt es zu bedenken, daß diesem Beschäftigten insbesondere durch die Nichtgewährung von Leistungsprämien und -zulagen an ihn selbst bewußt werden dürfte, daß wirklich nur eine entsprechende Arbeitsleistung finanziell honoriert wird. Gerade bei diesem Beamten kann das Wirksamwerden des Hygienefaktors „leistungsabhängige Bezahlung" nicht nur zu einer Verminderung der Arbeitsunzufriedenheit, sondern sogar zu einer Steigerung der Arbeitsleistung führen, wenn er nur dadurch die Möglichkeit sieht, in den Genuß einer Zusatzbezahlung zu kommen. Natürlich werden immer einige dieser Beamten auch durch dieses „Zuckerbrot" nicht zu einer Leistungssteigerung zu motivieren sein. Bei diesen Mitarbeitern müssen die Vorgesetzten dann eben zur „Peitsche" in Form von „Minderleistungsstufen" und notfalls auch in Form von Disziplinarmaßnahmen greifen.

Nun sollen auch die motivierenden Auswirkungen einer Vergabepraxis untersucht werden, bei der Leistungsprämien und -zulagen für herausragende Einzelleistungen ohne Berücksichtigung der insgesamt erbrachten Arbeitsleistung vergeben werden[558].

---

[554] Bei einem derartigen Vorgehen ist durchaus denkbar, daß die Beschäftigten ein Rangverhältnis der leistungsbezogenen Bezahlungselemente entwickeln: Die Leistungsstufe als „Belohnung erster Klasse" wird den dauerhaft sehr gut arbeitenden Beamten gewährt. Alle anderen Beamten können für herausragende Einzelleistungen Leistungsprämien oder -zulagen erhalten („Belohnungen zweiter Klasse"), sofern sie eine insgesamt zumindest durchschnittliche Gesamtleistung erbringen.

[555] In dieses Richtung auch *Krauss-Hoffmann*, VR 2001, S. 92, der auf die Gefahr hinweist, daß aufgrund der Quotierung der leistungsbezogenen Bezahlungselemente nur wenige Beamte motiviert werden, während bei einem Großteil der Mitarbeiter Demotivation erzeugt wird.

[556] Ansonsten dürfte kaum erklärbar sein, warum er nicht schon früher versucht hat, durch eine Leistungssteigerung die Anerkennung zu erlangen, die ihm aufgrund seiner schlechten Leistung bisher verwehrt geblieben sein dürfte.

[557] Das zumindest geringfügige Vorhandensein von Motivatoren ist auch bei dem nur unterdurchschnittliche Arbeitsleistung erbringenden Beamten zu vermuten. Ansonsten dürfte auf der Grundlage der Zwei-Faktoren-Theorie kaum erklärbar sein, warum dieser Beamte überhaupt noch an seiner Arbeitsstelle erscheint.

[558] Eine derartige Vergabepraxis ist ja eigentlich nach dem Wortlaut der LPZV und BayLPZV und der zu diesen Verordnungen ergangenen Durchführungshinweise vorgesehen.

In diesem Fall ist durchaus denkbar, daß auch ein wenig leistender Beamter eine Leistungsprämie erhält, weil er (ausnahmsweise) eine herausragende Einzelleistung erbracht hat[559].

Bei dem Beamten selbst wird die Gewährung einer Leistungsprämie zu keiner Leistungssteigerung führen. Grundsätzlich bringt die Gewährung einer Leistungsprämie eine Anerkennung der Arbeit durch den Vorgesetzten zum Ausdruck, was einen Motivator im Sinne der Zwei-Faktoren-Theorie darstellt. Allerdings wird diese Anerkennung bei dem betreffenden Beamten nicht zu einer Leistungssteigerung führen, da bereits dargestellt wurde, daß diesem Mitarbeiter egal ist, ob sein Vorgesetzter eine hohe Meinung von ihm hat oder nicht. Genauso wenig ist bei diesem Beamten durch die Vergabe eine Verminderung der Arbeitsunzufriedenheit zu erwarten, da er aufgrund seiner dauerhaft schlechten Arbeitsleistung kaum der Ansicht sein wird, daß nunmehr tatsächlich eine Bezahlung auch nach Leistung erfolgt. Vielmehr wird er die Gewährung als Hohn und als (weitere) Fehlleistung der Bürokratie ansehen. Darüber hinaus wird dieser Beamte überhaupt keine Notwendigkeit für eine Erhöhung seines Arbeitsengagements sehen. Schließlich kommt er auch ohne besondere Anstrengungen in den Genuß von zumindest Leistungsprämien.

Betrachtet man nun die Auswirkungen der Vergabe einer Leistungsprämie an einen nur geringe Leistung erbringenden Beamten auf seine zumindest durchschnittliche Leistung erbringenden Kollegen, so wird sich bei diesen das Gefühl entwickeln, daß das erklärte Ziel einer leistungsbezogenen Bezahlung gerade nicht erreicht worden ist[560]. Dies dürfte zumindest bei den Beamten, die kein leistungsbezogenes Bezahlungselement erhalten haben, sogar zu einer Steigerung der Arbeitsunzufriedenheit beitragen, weil sich in den Augen dieser Beamten die Bezahlungsungerechtigkeit dadurch erhöht hat, daß der weniger leistende Beamte nun sogar mehr Geld erhält als sie selbst. Bei diesen Beschäftigten ist wegen dieses geringeren Vorliegens von Hygienefaktoren sogar ein Leistungsabfall zu befürchten. Zusätzlich ist zu erwarten,

---

[559] Die Gewährung einer Leistungszulage kann bei einer korrekten Vergabepraxis nahezu ausgeschlossen werden, da die Leistungszulage der Anerkennung einer mindestens drei Monate erbrachten herausragenden Leistung dient (vgl. §§ 4 Abs. 1 LPZV; 4 Abs. 1 BayLPZV), und eher unwahrscheinlich ist, daß ein grundsätzlich unterdurchschnittlich arbeitender Beamter über einen derart langen Zeitraum eine herausragende (Einzel-)Leistung erbringt.

[560] Es dürfte diesen Beamten aufgrund der insgesamt nur unterdurchschnittlichen Leistung ihres Kollegen kaum zu erklären sein, daß die Vergabevoraussetzung im konkreten Fall wirklich gegeben waren.

daß in den Augen vieler zumindest durchschnittliche Leistung zeigender Beamter der Erhalt einer Leistungsstufe, -prämie oder -zulage entwertet wird. Da sie nämlich häufig glauben werden, daß dem wenig leistenden Beamten die Leistungsprämie nicht aufgrund einer herausragenden Leistung, sondern vielmehr zufällig gewährt wurde, könnten sie zu dem Schluß kommen, daß dies auch bei ihnen zutrifft, und daß mit dem Erhalt eines leistungsbezogenen Bezahlungselements in Wirklichkeit gar keine besondere Anerkennung ihrer Leistung verbunden ist[561]. In diesem Fall verliert die Gewährung ihre Wirkung als Motivator, und ist auf der Grundlage der Theorie von *Herzberg* keine Erhöhung der Arbeitsleistung zu erwarten.

Insgesamt läßt sich also feststellen, daß die Anwendung der Zwei-Faktoren-Theorie auf die Möglichkeit der Vergabe von Leistungsprämien und -zulagen zu folgenden Ergebnissen führt: Eine Gewährung an dauerhaft herausragende Gesamtleistungen erbringende Beamte verspricht dann keine zusätzliche Arbeitsmotivation, wenn diese Beschäftigten als „Belohnung" für das Engagement in dem entsprechenden Zeitraum bereits eine Leistungsstufe erhalten haben. Ebenso ist keine Steigerung der Arbeitsleistung eines grundsätzlich sehr geringe Leistung erbringenden Beamten nach Erhalt einer Leistungsprämie oder -zulage zu erwarten. Zusätzlich führt die Gewährung an diesen Beamten mit hoher Wahrscheinlichkeit zu einem Absinken der Arbeitszufriedenheit und Ansteigen der Arbeitsunzufriedenheit der übrigen Beamten. Leistungsprämien und -zulagen sollten deshalb nur an die Beamten vergeben, bei denen die Leistung als insgesamt anständig bezeichnet werden kann, die aber für die Gewährung einer Leistungsstufe nicht (mehr) in Betracht kommen. Bei Vergabe an diese Beamten ist insgesamt eine Leistungssteigerung wahrscheinlich. Jeder Vergabeberechtigte sollte sich darüber im klaren sein, daß die motivierende Wirkung von Leistungsprämien und -zulagen sinkt, je weiter sich die Gesamtleistung des begünstigten Beamten der Grenze zum unterdurchschnittlichen Bereich nähert.

---

[561] Diese Gefahr spricht auch *Schnellenbach*, Beamtenrecht in der Praxis, Rn. 563 und 590, in der Weise an, daß jeder Beamte auch bei Erhalt einer Leistungsprämie oder -zulage unvermeidlich Vergleiche zwischen dem Anlaß der Gewährung und den in seiner Beurteilung bescheinigten Leistungen anstellen wird.

3.3. Die Theorie der kognitiven Dissonanz von *Festinger*

Untersucht man nun die Gewährung von Leistungsprämien und -zulagen anhand der Motivationstheorie von *Festinger*[562], so sollen auch hier die Beamten entsprechend ihrer erbrachten Gesamtleistung in drei verschiedene Gruppen unterteilt werden[563], und soll auch hier der Frage nachgegangen werden, welche Vergabevoraussetzungen gegeben sein müssen, damit eine maximale Motivationswirkung zu erzielen ist[564].

Betrachtet man zunächst den (gesetzlich vorgesehenen) Fall, daß Leistungsprämien und -zulagen allen Beamten unabhängig von ihrer Gesamtleistung gewährt werden können. Hier ist davon auszugehen, daß Beamte, die eine weit überdurchschnittliche Gesamtleistung zeigen, auch überdurchschnittlich oft in den Genuß einer Leistungsprämie oder -zulage kommen[565] und damit insgesamt mehr Geld erhalten als die meisten vergleichbaren Kollegen. Es ist durchaus denkbar, daß diese weniger verdienenden Beamten mehr berufliches Engagement an den Tag legen, um die durch den Einkommensunterschied erzeugte Dissonanz zu beseitigen[566]. Andererseits gilt es zu berücksichtigen, daß sich diese Beamten wegen der Quotierung von Leistungsprämien und -zulagen überlegen werden, daß sie ja bessere Einzelleistungen vorweisen müssen als die herausragende Gesamtleistung erbringenden Beamten, um diese aus dem Kreis der Prämien- und Zulagenempfänger „zu verdrängen“. Da sich viele Beschäftigte mit Blick auf die herausragende Gesamtleistung ihrer Kollegen dazu nicht imstande sehen werden, ist zu befürchten, daß die durch den Einkommensunterschied erzeugte Dissonanz in diesen Fällen nicht zu einer höheren Leistung führt, sondern in anderer Weise beseitigt wird[567]. Man kann deshalb davon ausgehen, daß die Vergabe von Leistungsprämien und -zulagen an Beamte, die auch insgesamt eine herausragende Arbeitsleistung erbringen, keine übermäßige Steigerung der berufli-

---

[562] Diese Theorie wurde bereits in Abschnitt III.3.2.2.2. ausführlich dargestellt.

[563] Genau wie in Kapitel IV.3.2.

[564] Auch bei der Theorie der kognitiven Dissonanz muß als Grundvoraussetzung für ein realistisches Ergebnis unterstellt werden, daß die Beamten grundsätzlich in der Lage sind, ihre eigene Arbeitsleistung und die ihrer Kollegen innerhalb der „Leistungshierarchie“ in etwa richtig einzuordnen.

[565] Dies kann deshalb unterstellt werden, weil sich eine herausragende Gesamtleistung im Regelfall nicht nur aus überdurchschnittlichen, sondern auch aus einer Reihe von herausragenden Einzelleistungen zusammensetzen wird, und in § 42a BBesG bzw. den hierzu erlassenen Verordnungen gerade nicht ausgeschlossen wird, daß eine herausragende Einzelleistung, die neben anderen zum Erhalt einer Leistungsstufe geführt hat, nicht auch für eine Leistungsprämie oder -zulage berücksichtigt werden darf.

[566] Weil sie hoffen, dadurch ebenfalls (öfter) eine Leistungsprämie oder -zulage zu erhalten.

[567] Vor allem wenn dem Leistungsträger zusätzlich eine Leistungsstufe gewährt wird, ist sogar eine Absenkung des Leistungsniveaus nicht unwahrscheinlich, weil dann die Dissonanz aufgrund des höheren Einkommensunterschieds besonders groß ist.

chen Anstrengungen der anderen Beamten zur Folge haben dürfte. Zusätzlich ist unwahrscheinlich, daß die Gewährung an die Leistungsträger bei diesen selbst eine motivierende Wirkung auslöst. Dies gilt zumindest dann, wenn diese Beschäftigten regelmäßig in den Genuß von Leistungsstufen kommen, weil bereits dadurch die bei ihnen zu vermutende Dissonanz „Ich arbeitete besser und schneller als meine Kollegen, erhalte aber die gleiche Bezahlung" in ausreichender Weise abgebaut worden sein dürfte.

Die Gewährung von Leistungsprämien und -stufen an alle Beamten wird natürlich dazu führen, daß gelegentlich auch insgesamt unterdurchschnittlich arbeitende Beamte Leistungsprämien erhalten[568]. Bei diesen Beamten wird der Erhalt einer Leistungsprämie vermutlich zu keiner Dissonanz führen, da sie der Ansicht sein werden, daß sie die Leistungsprämie unabhängig von ihren sonstigen Gesamtleistung für eine besondere Einzelleistung erhalten haben und diese ja auch (tatsächlich) erbracht haben. Selbst wenn sie dadurch eine Dissonanz derart empfinden sollten, daß sie trotz ihrer insgesamt schlechten Leistung in manchem Jahr mehr Geld erhalten als vergleichbare Kollegen, die trotz einer höheren Gesamtleistung keine leistungsbezogene Zusatzbezahlung erhalten haben, ist es unwahrscheinlich, daß sie diese Dissonanz durch eine höhere Arbeitsleistung beseitigen. Bei einer gegensätzlichen Sichtweise dürfte nämlich kaum zu erklären sein, warum diese Beamten nicht bisher schon der Dissonanz, daß sie trotz geringerer Gesamtleistung das gleiche Einkommen wie vergleichbare Kollegen erhalten, durch eine Steigerung ihres beruflichen Engagements begegnet sind.

Während bei den leistungsschwachen Beamten der Erhalt einer Leistungsprämie keine Auswirkungen auf ihre Arbeitsleistung haben dürfte, ist bei den leistungsstärkeren Kollegen zu befürchten, daß diese sogar einen Leistungsabfall zeigen, wenn auch die in ihren Augen „faulen" Beamten für herausragende Einzelleistungen belohnt werden. Während die Einführung von leistungsbezogenen Bezahlungselementen allgemein die durch den (Gesamt)Leistungsunterschied trotz gleicher Bezahlung erzeugte Dissonanz zunächst ausgeräumt haben dürfte, was bei vielen der zumindest durchschnittlich arbeitenden Beamten die Arbeitsmotivation gesteigert haben dürfte, führt

[568] Schließlich besagt eine schlechte Gesamtleistung nicht unbedingt, daß der jeweilige Beamte nicht gelegentlich auch eine herausragende Einzelleistung erbringt. In der Regel wird es sich dabei jedoch um eine Leistung handeln, die „nur" in Form einer Leistungsprämie honoriert werden kann, vgl. Abschnitt IV.3.2.

die Vergabe einer Leistungsprämie an einen leistungsschwachen Kollegen dazu, daß bei den anderen Beschäftigten das Gefühl entsteht, daß trotz der Einführung von leistungsbezogenen Bezahlungselementen die unterschiedlichen beruflichen Anstrengungen verschiedener Beamter bei der Besoldung nicht ausreichend berücksichtigt werden, weil bei der Vergabe von zumindest Leistungsprämien „scheinbar jeder mal dran kommt“. Es spielt hierbei keine Rolle, daß die Leistungsprämie nicht für die Gesamtleistung des Beamten, sondern für eine herausragende Einzelleistung gewährt wurde und diese auch wirklich erbracht wurde, und daß leistungsschwache Beamte in der Gruppe der Prämienempfänger unterrepräsentiert sein werden. Die Gefahr, daß die durch die Gewährung auch nur einer einzigen Leistungsprämie in einem derartigen Fall erzeugte Dissonanz durch eine Absenkung des Leistungsniveaus ausgeräumt wird, ist besonders hoch, weil bei Erlaß des DRRG ausdrücklich propagiert wurde, daß nun auch im öffentlichen Dienst nach Leistung bezahlt werden soll, und die dadurch geweckte Erwartung enttäuscht wird. Von der Vergabe von Leistungsprämien (und -zulagen) auch an weit unter dem Durchschnitt arbeitende Beamte ist nach den gemachten Ausführungen dringend abzuraten.

Ein Motivationsgewinn ist allerdings dann zu erzielen, wenn Leistungsprämien und -zulagen an (die große Gruppe der) durchschnittliche Leistung erbringende(n) Beamte(n) vergeben werden. Diese werden mit Blick auf die insgesamt weniger leistenden Kollegen die dadurch erzeugten Dissonanzen ausräumen und dies nicht durch ein Absenken ihrer Arbeitsleistung tun. Zusätzlich wird bei den zunächst nicht begünstigten Beamten aus dieser Gruppe die Dissonanz erzeugt, daß ihr grundsätzlich genauso gut arbeitenden Kollege mehr Geld erhalten hat als sie selbst. Da sich diese Beamten wegen der vergleichbaren Gesamtleistung zutrauen werden, ebenfalls herausragende Einzelleistungen zu erbringen, ist bei diesen Beamten die Wahrscheinlichkeit besonders hoch, daß sie ihr Arbeitsengagement erhöhen, um genau wie ihr Kollege in der gleichen Arbeitszeit ein möglichst hohes Einkommen zu erzielen. Die dauerhaft besonders leistungsstarken Beschäftigten werden dann keine leistungsmindernden Dissonanzen entwickeln, wenn sie regelmäßig in den Genuß von Leistungsstufen kommen. Auf der anderen Seite werden unter Umständen sogar die leistungsschwachen Beamten ihre Arbeitsleistung erhöhen, weil sie nur dadurch die Möglichkeit sehen, ebenfalls einen Einkommenszuwachs zu erhalten.

Als Ergebnis läßt sich folgendes festhalten: Auch bei Anwendung der Theorie der kognitiven Dissonanz gelangt man zu dem Ergebnis, daß die Vergabe von Leistungsprämien und -zulagen eine insgesamt leistungssteigernde Wirkung erwarten läßt, wenn sie nur an Beamte gewährt werden, die eine grundsätzlich zufriedenstellende Arbeitsleistung erbringen. Trotz der Tatsache, daß Leistungsprämien und -zulagen für herausragende Einzelleistungen vergeben werden, sinkt die Akzeptanz der übrigen Beschäftigten, je schlechter die Gesamtleistung des begünstigten Beamten ist. Die Gewährung auch an herausragende Gesamtleistungen erbringende Beamte ist dann nicht notwendig, wenn deren Arbeitsengagement bereits in Form einer Leistungsstufe honoriert wurde.

3.4. Das erweiterte Motivationsmodell von *Heckhausen*

Schließlich soll auch anhand des erweiterten Motivationsmodells von *Heckhausen* geklärt werden, ob und wenn ja unter welchen Voraussetzungen die Einführung von Leistungsprämien und -zulagen eine insgesamt leistungssteigernde Wirkung auf die Verwaltung erwarten läßt. Auch hier wird auf eine erneute Darstellung der allgemeinen Voraussetzungen dieser Theorie verzichtet, da diese bereits bei der Untersuchung der motivierenden Auswirkungen von Leistungsstufen erfolgt ist[569]. Falls dies notwendig erscheint, sollen die für den Erhalt von Leistungsprämien und -zulagen in Frage kommenden Beamten genau wie bei den anderen Motivationstheorien nach ihrer Gesamtleistung in drei Gruppen unterteilt werden, und dann die zu erwartenden Wirkungen separat dargestellt werden. Für die Definition von Ergebnis und Folge im Sinne des von *Heckhausen* aufgestellten Fragenkatalogs gilt folgendes: Das Ergebnis stellt die Erbringung einer herausragenden Einzelleistung dar. Mögliche Folge ist die Gewährung einer Leistungsprämie oder -zulage, die wiederum weitere (Neben)-Folgen mit sich bringen kann[570].

Beginnt man nun mit der ersten Frage des von *Heckhausen* entworfenen Fragenkatalogs, so kann man unterstellen, daß diese Frage von allen Beamten mit nein beantwortet wird. Schließlich ist der Gedanke völlig abwegig, daß vollkommen unabhängig von entsprechenden beruflichen Anstrengungen ein herausragendes Einzelarbeitsergebnis erzielt werden kann. Auch der bisher eine herausragende Gesamtlei-

---

[569] Kapitel III.3.2.2.3.

[570] Vgl. Kapitel III.3.2.2.3., wo für Leistungsstufen eine vergleichbare Definition vorgenommen wurde.

stung erbringende Beamte dürfte sich darüber im klaren sein, daß er ohne eine entsprechende Anstrengung nicht einmal mehr zur Erbringung einer besonderen Einzelleistung in der Lage ist.

Im Rahmen der weiteren Frage, ob die Mitarbeiter glauben, überhaupt eine herausragende Einzelleistung erbringen zu können, werden viele Beamte mit Blick auf die Leistungsträger ihrer Abteilung zu dem Ergebnis kommen, daß sie dazu nicht in der Lage sind. Die Quotierung von Leistungsprämien und -zulagen führt nämlich dazu, daß sich ein gewissenhafter Vorgesetzter die bisherigen Einzelarbeitsergebnisse seiner Mitarbeiter betrachten und dann die Anforderungen für eine herausragende Einzelleistung entsprechend festsetzen wird. Da insgesamt herausragend gut arbeitende Beamte auch häufig überragende Einzelleistungen erbringen[571], ist zu befürchten, daß viele der anderen Beschäftigten diese Frage verneinen, weil sie der Ansicht sind, daß die Meßlatte wegen der Einbeziehung der Arbeitsergebnisse der leistungsstarken Kollegen für ihre Verhältnisse zu hoch liegt[572]. Um dieser Gefahr entgegenzuwirken, sollten Beamte, die bereits insgesamt ein deutlich höheres Leistungsniveau als ihre Kollegen besitzen, von der Gewährung von Leistungsprämien und -zulagen ausgeschlossen werden. Im Rahmen der Motivationstheorien von *Herzberg* und *Festinger* wurde bereits festgestellt, daß dann keine Senkung der Leistungsbereitschaft dieser Beamten zu erwarten ist, wenn ihr überragendes berufliches Engagement durch die Verleihung von Leistungsstufen honoriert wird, und ihnen zusätzlich erläutert wird, daß sie nur deshalb nicht zusätzlich Leistungsprämien und -zulagen erhalten, weil ansonsten der Zweck der leistungsbezogenen Bezahlungselemente, nämlich eine Leistungssteigerung der Verwaltung insgesamt, nicht erreicht werden könnte[573]. Die Nichtgewährung an herausragende Beamte führt dazu, daß die vergabeberechtigten Vorgesetzten in ihre Überlegungen über den festzusetzenden Standard für Leistungsprämien und -zulagen nur die gezeigten Einzelleistungen der übrigen Mitarbeiter einbeziehen werden. Dadurch dürfte es diesen Beamten eher möglich erscheinen, derartige Arbeitsergebnisse zu erzielen. Sogar grundsätzlich leistungsschwache Mit-

[571] Vgl. den in Abschnitt IV.3.3. dargestellten Zusammenhang.
[572] Hier wird es sich vor allem um diejenigen Beamten handeln, die sich zwar grundsätzlich anstrengen, jedoch nicht zur Erbringung einer dauerhaft herausragenden Gesamtleistung in der Lage sind, was natürlich auch in der Beurteilung zum Ausdruck kommt.
[573] Vgl. Kapitel IV.3.2. und IV.3.3. In diesem Sinne auch *Summer*, ZBR 1995, S. 137, der darauf hinweist, daß die Verwaltung nicht von der Leistung einiger weniger Kometen, sondern von einer großen Zahl von gut und engagiert arbeitenden Beamten lebt.

arbeiter werden sich dazu imstande sehen, vor allem, wenn sie sich bewußt in beruflicher Hinsicht nicht übermäßig anstrengen.

Bezüglich der dritten Frage kann grundsätzlich auf die zu Leistungsstufen gemachten Ausführungen verwiesen werden[574]. Es kann also davon ausgegangen werden, daß auch bei Leistungsprämien und -zulagen ein Großteil der Beamten bei einer Abwägung aller mit dem Erhalt verbundenen Folgen zu einem insgesamt positiven Ergebnis kommt. Da der maximal mögliche (Gesamt)Betrag einer Leistungsprämie oder -zulage regelmäßig über und nur in wenigen Fällen geringfügig unter dem einer Leistungsstufe liegt[575], ist die motivierende Wirkung einer Leistungsprämie oder -zulage sogar grundsätzlich höher einzuschätzen, da diese Bezahlungselemente kurzfristige Einzelleistungen honorieren sollen, und damit der subjektive Kosten-Nutzen-Vergleich zwischen Anreizwert und notwendigen Bemühungen regelmäßig günstiger ausfallen wird als bei einer Leistungsstufe, wo nur eine entsprechende langfristige Gesamtleistung eine Gewährung nach sich ziehen kann.

Ähnlich wie bei der Gewährung einer Leistungsstufe, wo kein Mindestzeitraum für die finanziellen Auswirkungen und damit kein Mindestbesoldungszuwachs garantiert ist[576], ergibt sich auch bei Leistungsprämien und -zulagen das Problem, daß keine Mindesthöhe vorgeschrieben ist. Es wurde bereits angesprochen, daß bei Nichtbereitstellung von ausreichenden Haushaltsmitteln zu befürchten ist, daß die Entscheidungsberechtigten lieber möglichst viele Prämien oder Zulagen vergeben anstatt auf eine ausreichende Höhe zu achten[577]. Dies dürfte dazu führen, daß mit Abnehmen der durchschnittlichen Höhe von Leistungsprämien und -zulagen in der Praxis immer mehr Beamte für sich zu dem Ergebnis kommen werden, daß sich erhöhte berufliche Anstrengungen für den zu erwartenden Einkommenszuwachs nicht lohnen. Hier wird es sich hauptsächlich um die eher materialistisch veranlagten Beamten handeln, denen die mit dem Erhalt einer Prämie oder Zulage gleichzeitig verbundene Anerkennung wenig bedeutet, und die allein an dem zusätzlichen Geld interessiert sind.

---

[574] Abschnitt III.3.2.2.3.

[575] Beispielsweise beträgt bei einem Beamten der Besoldungsgruppe A8 , der sich in der sechsten Grundgehaltsstufe befindet, der maximal mögliche Einkommenszuwachs bei einer Leistungsstufe 2437,56 DM (18x135,42 DM), bei einer Leistungsprämie 3098,89 DM und bei einer Leistungszulage 2603,04 DM (12x216,92 DM).

[576] Vgl. Abschnitt III.4.1.1.

[577] Kapitel IV.3.1.

Auf der anderen Seite gilt es zu bedenken, daß der gewährte (Gesamt)Betrag auch nicht zu hoch ausfallen darf, da ansonsten ein Widerspruch zu Leistungsstufen entsteht, wenn derjenige Beamte, der nur kurzfristig eine besonders gute Leistung erbringt, eine wesentlich höhere leistungsabhängige Zusatzbezahlung erhalten kann[578] als derjenige Beamte, der dauerhaft herausragend gut arbeitet. Aus diesem Grund sollte vor allem die maximal mögliche Höhe der Leistungsprämie zumindest nicht deutlich über dem maximal möglichen Gesamtbetrag einer Leistungsstufe liegen, da die Prämie nicht wie die Leistungszulage einen gewissen Mindestzeitraum der herausragenden (Einzel)Leistung voraussetzt[579], sondern auch für ein einziges besonders herausragendes Arbeitsergebnis gewährt werden kann[580]. Deshalb sollten § 3 Abs. 2 LPZV und § 3 Abs. 2 BayLPZV in der Weise geändert werden, daß der Maximalbetrag einer Leistungsprämie die Hälfte des jeweiligen Anfangsgrundgehaltes beträgt. Dieser Betrag erscheint ausreichend, um als Anreiz für eine entsprechende Leistung zu dienen[581]. Als Mindestbetrag bieten sich zehn Prozent des Anfangsgrundgehalts an. Da es sich dabei im Verhältnis zum Gesamteinkommen um eine sehr geringe Summe handelt, sollte ein derartiger Betrag nur dann gewählt werden, wenn die herausragende Leistung nur einen sehr geringen zusätzlichen Arbeitsaufwand verursacht hat. Auch die bisher mögliche Höhe einer Leistungszulage sollte modifiziert werden. Eine monatliche Zulage von weniger als zwei Prozent des maßgeblichen Anfangsgrundgehalts dürfte selbst bei maximaler Dauer der Gewährung keine ausreichende Anreizwirkung auslösen[582]. Die maximale Höhe einer Leistungszulage sollte auf fünf Prozent des jeweiligen Anfangsgrundgehalts herabgesetzt werden, obwohl damit nicht in jedem Fall gewährleistet ist, daß der maximal mögliche Gesamtbetrag einer

---

[578] Vgl. beispielsweise die oben aufgeführten Maximalbeträge für die einzelnen leistungsabhängigen Bezahlungselemente bei einem Beamten in der Besoldungsgruppe A8. Dieser Widerspruch verschärft sich in den unteren Besoldungsgruppen. Ein Beamter der Besoldungsgruppe A3 zum Beispiel kann eine Leistungsprämie in Höhe von 2645,82 DM erhalten. Demgegenüber beträgt der maximale Gesamtbetrag einer Leistungsstufe nur 1175,40 DM.

[579] Vgl. §§ 4 Abs. 1 LPZV; 4 Abs. 1 BayLPZV.

[580] Dies muß vor allem dann sichergestellt sein, wenn man der im Rahmen dieser Arbeit vertretenen Auffassung folgt, daß aus psychologischen Gründen diejenigen Beamten, die für ihre herausragende Gesamtleistung bereits eine Leistungsstufe erhalten haben, von der Gewährung von Leistungsprämien und -zulagen ausgeschlossen werden sollten.

[581] In diesem Fall beträgt beispielsweise der Maximalbetrag in der Besoldungsgruppe A7 1458,10 DM und in der Besoldungsgruppe A11 2050,43 DM.

[582] Eine Leistungszulage in Höhe von nur einem Prozent würde beispielsweise bei einem Beamten der Besoldungsgruppe A11 nur zu einer Erhöhung der monatlichen Bezüge in Höhe von etwa 41.- DM brutto führen.

Leistungszulage nicht wesentlich höher liegt als der einer Leistungsstufe[583]. Wollte man dies jedoch in jedem Fall garantieren, würde der Prozentsatz derart niedrig ausfallen, daß sich damit keine ausreichende Anreizwirkung erzielen ließe. Insgesamt läßt sich folgendes feststellen: Trotz der notwendigen Verringerung der maximalen Höhe von Leistungsprämien und -zulagen ist zu erwarten, daß weiterhin die meisten Beamten die Frage, ob ihnen die möglichen (finanziellen) Folgen des Erhalts einer Leistungsprämie oder -zulage wichtig genug sind, um dafür eine herausragende besondere Einzelleistung zu erbringen, bejahen. Zusätzlich bringt die Absenkung den positiven Nebeneffekt, daß sich die Kosten für diese leistungsbezogenen Bezahlungselemente verringern, weil zu befürchten ist, daß einige Vorgesetzte trotz entsprechender Hinweise in den Durchführungshinweisen regelmäßig den Maximalbetrag oder zumindest einen in der Nähe davon liegenden Betrag gewähren, wenn (wider Erwarten) ausreichende Haushaltsmittel zur Verfügung gestellt werden[584].

Wendet man sich schließlich der letzten Frage des von *Heckhausen* aufgestellten Fragenkatalogs zu, nämlich ob ein Großteil der Beamten der Auffassung ist, daß die Erbringung einer herausragenden (Einzel)Leistung auch wirklich die Gewährung einer Leistungsprämie oder -zulage nach sich zieht, so kommt es auch hier genau wie bei der Vergabe von Leistungsstufen darauf an, daß die entscheidungsberechtigten Vorgesetzten dafür Sorge tragen, daß jede Gewährung von den nicht begünstigten Mitarbeitern nachvollzogen werden kann, und daß nicht bei einzelnen Beschäftigten falsche Erwartungen geweckt werden, die dann nicht erfüllt werden können. Um diese Ziele zu erreichen, empfiehlt sich folgendes Vorgehen: Da anders als bei Leistungsstufen, wo die Gewährung in Anknüpfung an die dienstliche Beurteilung beziehungsweise einer vergleichbaren aktuellen Leistungseinschätzung[585] erfolgt, keine Kriterien für die Kennzeichnung einer herausragenden (Einzel)Leistung existieren, sollte sich der jeweilige Vorgesetzte seinem Tätigkeitsbereich entsprechende Fallgruppen überlegen, die nach seiner Auffassung eine Gewährung nach sich ziehen

---

583 Gerade in den unteren Besoldungsgruppen kann der Maximalbetrag einer Leistungszulage trotz der vorgeschlagenen Verringerung des bisherigen Prozentsatzes noch deutlich höher liegen als bei einer Leistungsstufe, vgl. die Tabellen bei *Göser/Schlatmann*, Leistungsbezahlung in der Besoldung, S. 139 und 153.

584 Weil sie hoffen, dadurch eine größtmögliche Motivation zu erreichen. Zusätzlich werden ihre Mitarbeiter auch einen entsprechenden Druck auf sie ausüben.

585 Vgl. Kapitel III.4.1.2. und *Bönders*, ZBR 1999, S. 13, der zutreffend darauf hinweist, daß eine aktuelle Leistungseinschätzung letztlich nichts anderes sein darf als eine verkürzte Regelbeurteilung in verbaler Form.

können. Diese Fallgruppen sollte er seinen Mitarbeitern schildern, ohne dabei jedoch feste Voraussetzungen zu nennen. Derartige Fallgruppen könnten beispielsweise die Bewältigung des größten Arbeitspensums bei einer vertretbaren Fehlerhäufigkeit innerhalb eines bestimmten Zeitraums oder die zeitweise Erledigung von zusätzlichen Aufgaben[586] sein[587]. Ein grober Fehler wäre es etwa, wenn der Vorgesetzte sich zum Beispiel dahingehend festlegen würde, daß die Bearbeitung eines bestimmten Pensums automatisch die Verleihung einer Prämie oder Zulage nach sich zieht, da denkbar ist, daß mehr Beamte dieses Ziel erreichen als Vergabemöglichkeiten zur Verfügung stehen.

Weiterhin ist davon abzuraten, Leistungsprämien für Einzelarbeitsergebnisse, etwa die Erstellung eines einzelnen Schriftsatzes, zu vergeben. Stattdessen sollte auch im Fall einer Leistungsprämie nur eine herausragende besondere Leistung belohnt werden, die über einen Mindestzeitraum erbracht wurde. Dies trägt dazu bei, daß die nicht begünstigten Beamten die Entscheidung eher nachvollziehen können[588]. Zusätzlich ist dadurch eher gewährleistet, daß der Vorgesetzte überhaupt auf die herausragende Leistung aufmerksam wird[589]. Da bei einem derartigen Vorgehen nicht jeder Beamte eine sofortige Belohnung erwartet, wenn er ein (in der Tat) herausragendes Arbeitsergebnis erbracht hat, werden auch unnötige Enttäuschungen vermieden. Unter den genannten Voraussetzung ist zu erwarten, daß ein Großteil der Beamten auch die letzte Frage in der notwendigen Weise beantwortet, und daß die Gewährung von Leistungsprämien und -zulagen auch auf der Grundlage des erweiterten Motivationsmodells von *Heckhausen* zu einer Leistungssteigerung der Verwaltung insgesamt führt.

---

586 Diese Fallgruppe wird in der BayLPZV bereits explizit angesprochen, vgl. § 2 Abs. 1 S. 2 BayLPZV.

587 *Löhr/Schöneich*, VR 1995, S. 191, schlagen vor, daß eine Gewährung auch dann in Frage kommen sollte, wenn ein Beamter einen besonderen wirtschaftlichen Erfolg oder „Mehrwert" für die (Stadt)Verwaltung erzielt.

588 Die Gefahr, daß die Vergabe einer Leistungsprämie von den übrigen Beschäftigten nicht nachvollzogen werden kann, wenn sie eine sehr kurzfristige Leistung honoriert, sieht auch *Summer*, ZBR 1995, S. 135. Nach seiner Auffassung sollte deshalb jedoch besser bis auf Ausnahmefälle auf die Vergabe von Leistungsprämien verzichtet werden, um nicht der Meinung Vorschub zu leisten, daß „die Leistungsprämienanlässe an den Haaren herbeigezogen werden". Dies würde dazu führen, daß gerade der Erhalt von Leistungsprämien in den Augen der Beschäftigten sehr schnell entwertet würde.

589 Schließlich kann von keinem Vorgesetzten erwartet werden, daß er jede einzelne Arbeit seiner Mitarbeiter auf eine Honorierungsfähigkeit hin überprüft.

3.5. Zusammenfassung

Abschließend läßt sich folgendes feststellen: Bei Heranziehung der bereits im Rahmen von Leistungsstufen ausführlich dargestellten Motivationstheorien ist ein durch Leistungsprämien und -zulagen ausgelöster Motivationsgewinn der Beamten wahrscheinlich[590], der zu einer Leistungssteigerung der Verwaltung insgesamt führt. Im Rahmen der einzelnen Theorien wurde jedoch herausgearbeitet, daß folgende Modifikationen an den gesetzlichen Regelung vorgenommen werden sollten, beziehungsweise folgende Voraussetzungen bei der konkreten Vergabe zu beachten sind, um den Erfolg dieser leistungsbezogenen Bezahlungselemente nicht zu gefährden:

Eine Gewährung an Beamte, die für ihre herausragende Gesamtleistung bereits eine Leistungsstufe erhalten haben ist nicht erforderlich, um diese zur Beibehaltung ihres hohen Arbeitsniveaus zu motivieren. Zusätzlich kann eine derartige Vergabepraxis dazu führen, daß die übrigen Beamten der Ansicht sind, daß sich erhöhte berufliche Anstrengungen nicht lohnen, weil die Vergabemöglichkeiten sowieso größtenteils auf einige wenige Leistungsträger aufgeteilt werden. Auf der anderen Seite sollten auch Beamte, die eine unterdurchschnittliche Gesamtleistung erbringen, von der Gewährung ausgeschlossen werden, da trotz der Tatsache, daß der jeweilige Beamte wirklich eine entsprechende Leistung erbracht hat, die übrigen Bediensteten in diesem Fall die Objektivität des neuen Bezahlungssystems nicht nachvollziehen können, was bei ihnen zu einem Verlust der erzeugten Motivation und sogar zu Demotivation führen kann. Aus diesem Grund sollten Leistungsprämien und -zulagen ausschließlich an Beamte gewährt werden, die eine insgesamt ansprechende Gesamtleistung erbringen, die allerdings für die Verleihung einer Leistungsstufe nicht (mehr) ausreichend ist. Vor allem die Zwei-Faktoren-Theorie von *Herzberg* und die Theorie der kognitiven Dissonanz von *Festinger* haben deutlich gemacht, daß in diesem Fall eine hohe motivierende Wirkung zu erwarten ist. Um unnötige Enttäuschungen zu vermeiden und um die Transparenz der Vergabepraxis zu erhöhen, sollte davon abgesehen werden, Leistungsprämien für sehr kurzfristige Einzelleistungen zu vergeben.

---

[590] *Ganßer*, ZBR 1996, S. 305, vertritt die Auffassung, daß es bereits allgemein anerkannt sei, daß eine leistungsabhängige Entlohnung stark motivierend wirke. Ob man diese Meinung angesichts der bei der Untersuchung der motivierenden Wirkung von Leistungsstufen dargestellten Kritik an leistungsbezogenen Bezahlungselementen in der Verwaltung (vgl. Kapitel III.3.2.3.) teilen kann, erscheint eher zweifelhaft.

Das erweiterte Motivationsmodell von *Heckhausen* schließlich hat deutlich gemacht, daß Leistungsprämien und -zulagen keine genügende Anreizwirkung besitzen, wenn sie keinen ausreichenden Besoldungszuwachs versprechen. Es wurde eine Mindesthöhe von zehn Prozent des jeweiligen Anfangsgrundgehalts bei Leistungsprämien und von zwei Prozent des Anfangsgrundgehalts monatlich bei Leistungszulagen befürwortet, wobei diese Mindestbeträge nicht den Regelfall darstellen sollten. Sofern man der Auffassung folgt, daß die Empfänger von Leistungsstufen nicht noch weitere leistungsabhängige Bezahlungselemente erhalten sollten, empfiehlt sich zur Vermeidung von Widersprüchen eine Verringerung des im Rahmen einer Leistungsprämie oder -zulage maximal gewährten Geldbetrages auf die Hälfte beziehungsweise monatlich fünf Prozent des entsprechenden Anfangsgehalts. Zu hoffen bleibt, daß die Vorgesetzten eine transparente und nachvollziehbare Vergabepraxis an den Tag legen und Leistungsprämien und -zulagen nicht nach anderen Kriterien vergeben als dies gesetzlich vorgesehen ist. Die Gewährung einer Leistungsprämie oder -zulage als „Entschuldigung" für eine erfolgte Zurechtweisung oder Kritik von seiten des Vorgesetzten oder als Ersatz für eine entgangene Beförderung dürften in bezug auf das Vertrauen der übrigen Beschäftigten in die neuen Bezahlungselemente einen nur schwer wiedergutzumachenden Schaden anrichten.

4. Einzelfragen des § 42a BBesG und der entsprechenden Verordnungen des Bundes und des Freistaates Bayern

Nunmehr sollen genau wie bei der Untersuchung von Leistungsstufen die für diese Arbeit interessanten Einzelheiten des § 42a BBesG und der entsprechenden Verordnungen des Bundes und des Freistaates Bayern näher begutachtet, und gegebenenfalls Verbesserungsvorschläge gemacht werden. Bezüglich der Rechtsschutzmöglichkeiten für (ihrer Meinung nach) übergangene Beamte und der Problematik, daß Leistungsprämien und -zulagen nur bei ausreichenden Haushaltsmitteln vergeben werden dürfen[591], kann auf die hier entsprechend geltenden Ausführungen zu Leistungsstufen verwiesen werden[592]. Im Rahmen der Motivationstheorie von *Heckhausen* wurde weiterhin bereits ein Vorschlag für eine Modifikation der möglichen Höhe von Leistungsprämien und -zulagen gemacht[593], so daß sich an dieser Stelle ebenfalls eine weitere Auseinandersetzung mit dieser Thematik erübrigt.

---

[591] Vgl. §§ 42a Abs. 3 S. 1 BBesG; 5 Abs. 4 LPZV; 5 S. 4 BayLPZV.
[592] Vgl. Abschnitt III.4.1.11. und III.4.1.9.
[593] Siehe Kapitel IV.3.4.

4.1. Die Zehn-Prozent-Grenze

Grundsätzlich können sowohl im Bereich des Bundes als auch des Freistaates Bayern in einem Kalenderjahr maximal zehn Prozent der maßgeblichen Beamten eine Leistungsprämie oder -zulage erhalten[594], wobei der jeweilige Entscheidungsberechtigte in gewissen Fallkonstellationen einen Entscheidungsspielraum besitzt, ob er eine herausragende Leistung lieber in Form einer Leistungsprämie oder -zulage honoriert[595]. Teilweise wird gegen die Festlegung dieser Quote vorgebracht, daß sie willkürlich sei, weil durchaus denkbar ist, daß mehr als zehn Prozent der Bediensteten eine herausragende Leistung erbringen. Eine derartige Deckelung sei nicht geeignet, die Motivation und damit die Leistung zu erhöhen[596]. Verwiesen wird auf die englische Regelung, wo 25% der Beschäftigten eine Zulage erhalten können[597]. Außerdem dürfe ein sorgfältiger Vorgesetzter wegen der Begrenzung der jährlichen Vergabemöglichkeiten Leistungsprämien und -zulagen erst sehr spät im Kalenderjahr vergeben, um auch wirklich die besten Einzelleistungen zu honorieren und um sich nicht die Möglichkeit zu versperren, auf eine Häufung von herausragenden Leistungen zum Ende des Kalenderjahres hin entsprechend reagieren zu können. Aufgrund dieser zu erwartenden Folge sei es nicht möglich, die mit der Einführung von Leistungsprämien und -zulagen beabsichtigte zeitnahe Honorierung von entsprechenden Leistungen zu erreichen[598]. Weiterhin wird die Gefahr gesehen, daß trotz Fehlen von herausragenden Leistungen die zur Verfügung stehenden Vergabemöglichkeiten ausgenutzt werden[599], um ein „Verfallen“ zu verhindern. Ein derartiges Vorgehen würde die Glaubwürdigkeit des neuen Systems erschüttern. Schließlich sei zu befürchten, daß bei einer derartigen Quote die Vorgesetzten in Versuchung geführt werden, bei

[594] In Bayern kann sich diese Zahl verringern, weil hier zunächst die Gesamtzahl der in einem Kalenderjahr möglichen Leistungsprämien und -zulagen auf der Grundlage der am Jahresanfang vorhandenen Beamten ermittelt wird (§ 5 S. 1 BayLPZV), und die Möglichkeit besteht, einem Beamten in dem jeweiligen Jahr mehrere Leistungsprämien zu gewähren (vgl. § 3 Abs. 2 S. 2 BayLPZV). Ein Beamter des Bundes hingegen kann in einem Kalenderjahr nur eine Leistungsprämie oder -zulage erhalten (vgl. § 2 Abs. 1 S. 1 LPZV). Es kann allerdings davon ausgegangen werden, daß die Höchstquote der begünstigten Beamten auch in Bayern bei annähernd zehn Prozent liegt, weil die Gewährung von mehreren Prämien an einen Beamten innerhalb eines Kalenderjahres die Ausnahme darstellen dürfte.

[595] Dies ist zum Beispiel der Fall, wenn eine besondere Leistung bereits über einen Zeitraum von mindestens drei Monaten erbracht wird und auch in Zukunft zu erwarten ist. Da die Voraussetzungen für die Gewährung von beiden leistungsabhängigen Besoldungsinstrumenten erfüllt sind, besitzt der Vorgesetzte ein Wahlrecht. Es wird sich allerdings unten herausstellen, daß in dieser Konstellation die Leistungszulage die geeignetere Honorierungsform darstellt.

[596] *Günther*, VR 1997, S. 54.

[597] *Hofmann*, DÖV 1992, S. 351.

[598] *Bönders*, ZBR 1999, S. 18.

[599] *Oechsler/Vaanholt*, DBW 1997, S. 532 f. *Krauss-Hoffmann*, VR 2001, S. 92, spricht dieses Problem für die insoweit vergleichbare Vergabe von Leistungsstufen an.

jeder Leistungsprämie oder -zulage möglichst den Höchstbetrag zu gewähren[600], weil sie hoffen, dadurch eine maximale Motivationswirkung zu erreichen.

Bönders schlägt die Abschaffung der personenbezogenen Zehn-Prozent-Grenze vor. Nach seiner Auffassung sei es sinnvoller, jedem Vergabeberechtigten einen bestimmten Maximalbetrag zur Verfügung zu stellen, den er auf eine unbestimmte Zahl von herausragenden Leistungen verteilen kann[601]. Dieser Vorschlag birgt jedoch die Gefahr in sich, daß viele Entscheidungsberechtigte versuchen werden, innerhalb eines überschaubaren Zeitraums möglichst viele ihrer Mitarbeiter zu belohnen (Gießkannenprinzip)[602]. Dies dürfte dazu führen, daß viele Beamte die leistungsbezogenen Bezahlungselemente als normalen Einkommensbestandteil ansehen, weil in gewissen Zeitabständen „jeder mal dran kommt". Zusätzlich wird bei einer derartigen Verteilung des vorhandenen Budgets auf viele Köpfe die Höhe von Prämien und Zulagen so gering ausfallen, daß von ihnen keine ausreichende Anreizwirkung ausgeht, und damit keine Motivationswirkung zu erzeugen ist[603]. Die derzeitige personenbezogene Quote hingegen trägt dazu bei, daß der Vorgesetzte aus allen erbrachten Einzelleistungen einige wenige auswählen muß, die in besonderer Weise herausragen. Dadurch ist am ehesten sichergestellt, daß keine zweifelhaften oder Fehlentscheidungen getroffen werden[604]. Gleichzeitig wird vermieden, daß der Leistungsbegriff verwässert wird. Darüber hinaus bringt die Gewährung von Leistungsprämien und -zulagen nur an wenige Beamte auch wirklich eine besondere Anerkennung der erbrachten Leistung zum Ausdruck. Es läßt sich also zunächst feststellen, daß auch gegen die Einführung eines reinen Budgetsystems Bedenken bestehen, vor allem weil unter gewissen Gesichtspunkten die besseren Gründe für die Beibehaltung der gegenwärtigen Vergabequote für Leistungsprämien und -zulagen sprechen.

Setzt man sich nun mit der dargestellten Kritik an der derzeitigen Zehn-Prozent-Grenze auseinander, so muß man zugeben, daß die dargestellten Bedenken nicht ei-

---

[600] *Bönders*, ZBR 1999, S. 18.
[601] *Bönders*, ZBR 1999, S. 18.
[602] *Schlatmann*, PersV 1999, S. 113.
[603] *Bönders*, ZBR 1999, S. 19, geht ebenfalls davon aus, daß eine uferlose Vergabepraxis keine Motivation erzeugt und aus diesem Grund nicht zu befürchten ist. Scheinbar ist er der Meinung, daß die mangelnde Motivationswirkung einer exzessiven Vergabepraxis auch den Vergabeberechtigten bewußt ist, und sie aus diesem Grund nur wenige Leistungsprämien und -zulagen vergeben werden. Angesichts der Neigung vieler Menschen, Konflikten aus dem Weg zu gehen und es lieber allen recht zu machen, muß die Richtigkeit dieser Prognose ernstlich bezweifelt werden.
[604] *Schlatmann*, PersV 1999, S. 113.

ner gewissen Logik entbehren. Allerdings können gegen die einzelnen Kritikpunkte entsprechende Gegenargumente ins Feld geführt werden: Auch wenn die Festlegung der Quote auf den ersten Blick willkürlich erscheint, stellt sie für den jeweiligen Entscheidungsberechtigten eine wichtige Orientierungshilfe dar, weil dieser damit genau weiß, wieviele Leistungselemente er in einem Jahr vergeben kann. Dadurch wird ihm sehr deutlich vor Augen geführt, welchen Anforderungen eine Leistung genügen muß, damit sie im Vergleich zu anderen Leistungen als herausragend bezeichnet und entsprechend honoriert werden kann[605]. Auch das Argument, daß durchaus auch mehr als zehn Prozent der Bediensteten eine herausragende Leistung erbringen können, verfängt nicht. Natürlich könnte man daran denken, die Quote nach dem englischen Vorbild zu erhöhen. Allerdings muß man sich vergegenwärtigen, daß in Deutschland neben Leistungsprämien und -zulagen auch noch Leistungsstufen vergeben werden können, so daß insgesamt maximal 20% der Bediensteten jährlich ein leistungsbezogenes Bezahlungselement erhalten können, was vollkommen ausreichend erscheint. Außerdem sollen bereits nach dem Wortlaut nur herausragende Leistungen honoriert werden, also solche, die erheblich über dem Durchschnitt liegen[606]. Auch könnte eine weitere Erhöhung der Quote viele Vorgesetzte dazu ermutigen, Leistungsprämien und -zulagen mit der Gießkanne zu verteilen.

Der Kritikpunkt, daß wegen der Quotierung nicht in jedem Fall eine zeitnahe Honorierung einer entsprechenden Leistung erfolgen wird, ist durchaus berechtigt. Jeder gewissenhafte Vergabeberechtigte wird seine Vergabemöglichkeiten nicht sofort zu Beginn des Jahres ausnutzen, sondern diese in Gedanken auf das gesamte Kalenderjahr verteilen, und sich ein gewisses Kontingent für außergewöhnliche herausragende Leistungen aufsparen. Dies kann dazu führen, daß manche Leistungen nicht sofort, sondern erst am Jahresende honoriert werden, wenn der Vorgesetzte feststellt, daß diese bei einem Vergleich mit allen in dem jeweiligen Jahr erbrachten Leistungen eben doch als herausragend bezeichnet werden können. Allerdings bringt jede Form einer Limitierung Probleme mit sich.. Folgt man dem Vorschlag von *Bönders* und stellt jedem Vergabeberechtigten am Jahresanfang ein gewisses Budget ohne Vorga-

---

[605] Genau wie bei der Festlegung von Richtwerten für bestimmte Beurteilungsnoten wird also die unscharfe verbale Trennlinie zwischen herausragender und nicht (mehr) herausragender Leistung durch eine trennscharfe Zahlengrenze ersetzt, vgl. Kapitel III.4.1.3.

[606] Natürlich könnte man auch daran denken, eine herausragende Leistung nicht relativ durch den Vergleich mit allen anderen Einzelleistungen zu ermitteln, sondern lieber absolute Kriterienkataloge festzulegen. Dazu später.

be der Vergabemöglichkeiten zur Verfügung, wird er nicht die Vergabemöglichkeiten, sondern die vorhandene Summe in gleicher Weise aufteilen. Da selbst bei einem sehr disziplinierten Vorgesetzten die Gefahr besteht, daß er mehr Prämien und Zulagen vergibt als bei einer strikten Quotierung[607], wird vor allem am Jahresanfang die Höhe von Prämien und Zulagen häufig relativ gering bemessen sein. Schließlich dürfte aufgrund der derzeitigen Haushaltslage das zur Verfügung gestellte Budget nicht übermäßig ausfallen, und muß der Vorgesetzte zu diesem Zeitpunkt die größten „Rücklagen" bilden, um auf außergewöhnliche herausragende Leistungen im Verlauf des Jahres reagieren zu können. Ungeachtet der Tatsache, daß sich die in einer Leistungsprämie oder -zulage zum Ausdruck kommende Anerkennung vermindert, je mehr derartige Bezahlungselemente vergeben werden, sinkt jedenfalls die finanzielle Anreizwirkung, wenn die Praxis zeigt, daß die Gewährung häufig nur zu einem sehr geringen Besoldungszuwachs führt.

Bei der gegenwärtigen Vergabequote werden derartige Probleme wohl eher die Ausnahme darstellen, zumindest wenn die gleichzeitig zur Verfügung gestellten Haushaltsmittel nicht vollkommen unzureichend sind. Da der Vergabeberechtigte hier genau weiß, welcher Geldbetrag ihm im Durchschnitt für jede Gewährung zur Verfügung steht, wird die durchschnittliche Höhe von Leistungsprämien und -zulagen am Anfang und am Ende des Kalenderjahres nicht merklich unterschiedlich ausfallen. Insoweit ist dem derzeitigen Quotensystem der Verzug zu geben. Wendet man sich nun den weiteren Kritikpunkten zu, so ist natürlich denkbar, daß manche Vorgesetzte am Ende eines Kalenderjahres die vorgegebene Quote ausnutzen, obwohl keine entsprechenden Leistungen vorliegen. Allerdings ist das reine Budgetsystem für diese Problematik genauso anfällig. Als Ausweg sollte die Möglichkeit eröffnet werden, nicht verbrauchte Vergabemöglichkeiten inklusive der entsprechenden Haushaltsmittel einmalig ins nächste Kalenderjahr zu übertragen[608].

Nachvollziehbar ist auch die Argument, daß bei der Festlegung einer starren Anzahl von Vergabemöglichkeiten manche Vorgesetzte bei jeder Leistungsprämie oder -zulage möglichst den Höchstbetrag gewähren werden. Bei der derzeitigen Ausgestaltung des Quotensystems ist diese Folge jedoch allenfalls theoretisch zu befürch-

[607] Schließlich hofft jeder Vorgesetzte durch derartige Belohnungen die Arbeitsmotivation seiner Mitarbeiter zu verbessern.
[608] *Bönders*, ZBR 1999, S. 18, befürwortet diese Möglichkeit zur Vermeidung des „Dezemberfiebers".

ten. Schließlich ist in näherer Zukunft nicht damit zu rechnen, daß der Haushaltsgesetzgeber derartig hohe Mittel bereitstellt, daß in jedem Fall der Maximalbetrag einer Prämie oder Zulage gewährt werden könnte. Denkbar ist jedoch, daß einige Vergabeberechtigte die Höhe (und die Dauer) der Gewährung nicht entsprechend der erbrachten Leistung bemessen[609], sondern ihr jährliches Budget einfach durch die Anzahl der Vergabemöglichkeiten teilen, und dann jedem begünstigten Beamten (in etwa) den gleichen Geldbetrag zukommen lassen, weil sie hoffen, dadurch übermäßigen Konflikten aus dem Weg gehen zu können. Es ist jedoch zu hoffen, daß ein solches Verhalten den absoluten Ausnahmefall darstellen wird, und daß der weitaus überwiegende Teil der Vorgesetzten die Höhe der Bezahlungselemente sachgerecht bemißt, weil eine mangelnde Differenzierung nicht nur die Glaubwürdigkeit des neuen Systems untergräbt, sondern auch dazu führen kann, daß die Bediensteten die Führungsqualitäten des Entscheidungsberechtigten in Frage stellen. Darüber hinaus muß dieser Vorgesetzte befürchten, daß sich seine mangelnde Entscheidungsbereitschaft negativ auf seine eigene (Leistungs)Beurteilung auswirkt.

Abschließend läßt sich folgendes feststellen: Obwohl die Festlegung einer bestimmten Quote für die Vergabe von Leistungsprämien und -zulagen dazu führen kann, daß manche herausragende Leistungen nicht zeitnah, sondern erst am Jahresende honoriert werden, stellt sie im Vergleich zum Budgetsystem ohne Begrenzung der Vergabemöglichkeiten die bessere Lösung dar, da hier neben den bereits erwähnten Schwächen des reinen Budgetsystems eher gewährleistet ist, daß die Höhe der gewährten Prämien und Zulagen ausreichend ist, um einen Großteil der Beamten zu einer Leistungssteigerung zu motivieren. An dieser Stelle soll noch einmal ausdrücklich darauf hingewiesen werden, daß dieses Ziel mit großer Wahrscheinlichkeit verfehlt werden wird, wenn in den entsprechenden Haushalten nur unzureichende finanzielle Mittel ausgewiesen werden. Auch die Höhe der Quote erscheint ausreichend, weil nur einige wenige wirklich herausragende Leistungen belohnt werden sollen. Außerdem gilt es zu bedenken, daß neben Leistungsprämien und -zulagen auch noch Leistungsstufen vergeben werden können, so daß jedes Jahr jeder fünfte Beamte, der sich in einer Besoldungsgruppe der Besoldungsordnung A befindet, ein leistungsabhängiges Bezahlungselement erhalten kann.

---

[609] Vgl. §§ 3 Abs. 2 S. 2, 4 Abs. 2 S. 1 LPZV; Durchführungshinweise zu §§ 3 und 4 BayLPZV.

4.2. Aufstellen von Kriterienkatalogen

Einige Stimmen in der Literatur vertreten die Auffassung, daß näher bestimmt werden sollte, wann eine herausragende besondere (Einzel)Leistung gegeben ist. Zu diesem Zweck müßten entsprechende Kriterienkataloge für die Vergabe aufgestellt werden[610]. Um die Akzeptanz eines Leistungszulagensystems zu erhöhen, sei es erforderlich, daß die Bediensteten nachvollziehen könnten, aus welchen Gründen Zulagen vergeben werden, und wie sich die unterschiedlichen Zulagenbeträge erklären[611]. *Schnellenbach* ist der Ansicht, daß jede entsprechende Leistung mit einem Prädikat aus einer verbalen oder numerischen Skala bewertet werden müßte, und sich dann aus dem erzielten Prädikat unmittelbar auf die Höhe der Leistungsprämie oder -zulage schließen läßt[612].

Obwohl die Festlegung von absoluten Tatbeständen, deren Erfüllung automatisch die Gewährung einer Leistungsprämie oder -zulage zur Folge hat, durchaus auch ihre Vorteile besitzt, ist sie letztlich nicht zu empfehlen. Zunächst einmal dürfte es wegen der Vielgestaltigkeit der öffentlichen Verwaltung gar nicht möglich sein, einheitliche Kriterienkataloge für den gesamten Bereich des Bundes beziehungsweise des Freistaats Bayern zu entwickeln. Man könnte daran denken, daß jedes Ministerium für seinen Bereich derartige Kataloge entwickelt. Um allerdings Benachteiligungen vor allem bei quantitativen Vergabevoraussetzungen zu vermeiden, müßten dann in allen vergleichbaren Verwaltungsbereichen einheitliche Arbeitsbedingungen geschaffen werden. Schließlich hängt die Arbeitsleistung auch zu einem nicht unerheblichen Teil beispielsweise von den zur Verfügung stehenden Arbeitsmitteln, von der Qualität der Einweisung in eine Funktion und der jeweiligen Behördenorganisation ab. Da eine derartige Nivellierung nicht denkbar ist, kommt die Aufstellung von Kriterienkatalogen nur auf Behördenebene in Betracht. Allerdings wird es sogar für eine kleine, überschaubare Behörde kaum möglich sein, andere als an das bewältigte Arbeitspensum anknüpfende Vergabekriterien festzulegen[613]. Wie will man zum Bei-

---

[610] *Krauss-Hoffmann*, VR 2001, S. 92; *Günther*, ZBR 1996, S. 74.

[611] *Tondorf*, Leistungszulagen als Reforminstrument, S. 79. Die Autorin meint mit Leistungszulagen ersichtlich jede Form von leistungsabhängigen Besoldungselementen. Auch *Oechsler/Vaanholt*, DBW 1997, S. 534, weisen darauf hin, daß es zur Verunsicherung von Beurteiler und Beurteilten beitragen würde, wenn sie nicht genau wüßten, bei welchen Leistungsergebnissen welche Leistungszulagen gewährt werden. Außerdem sei ein mangelndes Differenzierungsvermögen der Beurteiler zu befürchten.

[612] *Schnellenbach*, DVBl. 1995, S. 1156.

[613] In diesem Sinne auch *Bönders*, ZBR 1999, S. 17.

spiel die Qualität einer Arbeitsleistung messen und vor allem im vorhinein durch absolute Kriterien festlegen, daß ab einem bestimmten Qualitätsniveau die Gewährung einer Prämie oder Zulage zu erfolgen hat?

Auch dort, wo eine sinnvolle Aufstellung von Vergabekriterien möglich ist, sollte besser davon abgesehen werden. Legt man nämlich absolute Vergabevoraussetzungen fest, ist denkbar, daß plötzlich sehr viele Beamte entsprechende Leistungen erbringen. Um zu vermeiden, daß manche Beamte die Kriterien erfüllen und dennoch leer ausgehen[614], müßte man trotz der oben erwähnten Bedenken die Zehn-Prozent-Quote zugunsten einer reinen Budgetlösung aufgeben[615]. Außerdem müßten in einem derartigen Fall die Anforderungen nach oben korrigiert werden, weil die Vergabe von vielen Leistungsprämien und -zulagen aus den oben genannten Gründen[616] nicht ratsam ist. Ein derartiges Verhalten würde bei vielen Beschäftigten das Gefühl hervorrufen, daß leistungsbezogene Bezahlungselemente nur deshalb eingeführt wurden, um aufzuzeigen, daß viele Beamte zu einer höheren Leistung in der Lage sind, um dann die an die jeweiligen Funktionen gerichteten Anforderungen zu erhöhen. Da dies das Vertrauen in die neuen Bezahlungselemente zerstören würde, sollte auf die Festlegung von absoluten Vergabekriterien verzichtet werden. Bei dem bisherigen relativen Bewertungssystem vermeidet man zusätzlich den Aufwand, unter Umständen jedes Jahr die Vergabekriterien anpassen oder sogar neue Kriterien aufstellen zu müssen. Außerdem sollte man darauf vertrauen können, daß die Vorgesetzten in sachgerechter Weise von den neuen Leistungselementen Gebrauch machen[617]. Schließlich wäre es widersprüchlich, diesen Beamten in der Behördenhierarchie einen Rang einzuräumen, der Führungsqualitäten voraussetzt, ihnen dann aber die Fähigkeit abzusprechen, die besten Leistungen ihrer Mitarbeiter herauszufinden und bei der finanziellen Honorierung eine sinnvolle Differenzierung vorzunehmen.

---

[614] *Bönders*, ZBR 1999, S. 18, weist auf die Gefahr hin, daß Kriterienkataloge Rechtsansprüche entstehen lassen und darüber hinaus zu einer rechtlichen Bindung des Vergabeberechtigten führen können.

[615] Vgl. Kapitel IV.4.1.

[616] Abschnitt IV.4.1.

[617] Auch *Bönders*, ZBR 1999, S. 18, lehnt aus den gleichen Gründen die Einführung von Kriterienkatalogen ab. Zusätzlich ist er der Auffassung, daß die Aufstellung von Kriterienkatalogen den neuen Elementen Kreativität, Spontaneität und Phantasie nehmen würde, und daß die Richtigkeit der Entscheidungen auch bei Herstellung einer derartigen formalen Gerechtigkeit nicht garantiert ist.

Abschließend läßt sich feststellen, daß die Forderung nach der Aufstellung von absoluten Kriterienkatalogen für die Gewährung von Leistungsprämien und -zulagen nicht unterstützt werden kann. Es wurde allerdings bereits dargestellt, daß die entscheidungsberechtigten Vorgesetzten für ihren Bereich abstrakte Fallgruppen für die Gewährung von Leistungsprämien und -zulagen entwickeln und ihren Mitarbeitern mitteilen sollten, um die Transparenz und Nachvollziehbarkeit des Vergabeverfahrens zu erhöhen[618]. Um die Vorgesetzten bei dieser Aufgabe zu unterstützen und um zu verhindern, daß manche Vorgesetzte aus Bequemlichkeit oder wegen mangelnder Kreativität allein quantitative Leistungsdimensionen berücksichtigen, sollten die Ministerien für ihren Bereich abstrakte Musterfallgruppen aufstellen, die (zumindest teilweise) übernommen werden können.

4.3. Bekanntgabe der Namen der Prämien- und Zulagenempfänger

Genau wie bei der Gewährung von Leistungsstufen sollten die Namen der Prämien- und Zulagenempfänger bekanntgegeben werden, um zu verhindern, daß das Vergabeverfahren in eine Geheimniskrämerei ausartet[619]. Da zumindest nach dem gegenwärtigen System kein Bezug zu den dienstlichen Beurteilungen besteht, erscheint es nicht erforderlich, die Veröffentlichung der Namen von der Zustimmung der jeweiligen Beamten abhängig zu machen. Es ist zwar denkbar, daß die Bekanntgabe manchen Beschäftigten nicht recht ist, weil sie eine Beeinträchtigung des Verhältnisses zu ihren Kollegen befürchten[620]. Man kann allerdings davon ausgehen, daß der allergrößte Teil der Beamten diese Folge als nicht wahrscheinlich ansieht oder zumindest nicht sonderlich negativ bewertet. Ansonsten dürfte kaum erklärbar sein, warum die Beförderung, die ein Mehr gegenüber Prämien und Zulagen darstellt und deshalb das kollegiale Verhältnis viel stärker belasten dürfte, allgemein eine sehr hohe Anreizwirkung ausübt. Im übrigen lassen sich durch eine nachvollziehbare und tatsächlich auf Leistungsgesichtspunkten beruhende Vergabe übermäßige Anfeindungen der Empfänger von Prämien und Zulagen vermeiden[621].

---

[618] Vgl. Abschnitt IV.3.4.

[619] Vgl. auch Kapitel III.4.1.10.

[620] *Bönders*, ZBR 1999, S. 19.

[621] Auch *Bönders*, ZBR 1999, S. 19, geht davon aus, daß die Akzeptanz bei den Mitarbeitern umso größer ist, je nachvollziehbarer die Entscheidung ist.

4.4. Entscheidungsberechtigte

Da die unmittelbaren (Fach)Vorgesetzten die gezeigten Leistungen ihrer Mitarbeiter am besten beurteilen können, sollte in den Leistungsprämien- und -zulagenverordnungen normiert werden, daß sie zwingend für die Gewährung von Leistungsprämien beziehungsweise die Gewährung und den Widerruf von Leistungszulagen zuständig sind[622]. Bisher ist lediglich vorgeschrieben, daß im Bereich des Bundes grundsätzlich der Leiter einer Behörde den Entscheidungsberechtigten bestimmt[623] beziehungsweise im Bereich des Freistaates Bayern die jeweilige oberste Dienstbehörde die zuständige Stelle festlegt oder auch selbst entscheiden kann[624]. Die vorgeschlagene zwingende Festlegung wirft auch dann keine Probleme auf, wenn man dem Vorschlag folgt, Prämien und Zulagen nur an Beamte mit durchschnittlichen Gesamtleistungen zu vergeben[625], da der unmittelbare Vorgesetzte in aller Regel an der Erstellung der Beurteilung beteiligt ist und deshalb das Beurteilungsergebnis kennt[626].

4.5. Honorierung von Gruppenleistungen

Erbringen mehrere Beamte gemeinsam eine herausragende besondere (Einzel)Leistung kann sowohl auf Bundesebene als auch im Freistaat Bayern jedem Beamten eine Leistungsprämie oder -zulage gewährt werden, wenn seine wesentliche Beteiligung an der Leistung festgestellt wird[627]. Nach den zugehörigen Durchführungshinweisen muß es sich bei dieser Mehrheit von Beamten um eine abgrenzbare Einheit handeln[628].

Grundsätzlich ist es sehr zu begrüßen, daß auch die von einem Team gemeinsam erbrachte besondere Leistung honoriert werden kann, weil dies die Zusammenarbeit stärkt und in besonderer Weise eine Aktivierung des in der öffentlichen Verwaltung brach liegenden Potentials erwarten läßt[629]. *Schnellenbach* kritisiert jedoch an der gegenwärtigen Ausgestaltung des Verfahrens, daß der Vergabeberechtigte lediglich die wesentliche Beteiligung des einzelnen Beamten am Gruppenerfolg und nicht dessen individuelle herausragende Leistung feststellen muß. Nach seiner Auffassung

---

622 *Schlatmann*, PersV 1999, S. 113 f.
623 § 5 Abs. 1 S. 1 LPZV.
624 § 6 Abs. 1 S. 1 BayLPZV.
625 Vgl. Kapitel IV.3.5.
626 Dies wurde bereits bei den Leistungsstufen festgestellt, vgl. Abschnitt III.4.1.4.
627 §§ 2 Abs. 2 LPZV; 2 Abs. 2 S. 1 BayLPZV.
628 Durchführungshinweise zu § 2 Abs. 2 LPZV; Durchführungshinweise zu § 2 Abs. 2 BayLPZV.
629 *Plamper*, Der Städtetag 1994, S. 799.

kann insbesondere die Grenzziehung zwischen einem Beitrag des einzelnen zur Teamleistung überhaupt und einem wesentlichen Beitrag je nach Fallgestaltung nicht immer plausibilisierbar sein[630]. Dieser Kritikpunkt ist durchaus berechtigt: Erbringt eine Gruppe eine entsprechende Leistung, werden viele Vorgesetzte relativ leichten Herzens eine wesentliche Beteiligung attestieren. Dies läßt sich jedoch nicht vermeiden, wenn man nicht gänzlich auf die Möglichkeit der Honorierung von Teamleistungen und deren positive Auswirkungen verzichten will. Da der Vorgesetzte regelmäßig nur das Arbeitsergebnis bewerten und nicht den vollständigen Prozeß seines Zustandekommens nachvollziehen kann, wird es ihm bereits relativ schwerfallen, (bei korrekter Vorgehensweise) eine wesentliche Beteiligung jedes Mitarbeiters festzustellen. Allerdings spricht bereits eine gewisse Vermutung dafür, daß jedes Gruppenmitglied einen nicht nur unwesentlichen Beitrag geleistet hat, da ansonsten kaum ein derartiges Ergebnis zu erzielen gewesen wäre. Nahezu unmöglich dürfte es jedoch für den Vorgesetzten sein, sogar den individuellen Beitrag des einzelnen Beamten zu ermitteln und in einer Vergabeentscheidung plausibel darzustellen.

Bereits vor Erlaß des DRRG sah *Schnellenbach* bei einem derartigen Verzicht auf die Ermittlung der individuellen Leistung die Gefahr, daß die erbrachte Leistung nicht an den Anforderungen des jeweiligen Amtes gemessen wird, wenn sich in der Gruppe Beamte mit unterschiedlichen Ämtern im statusrechtlichen Sinne befinden[631]. Den meisten Vorgesetzten dürfte allerdings durchaus bewußt sein, daß beispielsweise bei einem Beamten der Besoldungsgruppe A 13 ganz andere Anforderungen an eine herausragende Leistung zu stellen sind als bei einem Beamten der Besoldungsgruppe A 7. Man sollte davon ausgehen, daß sie dies auch bei ihren Entscheidungen berücksichtigen. Im übrigen werden häufig die an einer Arbeitsgruppe beteiligten Beamten bereits (in etwa) gleiche Ämter im statusrechtlichen Sinne innehaben. Anknüpfend an die Befürchtung von *Schnellenbach* ist allerdings damit zu rechnen, daß die Vorgesetzten mangels entsprechender Erkenntnismöglichkeiten die herausragende Gesamtleistung zu gleichen Anteilen auf die wesentlich beteiligten Beamten aufteilen und sich dann die Frage stellen werden, ob diese „Einzelleistung" bei dem jeweiligen Beamten die Vergabe einer Leistungsprämie oder -zulage rechtfertigt. In gleicher Weise werden sie gegebenenfalls bei der Bemessung der Höhe vorgehen. Diese durchaus unrealistische Vorgehensweise muß jedoch hingenommen

---

[630] *Schnellenbach*, ZBR 1998, S. 227 f.; *ders.*, Beamtenrecht in der Praxis, Rn. 579.
[631] *Schnellenbach*, DVBl. 1995, S. 1156.

werden, da ansonsten Beamte, die im Rahmen einer herausragenden Gruppenleistung eine entsprechende individuelle Leistung erbringen, regelmäßig nicht belohnt werden könnten, weil es im nachhinein nur in den seltensten Fällen möglich sein dürfte, die herausragende Leistung des einzelnen zu separieren[632].

Es muß schließlich noch auf einen Unterschied zwischen der Umsetzung des § 42a BBesG durch Bund und Freistaat Bayern eingegangen werden, der ebenfalls die Honorierung von Gruppenleistungen betrifft: Während im Bereich des Bundes jedes begünstigte Gruppenmitglied bei der Zehn-Prozent-Quote zu berücksichtigen ist[633], besteht in Bayern die Möglichkeit, daß die Gewährung an mehrere Gruppenmitglieder nur als eine Vergabe im Sinne der Quote gewertet wird, wenn der insgesamt gewährte Betrag den für eine Leistungsprämie oder -zulage maßgeblichen Höchstbetrag nicht übersteigt, wobei hierfür die höchste Besoldungsgruppe der an der Leistung wesentlich beteiligten Beamten maßgeblich ist[634]. Es stellt sich die Frage, welcher Methode der Vorzug zu geben ist.

Die bayerische Lösung weist den Nachteil auf, daß nicht genau definiert wird, bis zu welcher Gruppengröße eine von mehreren Beamten erbrachte herausragende Leistung honoriert werden darf[635]. Dies kann dazu führen, daß manche Vorgesetzte sehr schnell bereit sind, einer Gruppenleistung das Prädikat herausragend zu verleihen und auch den Kreis der wesentlich beteiligten Beamten weit zu fassen[636], um möglichst viele ihrer Mitarbeiter am Prämien- und Zulagentopf teilhaben zu lassen. Die negativen Begleiterscheinungen eines derartigen Vorgehens mit der Gießkanne wurden bereits dargestellt[637]. Trotzdem ist diesem System grundsätzlich der Vorzug vor einer Berücksichtigung jedes begünstigten Gruppenmitglieds bei der Zehn-Prozent-Quote zu geben. Diese Art der Berechnung würde nämlich dazu führen, daß in vielen Fällen eine herausragende Gruppenleistung nicht honoriert werden kann, weil dem Vergabeberechtigten gar nicht genug Vergabemöglichkeiten zur Verfügung ste-

---

[632] *Schnellenbach*, DVBl. 1995, S. 1156, selbst vertritt trotz der erwähnten Probleme die Auffassung, daß ausnahmsweise eine gruppenbezogene Orientierung vertretbar ist, wenn sich (wie im Regelfall) der Beitrag des einzelnen nicht sondern läßt.

[633] Vgl. Durchführungshinweise zu § 2 Abs. 2 LPZV.

[634] § 2 Abs. 2 S. 2 und 3 BayLPZV.

[635] Die Durchführungshinweise zu § 2 Abs. 2 BayLPZV sprechen lediglich davon, daß es sich um eine abgrenzbare Einheit handeln müsse.

[636] *Schnellenbach*, ZBR 1998, S. 227; *ders.*, Beamtenrecht in der Praxis, Rn. 579.

[637] Vgl. Abschnitt IV.4.1.

hen[638]. In jedem Fall würde durch die Würdigung einer einzigen (Gruppen)Leistung die Quote bereits zu einem großen Teil ausgeschöpft, was einzelne Beamte mit herausragenden Leistungen benachteiligen kann[639]. Um auch die Nachteile des bayerischen Systems zu minimieren, sollte der Begriff der abgrenzbaren Einheit in den Durchführungshinweisen in der Weise konkretisiert werden, daß diese nur dann vorliegt, wenn die Anzahl derjenigen Beamten, die einen wesentlichen Beitrag leisten, eine gewisse Größe nicht übersteigt. Man könnte hier an fünf bis sieben Beamte denken. Zusätzlich sollte der Entscheidungsberechtigte die Option besitzen, daß er auch zwei seiner Vergabemöglichkeiten „opfern" kann, und sich in diesem Fall der maximal zu verteilende Gesamtbetrag in der Weise errechnet, als ob die beiden Beamten in der höchsten Besoldungsgruppe eine Leistungsprämie oder -zulage in voller Höhe erhalten hätten.

4.6. Favorisierung der Gewährung von Leistungsprämien oder Leistungszulagen bei gegebener Wahlmöglichkeit

In gewissen Konstellationen besitzt der Entscheidungsberechtigte ein Wahlrecht, ob er für eine herausragende Leistung lieber eine Leistungsprämie oder eine Leistungszulage gewähren will. Wird etwa eine entsprechende Leistung bereits über einen Zeitraum von drei Monaten erbracht[640] und ist sie auch für die Zukunft zu erwarten[641], sind grundsätzlich beide Möglichkeiten eröffnet. Zwar sprechen die Durchführungshinweise zu den Leistungsprämien- und -zulagenverordnungen davon, daß die besondere Leistung erbracht[642] beziehungsweise abgeschlossen[643] sein muß. Dies hindert den Entscheidungsberechtigten jedoch nicht, das Ende der besonderen Lei-

---

[638] Dies ist vor allem dann zu befürchten, wenn man nach hier vertretener Auffassung die Entscheidungsbefugnis auf die Ebene der unmittelbaren Fachvorgesetzten überträgt (vgl. Kapitel IV.4.4.). Hier müßten einem Entscheidungsberechtigten beispielsweise 30 Beamte unterstehen, wenn er eine von nur drei Beschäftigten gemeinsam erbrachte herausragende Leistung entsprechend würdigen will. Eine derart große Zahl von Mitarbeitern dürfte eher die Ausnahme darstellen.

[639] *Bönders*, ZBR 1999, S. 18.

[640] Dies ist Grundvoraussetzung für die Gewährung einer Leistungszulage, vgl. §§ 4 Abs. 1 S. 1 LPZV; 4 Abs. 1 BayLPZV.

[641] Während diese positive Zukunftsprognose im Bereich des Bundes explizit normiert ist (vgl. § 4 Abs. 1 S. 1 LPZV), fehlt in Bayern eine entsprechende Regelung. Man kann allerdings davon ausgehen, daß die Bayerische Staatsregierung bei Erlaß der BayLPZV der Intention der Bundesregierung folgend (vgl. Begründung der Bundesregierung zum Entwurf des DRRG, BT-Drs. 13/3994, S. 43) stillschweigend davon ausgegangen ist, daß die Gewährung einer Leistungszulage begrifflich mit einer derartigen Prognose verbunden ist. Für diese Auffassung spricht insbesondere, daß eine Leistungszulage zu befristen ist, wenn die Dauer der (besonderen) Leistung absehbar ist (§ 4 Abs. 3 S. 2 BayLPZV), und daß bei Leistungsabfall ein Widerruf zu erfolgen hat (§ 4 Abs. 3 S. 4 BayLPZV).

[642] Durchführungshinweise zu § 3 LPZV.

[643] Durchführungshinweise zu § 3 BayLPZV.

stung abzuwarten und dann eine Leistungsprämie zu vergeben. Es stellt sich die Frage, ob ein derartiges Vorgehen sinnvoll ist, oder ob nicht bei Vorliegen der Voraussetzungen generell der Leistungszulage der Vorzug zu geben ist.

Obwohl bei einer Leistungsprämie der Belohnungsaspekt deutlicher hervortritt, weil auf einen Schlag eine hohe Geldsumme gewährt werden kann, sollte dennoch geregelt werden, daß im Zweifel von der Leistungszulage Gebrauch gemacht werden sollte. Nur mit diesem Besoldungsinstrument ist es nämlich dem Vorgesetzten möglich, eine längerfristige herausragende Leistung bereits nach drei Monaten zu belohnen. Die damit verbundenen Anerkennung wird in vielen Fällen das Gefühl entstehen lassen, daß sich die bisherigen Anstrengungen gelohnt haben. Wegen der hier gegebenen Möglichkeit des Widerrufs ist darüber hinaus zu erwarten, daß regelmäßig kein Leistungsabfall zu verzeichnen sein wird.

An dieser Stelle soll noch auf einen kleinen Unterschied zwischen der LPZV und der BayLPZV eingegangen werden, der die Gewährung von Leistungszulagen betrifft: Während im Bereich des Bundes eine Leistungszulage nur für bis zu drei Monate rückwirkend gewährt werden kann[644], kann dieser Zeitraum in Bayern in Ausnahmefällen sogar die letzten sechs Monate umfassen[645]. Da die Entscheidungsberechtigten gerade bei längerfristigen Projekten häufig erst sehr spät entscheiden können, daß aufgrund von erzielten (Zwischen)Ergebnissen eine herausragende Leistung vorliegt, ist die bayerische Umsetzung vorzuziehen, weil man ansonsten Gefahr läuft, daß eine entsprechende Leistung nicht gebührend honoriert werden kann, was zu Demotivation führen kann.

4.7. Limitierung der Vergabe von Leistungsprämien und -zulagen an einen Beamten

Sowohl in der LPZV als auch in der BayLPZV wird die Gewährung von Leistungsprämien und -zulagen an einen Beamten limitiert. Im Bereich des Bundes kann jedem Beamten in einem Kalenderjahr nur eine Leistungsprämie oder -zulage gewährt werden[646]. Genau wie im Freistaat Bayern ist die erneute Vergabe einer Leistungszulage erst ein Jahr (beziehungsweise zwölf Monate) nach Ablauf einer Leistungs-

---

[644] § 4 Abs. 1 S. 2 LPZV.
[645] § 4 Abs. 2 S. 5 BayLPZV.
[646] Vgl. den Wortlaut des § 2 Abs. 1 S. 1 LPZV.

zulage möglich[647]. In Bayern besteht zwar die Möglichkeit, einem Beamten neben einer Zulage eine oder sogar mehrere Leistungsprämien in einem Kalenderjahr zu gewähren. Allerdings darf ein Beamter innerhalb eines Zeitraums von zwölf Monaten durch Leistungsprämien nicht mehr als ein Anfangsgrundgehalt seiner Besoldungsgruppe erhalten[648].

Grundsätzlich läßt sich feststellen, daß trotz Vorliegen von entsprechenden Leistungen die regelmäßige Kumulation von Leistungsprämien und -zulagen in der Person eines Beamten nicht zu empfehlen ist, da zum einen bei diesem selbst durch die mehr als einmalige Gewährung innerhalb eines (Kalender)Jahres kein übermäßiger Motivationszuwachs zu erzielen sein wird, und sich zum anderen bei den übrigen Beschäftigten in besonderer Weise ein Akzeptanzproblem stellen dürfte. Trotzdem sollte zumindest die Möglichkeit bestehen, daß die (Einzel)Leistungen eines Beamten öfter als einmal innerhalb eines (Kalender)Jahres honoriert werden, da nach Gewährung einer Prämie oder Zulage ein Leistungsabfall droht, wenn der begünstigte Beamte genau weiß, daß er in absehbarer Zeit kein leistungsabhängiges Bezahlungselement mehr erhalten kann. Aus diesem Grund ist dem bayerischen System der Vorzug zu geben. Um allerdings zu vermeiden, daß eine weitere Leistungsprämie wegen der auch in Bayern gegebenen Beschränkungen nur zu einem geringen Besoldungszuwachs führen kann, beziehungsweise wegen der Jahresfrist keine Leistungszulage gewährt werden kann[649], sollten auch diese Limitierungen aufgegeben werden. Gleichzeitig sollte in den Durchführungshinweise auf die mit einer Kumulation verbundenen Probleme hingewiesen und angeraten werden, von dieser Möglichkeit nur in Ausnahmefällen zur Vermeidung von extremen Ungleichbehandlungen Gebrauch zu machen.

4.8. Zusammenfassende Beurteilung

Die durchgeführte Untersuchung hat gezeigt, daß auch die durch das DRRG neu eingeführte Möglichkeit der Vergabe von Leistungsprämien und -zulagen grundsätzlich eine Leistungssteigerung der Verwaltung insgesamt erwarten läßt. Um allerdings eine maximale Motivationswirkung zu erzielen beziehungsweise einen sogar gegenteiligen Effekt zu vermeiden, müssen diese leistungsabhängigen Bezahlungselemente

---

[647] §§ 4 Abs. 2 S. 4 LPZV; 4 Abs. 2 S. 6 BayLPZV.
[648] § 3 Abs. 2 S. 2 BayLPZV.
[649] Es wurde in Kapitel IV.4.6. bereits festgestellt, daß bei Vorliegen der Voraussetzungen eher eine Leistungszulage gewährt werden sollte.

und Leistungsstufen aufeinander abgestimmt werden. Außerdem empfiehlt es sich, gewisse Beamte trotz einer entsprechenden (Einzel)Leistung von der Gewährung auszunehmen. Ein Blick auf die Einzelheiten des Leistungsprämien- und -zulagensystems hat ergeben, daß auch hier Modifikationen möglich und notwendig sind, um eine größtmögliche Leistungssteigerung zu erreichen. Abschließend soll darauf hingewiesen werden, daß der Erfolg genau wie bei der Vergabe von Leistungsstufen maßgeblich von der Arbeit der entscheidungsberechtigten Vorgesetzten abhängt, und daß man notwendigenfalls auch vor entsprechenden Schulungsmaßnahmen nicht zurückschrecken sollte.

V. Führungspositionen auf Zeit

1. Unterschiedliche Beurteilung und bisherige Ansätze

Das DRRG eröffnet durch § 12b BRRG den Ländern die Möglichkeit, bestimmte (statusrechtliche) Ämter mit leitender Funktion zunächst nur im Beamtenverhältnis auf Zeit zu verleihen. Im ursprünglichen Gesetzentwurf der Bundesregierung war eine derartige Ermächtigung nicht vorgesehen. Obwohl der Bundesrat davon ausging, daß das damalige Rahmenrecht die Länder nicht hinderte, entsprechende Zeitbeamtenverhältnisse zu regeln, sprach er sich für eine explizite Ermächtigung aus, da man eine Sperrwirkung für das Institut des Zeitbeamten für Leitungsfunktionen befürchtete, wenn zur Vorbereitung auf die dauerhafte Ausübung einer Leitungsfunktion ausschließlich die Möglichkeit des Probebeamtenverhältnisses (§ 12a BRRG) vorgesehen würde[650]. Die Bundesregierung wendet sich in ihrer Gegenäußerung vor allem wegen der dadurch möglichen Gefährdung der sachlichen und persönlichen Unabhängigkeit der Beamten durch sachfremde Einflüsse gegen die Einführung der Vergabe von Spitzenpositionen auf Zeit. Außerdem weist sie darauf hin, daß ein Zurückfallen in das ursprüngliche Amt von den Betroffenen als Degradierung empfunden werde. Dies führe zwangsläufig zu erheblichen Einbußen an dienstlichem Ansehen und Durchsetzungskraft. Schließlich sei es aufgrund mangelnder freier Dienstposten schwierig, den zurückgefallenen Beamten in einer entsprechenden (niedrigeren) Funktion zu beschäftigen[651]. Wie das Ergebnis zeigt, konnte sich die Bundesregierung im Vermittlungsausschuß mit ihren Befürchtungen nicht durchsetzen. Der Freistaat Bayern hat von der rahmenrechtlichen Ermächtigung durch Erlaß des Art. 32a

[650] BT-Drs. 13/3994, S. 56.
[651] BT-Drs. 13/3994, S. 79.

BayBG Gebrauch gemacht. Im Bereich des Bundes wurde (konsequenterweise) auf die Einführung der Vergabe von Ämtern mit leitender Funktion auf Zeit verzichtet.

Die Studienkommission für die Reform des öffentlichen Dienstrechts kommt in ihrem Bericht aus dem Jahr 1973 mehrheitlich zu dem Ergebnis, daß von der Übertragung von Spitzenpositionen auf Zeit abgesehen werden sollte. Als Hauptargument für dieses Ergebnis wird ebenfalls die Gefährdung der Unabhängigkeit der betreffenden Beamten genannt. Außerdem sei zu erwarten, daß besonders hochqualifizierte Bewerber nicht mehr in den öffentlichen Dienst eintreten, weil „im Ergebnis die Karriere im allgemeinen unterhalb der Spitzenpositionen endet“[652]. Diejenigen Mitglieder der Kommission, die sich für die Übertragung von Spitzenpositionen auf Zeit aussprechen, begründen dies vor allem damit, daß der dadurch mögliche Austausch von Inhabern von Spitzenpositionen in besonderem Maße notwendig und sinnvoll sei, wenn einige der entsprechenden Beamten den spezifischen Anforderungen, die an eine Führungspersönlichkeit gestellt werden, nicht genügen, weil sich diese Fehlbesetzung auf den gesamten Verwaltungsbereich auswirken kann, der den betreffenden Beamten unterstellt ist. Außerdem könne wegen dieser Erleichterung des Kräfteaustauschs jüngeren Anwärtern, deren bisherige Leistung auch weiterhin Spitzenleistungen erwarten läßt, schneller der Zugang zu Führungspositionen eröffnet werden[653].

In die gleiche Richtung wie § 12b BRRG und Art. 32a BayBG zielte bereits der im Jahr 1978 erlassene § 52 Abs. 1 des Bremischen Schulverwaltungsgesetzes (BremSchulVwG)[654]. Nach dieser Vorschrift konnten Schulleiter und deren Stellvertreter und Abteilungsleiter für die Dauer von acht Jahren bestellt werden. Anders als die derzeitige Möglichkeit der zeitlich begrenzten Übertragung von Ämtern mit leitender Funktion wurde hier nur die entsprechende Funktion, nicht auch das zugehörige statusrechtliche Amt zeitlich begrenzt übertragen. Gemäß § 46 Abs. 1 und 2 BBesG sollte der jeweilige Amtsinhaber eine Zulage in Höhe des Unterschiedsbetrages zwischen dem Grundgehalt seiner Besoldungsgruppe und dem Grundgehalt der Besoldungsgruppe erhalten, der das höherwertigere Amt (im funktionellen Sinne) zugeordnet war. Das Bundesverfassungsgericht hat § 52 Abs. 1 BremSchulVwG wegen

---

[652] Studienkommission 1973, Bericht, Rn. 526.
[653] Studienkommission 1973, Bericht, Rn. 523.
[654] BremGBl. 1978, S. 175.

Verstoßes gegen die in § 18 BBesG zum Ausdruck kommende Verknüpfung von Status und Funktion, die seit jeher zu den prägenden Grundsätzen des Berufsbeamtentums zählt, für nichtig erklärt. Die durch das Zweite Gesetz zur Vereinheitlichung und Neuregelung des Besoldungsrechts in Bund und Ländern vom 23. Mai 1975[655] eingefügte Zulagenregelung des § 46 BBesG stellt nach Ansicht des Bundesverfassungsgerichts gerade keine Ermächtigung an die Landesgesetzgeber dar, von der erreichten Angleichung der Besoldung der Beamten des Bundes und der Länder abzuweichen, sondern sollte lediglich bereits bestehenden Besonderheiten Rechnung tragen[656].

2. Die Umsetzung im Beamtengesetz des Freistaates Bayern (Art. 32a BayBG)

Nach Art. 32a BayBG werden genau festgelegte Ämter, die ausnahmslos Besoldungsgruppen der Besoldungsordnung B angehören[657], zunächst nur im Beamtenverhältnis auf Zeit übertragen. Diese Ämter sind von einer probeweisen Übertragung nach Art. 32b BayBG ausgenommen[658]. Außerdem entfällt die sonst vor Verleihung eines höheren statusrechtlichen Amtes (Beförderung) erforderliche Erprobungszeit auf dem entsprechenden höherbewerteten Dienstposten[659]. Die Übertragung des jeweiligen Amtes auf Zeit führt dazu, daß neben dem bisherigen Beamtenverhältnis auf Lebenszeit[660] ein Zeitbeamtenverhältnis begründet wird[661]. Die Rechte und Pflichten aus dem Beamtenverhältnis auf Lebenszeit ruhen für die Dauer des Zeitbeamtenverhältnisses[662]. Während des Bestehens des Zeitbeamtenverhältnisses darf der Beamte nur die Amtsbezeichnung des zeitweise übertragenen Amtes führen[663]. Dienstvergehen während Bestehens des Doppelbeamtenverhältnisses werden so verfolgt, als stünde der Beamte nur im Beamtenverhältnis auf Lebenszeit[664]. Dem Beamten wird das Amt auf Zeit zunächst für eine Amtsperiode von fünf Jahren übertra-

---

655 BGBl. I, 1975, S. 1173 ff.

656 BVerfG (Beschluß des Zweiten Senats vom 03. Juli 1985), BVerfGE 70, S. 251 ff. (266 ff.).

657 Vgl. die Darstellung bei *Zängl*, in: Weiß/Niedermaier, Bayerisches Beamtengesetz, Art. 32a, S. 13 f.

658 Art. 32a Abs. 1 S. 1 BayBG.

659 Art. 32a Abs. 9 i. V. m. 21 Abs. 2 S. 2 Nr. 4 BayBG.

660 Das Bestehen eines Beamtenverhältnisses auf Lebenszeit ist grundsätzlich Voraussetzung für die Berufung in ein Amt mit leitender Funktion auf Zeit. Außerdem muß es möglich sein, dem jeweiligen Beamten das neue Amt auch auf Lebenszeit zu übertragen (Art. 32a Abs. 4 S. 1 BayBG). Von diesen Erfordernissen können die Staatsregierung oder das Präsidium des Landtags Ausnahmen zulassen (Art. 32a Abs. 4 S. 2 BayBG).

661 *Zängl*, in: Weiß/Niedermaier, Bayerisches Beamtengesetz, Art. 32a, S. 23 f.

662 Art. 32a Abs. 5 S. 1 BayBG.

663 Art. 32a Abs. 8 S. 3 BayBG.

664 Art. 32a Abs. 5 S. 2 BayBG.

gen, wobei Zeiten, in denen dem Beamten die zugehörige Funktion bereits übertragen worden war, (zwingend) angerechnet werden[665]. Auf diese Anrechnung kann der Beamte vor der Übertragung des jeweiligen Amtes auf Zeit verzichten[666]. Nach Verstreichen der ersten Amtszeit ist eine Verlängerung um eine weitere Amtszeit möglich[667]. Nach Ablauf dieser zweiten Amtszeit ist dem Beamten entweder das jeweilige Amt auf Lebenszeit zu übertragen[668], sofern aufgrund seiner bisherigen Amtsführung eine weiterhin in vollem Umfang anforderungsgerechte Leistung zu erwarten ist[669], oder der Beamte ist aus dem Beamtenverhältnis auf Zeit zu entlassen[670]. Wird das Amt auf Zeit nicht auf Lebenszeit übertragen, lebt das ruhende Beamtenverhältnis auf Lebenszeit wieder auf, sofern kein Beendigungsgrund nach Art. 38 BayBG gegeben ist[671]. Mit Entlassung aus dem Beamtenverhältnis auf Zeit endet der Anspruch auf Besoldung aus diesem Amt[672]. Soll dem Beamten während Bestehens des Zeitbeamtenverhältnisses ein einer höheren Besoldungsgruppe angehörendes Amt übertragen werden, ist zunächst das bisher auf Zeit verliehene Amt auf Lebenszeit zu übertragen[673].

3. Vereinbarkeit des Art. 32a BayBG mit hergebrachten Grundsätzen des Berufsbeamtentums

Es soll nun geklärt werden, ob Art. 32a BayBG mit den hergebrachten Grundsätzen des Berufsbeamtentums vereinbar ist.

3.1. Lebenszeitprinzip

Die Vergabe von Ämtern mit leitender Funktion auf Zeit könnte gegen das Lebenszeitprinzip verstoßen. Dieses Prinzip besagt, daß das Beamtenverhältnis (zumindest von seiten des Dienstherrn) grundsätzlich auf Lebenszeit eingegangen werden muß[674]. Dies soll es dem Beamten ermöglichen, seine Tätigkeit in gewisser Unab-

---

[665] Art. 32a Abs. 1 S. 2 BayBG.
[666] Art. 32a Abs. 1 S. 3 BayBG. Dies kann aus versorgungsrechtlichen Erwägungen heraus empfehlenswert sein, vgl. § 15a Abs. 3 bis 5 BeamtVG.
[667] Art. 32a Abs. 1 S. 4 BayBG.
[668] Eine Übertragung auf Lebenszeit bereits nach Ablauf der ersten Amtsperiode ist hingegen nicht möglich, vgl. *Zängl*, in: Weiß/Niedermaier, Bayerisches Beamtengesetz, Art. 32a, S. 17.
[669] Art. 32a Abs. 1 S. 5 BayBG.
[670] Art. 32a Abs. 7 S. 1 Nr. 1 BayBG. Eine weitere Amtsperiode in dem Amt auf Zeit ist nicht zulässig, vgl. Art. 32a Abs. 1 S. 6 BayBG.
[671] Art. 32a Abs. 7 S. 1 Nr. 1 und 4 i. V. m. S. 2 BayBG.
[672] Art. 32a Abs. 8 S. 1 BayBG.
[673] Art. 32a Abs. 6 BayBG.
[674] *Maunz*, in: Maunz/Dürig, Grundgesetz, Art. 33, Rn. 65. *Böhmer/Pfeifer*, ZBR 1975, S. 41.

hängigkeit von seinem(n) Vorgesetzten auszuüben und eine gemeinwohlorientierte und gesetzestreue Amtsführung an den Tag zu legen[675]. Das Lebenszeitprinzip ist allgemein als hergebrachter Grundsatz des Berufsbeamtentums im Sinne des Art. 33 Abs. 5 GG anerkannt[676]. Da es sich um einen besonders wesentlichen Grundsatz handelt, ist er vom Gesetzgeber nicht nur zu berücksichtigen, sondern sogar zu beachten[677]. Nach der Rechtsprechung des Bundesverfassungsgerichts bedingt das Lebenszeitprinzip, daß einem Beamten grundsätzlich das seiner Funktion entsprechende statusrechtliche Amt auf Lebenszeit übertragen wird, da er ansonsten gar nicht in der Lage ist, unsachlicher Beeinflussung von seiten seiner Vorgesetzten und der politischen Führung zu widerstehen[678]. Eine Mindestsicherung der Unabhängigkeit des Beamten in der Weise, daß ihm ein Grund- oder Basisamt auf Lebenszeit übertragen ist (wird), wird als nicht ausreichend angesehen[679].

---

[675] BVerfG (Beschluß des Zweiten Senats vom 12. März 1975), BVerfGE 39, S. 196 ff. (201); BVerfG (Beschluß des Zweiten Senats vom 30. März 1977), BVerfGE 44, S. 249 ff. (264 f.); *Lübbe-Wolff*, in: Dreier, Grundgesetz, Art. 33, Rn. 81; *Busse*, VR 1977, S. 339; *Günther*, ZBR 1996, S. 72; *Scheuring*, PersV 1978, S. 64.

[676] Z. B. BVerfG (Beschluß des Zweiten Senats vom 27. April 1959), BVerfGE 9, S. 268 ff. (286); BVerfG (Beschluß des Zweiten Senats vom 10. Dezember 1985), BVerfGE 71, S. 255 ff. (268); *Summer*, ZBR 1992, S. 2; *Bayer*, PersV 1999, S. 350; *Erichsen*, DVBl. 1980, S. 726.

[677] BVerfG (Beschluß des Zweiten Senats vom 10. Dezember 1985), BVerfGE 71, S. 255 ff. (268). *Leisner*, ZBR 1996, S. 290, bezeichnet das Lebenszeitprinzip dementsprechend auch als Zentrum des beamtenrechtlichen Statusrechts. Nach seiner Auffassung würde das Beamtenrecht in seinem Kern verändert, wenn der Zeitbeamte für bestimmte Beamtenkategorien zur Regel würde. Auch *Schwandt*, ZBR 1976, S. 206, bezeichnet das Lebenszeitprinzip als besonders wesentlichen hergebrachten Grundsatz des Berufsbeamtentums. Beamtenverhältnisse auf Zeit stellen dementsprechend Ausnahmetatbestände dar, die sachlich begründet sein müssen.

[678] Das BVerfG (Beschluß des Zweiten Senats vom 03. Juli 1985), BVerfGE 70, S. 251 ff. (266 f.), begründet dies damit, daß ein Beamter umgekehrt auch nur solche Tätigkeiten verrichten muß, die seinem Status entsprechen. *Studenroth*, ZBR 1997, S. 214, spricht sich dafür aus, daß zwischen Politik und Beamtentum „feste rechtliche Trennungsmauern errichtet werden (müssen), die eine jede Annäherung zwischen beiden unmöglich machen". In diesem Sinne auch *König/Kroppenstedt*, ZfP 1977, S. 244, mit Hinweis auf den bereits ähnlich formulierten Art. 130 Abs. 1 der Weimarer Reichsverfassung. *Battis*, DVBl. 1977, S. 666 f., fordert zur Absicherung der Unparteilichkeit und Unabhängigkeit des jeweiligen Amtsinhabers insbesondere eine angemessene Bezahlungs- und Versorgungsregelung.

[679] *Studenroth*, ZBR 1997, S. 218. *Günther*, ZBR 1996, S. 71 f., bezeichnet diese aus dem Lebenszeitprinzip abgeleitete notwendige Übertragung des der Funktion entsprechenden Amtes auch als Statusprinzip. *Leisner*, ZBR 1996, S. 290, sieht diese untrennbare Verknüpfung von Amt und Funktion eher als notwendige Folge des Laufbahnprinzips an, welches ebenfalls einen hergebrachten Grundsatz des Berufsbeamtentums darstellt. *Ule*, ZBR 1987, S. 6, verweist darauf, daß nach deutscher Beamtentradition Beförderungen in ein höheres Amt nur durch Übertragung dieses Amtes erfolgen können, und daß der Beamte dann auch in diesem Amt zu verbleiben hat. Nach Auffassung von *Siedentopf*, DÖV 1985, S. 1039 f., soll es hingegen ohne weiteres verfassungsrechtlich zulässig sein, einem Beamten eine Funktion auf Zeit ohne gleichzeitige Verleihung des zugehörigen statusrechtlichen Amtes auf Lebenszeit zu übertragen. Nach seiner Auffassung wird die rechtliche und wirtschaftliche Unabhängigkeit durch das statusrechtliche Grundamt gewährleistet.

Nach dem Gesagten liegt eine Beeinträchtigung des Lebenszeitprinzips vor, da das (höhere) statusrechtliche Amt gerade nicht (sofort) auf Lebenszeit übertragen wird. Die sachliche Unabhängigkeit eines auf Zeit bestellten Amtswalters ist mit der eines Beamten, dem das Amt auf Lebenszeit verliehen wird, nicht vergleichbar[680]. Ein Beamter, dem das Beförderungsamt nur auf Zeit verliehen wurde, wird sich zumindest unbewußt regelmäßig so verhalten, wie es dem Willen der über seine dauerhafte Ernennung entscheidenden Politiker oder Vorgesetzten entspricht. Schließlich ist mit dem Zurückfallen in das bisherige Statusamt ein nach außen hin sichtbares Unfähigkeitsurteil verbunden[681]. Es dürfte nahezu unmöglich sein, einem Außenstehenden die Tatsache plausibel zu machen, daß die „Degradierung" im konkreten Fall eben nicht auf mangelnde Leistung, sondern auf mangelnde Willfährigkeit gegenüber der Politik zurückzuführen ist. Auch durch das Beschreiten des Rechtswegs läßt sich die Feststellung der Nichtbewährung regelmäßig nicht beseitigen, da eine entsprechende Klage wegen des bestehenden Beurteilungsermessens nur dann Erfolg verspricht, wenn der politischen Spitze beziehungsweise den für sie handelnden Vorgesetzten ausnahmsweise ein Verfahrens- oder Begründungsfehler unterlaufen ist[682].

Das Argument, daß es bei einem Beamten auf Zeit gerade nicht möglich ist, ihn aus beliebigem Anlaß aus dem Dienst zu entfernen, läßt die Gefahr der Beeinträchtigung der Unabhängigkeit nicht entfallen, da über vielen Entscheidungen des Zeitbeamten das Damoklesschwert der Nichtbewährungsfeststellung hängen dürfte[683]. Eine Beeinträchtigung des Lebenszeitprinzips scheidet auch nicht deshalb aus, weil nur eine geringe Zahl von Ämtern im Beamtenverhältnis auf Zeit vergeben wird[684]. Dieser

---

[680] *Lecheler*, in: Isensee/Kirchhof(Hrsg.), § 72, Rn. 114. Nach *Leisner*, Legitimation des Berufsbeamtentums, S. 70, legitimiert sich der Beamtenstatus überhaupt erst durch die dadurch mögliche unabhängige Aufgabenerfüllung.

[681] *Summer*, ZBR 1997, S. 120, spricht davon, daß statt des erwarteten Leistungsdrucks ein Anpassungsdruck entsteht.

[682] *Schnellenbach*, ZBR 1998, S. 223 f.; *Summer*, ZBR 1997, S. 120.

[683] *Thieme*, DÖV 1987, S. 941, sieht dies beim insoweit vergleichbaren Zulagenmodell des § 52 Abs. 1 BremSchulVwG nicht als Beeinträchtigung der Unabhängigkeit an, weil der jeweilige Beamte auf Zeit ja wisse, daß er nach Ablauf der Amtszeit das Amt (hier im funktionellen Sinne) wieder verlieren kann. Mit Blick darauf, daß der Beamte regelmäßig ein Zurückfallen mit allen Mitteln vermeiden möchte, kann dieser Auffassung nicht zugestimmt werden. Auch *Böhm*, DÖV 1996, S. 408, die letztlich einen Verstoß der Einführung von Beamtenstellen auf Zeit gegen das Prinzip der Lebenszeitanstellung verneint, sieht die Gefahr, daß durch eine mögliche Zurückstufung ein parteiisches Verhalten der Beamten gefördert wird.

[684] So aber *Böhm*, DÖV 1996, S. 408, die der Meinung ist, daß das Lebenszeitprinzip der Übertragung von Ämtern auf Zeit nur dann entgegenstünde, wenn dadurch die Institution des Lebenszeitbeamten quasi „auf kaltem Wege" abgeschafft würde.

quantitativen Betrachtung kann vor allem deshalb nicht zugestimmt werden, weil die betroffenen Ämter in der Hierarchie sehr weit oben stehen, und deshalb die jeweiligen Amtsinhaber den gesamten ihnen nachgeordneten Verwaltungsbereich beeinflussen können. Daran ändert auch die Tatsache nichts, daß auch bisher schon Spitzenämter nach Parteibuch besetzt wurden, so daß eine vollkommene Unabhängigkeit der Verwaltung von der Politik niemals gegeben war[685]. Insgesamt läßt sich also zunächst feststellen, daß die Vergabe von Ämtern mit leitender Funktion auf Zeit nach Art. 32a BayBG eine Beeinträchtigung des Lebenszeitprinzips darstellt.

3.2. Laufbahnprinzip

Leisner sieht in der Vergabe von Ämtern auf Zeit nach Art. 32a BayBG auch eine Beeinträchtigung des Laufbahnprinzips, das ebenfalls einen hergebrachten Grundsatz des Berufsbeamtentums darstellt. Nach seiner Auffassung verlangt dieses Prinzip unter anderem einen geordneten Fortschritt in der Ämterhierarchie. Abgesehen von disziplinarrechtlichen Entscheidungen führt eine Laufbahn nur nach vorn, nie rückwärts[686]. Nach einhelliger Meinung in der einschlägigen Literatur besagt das Laufbahnprinzip als hergebrachter Grundsatz jedoch lediglich, daß der Beamtendienst in Laufbahnen gegliedert ist, die eine gewisse Vor- und Ausbildung erfordern, und daß die Vergabe von Beförderungsämtern nur an die innerhalb der jeweiligen Laufbahn befindlichen Beamten erfolgen darf[687]. Gegen die Ansicht von *Leisner* muß deshalb eine Beeinträchtigung des Laufbahngrundsatzes abgelehnt werden[688].

3.3. Alimentationsprinzip

Weiterhin könnte das Alimentationsprinzip betroffen sein[689]. Diesem Prinzip ist zunächst dadurch Genüge getan, daß sich die Bezüge des Beamten auf Zeit nach dem

---

685 Mit dieser Argumentation wollen *Böhm*, DÖV 1996, S. 408, und *Neßler*, RiA 1997, S. 160 f., scheinbar eine Beeinträchtigung des Lebenszeitprinzips durch die Einführung der Besetzung von Spitzenpositionen auf Zeit ablehnen.

686 *Leisner*, ZBR 1996, S. 290.

687 So etwa *Maunz*, in: Maunz/Dürig, Grundgesetz, Art. 33, Rn. 67; *Lecheler*, in: Isensee/Kirchhof (Hrsg.), § 72, Rn. 57; *ders.*, Das Laufbahnprinzip, S. 2 ff; *Wiese*, Beamtenrecht, S. 15 f.; *Bayer*, PersV 1999, S. 350.

688 Beim Zulagenmodell des § 52 Abs. 1 BremSchulVwG hingegen soll nach der Ansicht von *Günther*, ZBR 1996, S. 72, das Laufbahnprinzip betroffen sein, weil erhebliche Statusfelder der höheren Ministerialbürokratie nicht mehr durch Statusvergabe, sondern nur noch besoldungsrechtlich durch Gewährung einer Zulage, realisiert werden, und damit das Laufbahnprinzip verfassungsrechtlich leerläuft.

689 Eine ausführliche Darstellung des Alimentationsprinzips erfolgte bereits in Kapitel III.2.1. und III.2.2.

jeweiligen Amt (auf Zeit) bemessen. Gleichzeitig besagt der Alimentationsgrundsatz aber auch, daß sich das Ruhegehalt aus dem zuletzt innegehabten (statusrechtlichen) Amt berechnen muß[690]. Dieser Vorgabe genügt die derzeitige gesetzliche Regelung nicht, weil sich die ruhegehaltfähigen Dienstbezüge erst dann aus dem Beamtenverhältnis auf Zeit berechnen, wenn dem Beamten im Zeitpunkt des Erreichens der gesetzlichen Altersgrenze das jeweilige Amt bereits mindestens fünf Jahre übertragen war[691]. Dieses Manko berührt jedoch nicht die verfassungsrechtliche Zulässigkeit der Vergabe von Ämtern mit leitender Funktion auf Zeit, sondern vielmehr die Frage, ob der Gesetzgeber in versorgungsrechtlicher Hinsicht die Vorgaben des Art. 33 Abs. 5 GG erfüllt[692]. Eine Beeinträchtigung des Alimentationsprinzips durch Art. 32a BayBG ist damit nicht gegeben.

3.4. Fürsorgeprinzip

Denkbar ist auch eine Beeinträchtigung des Fürsorgeprinzips. Dieses gehört ebenfalls zu den hergebrachten Grundsätzen des Berufsbeamtentums im Sinne des Art. 33 Abs. 5 GG[693] und stellt ein Korrelat zu der von dem Beamten einzuhaltenden Treuepflicht gegenüber dem Dienstherrn dar[694]. Aus dem Fürsorgeprinzip ergibt sich kein starrer Bestand an Berücksichtigungs- beziehungsweise Beachtenspflichten[695], sondern die Fürsorgeverpflichtung des Dienstherrn definiert sich nach dem jeweiligen Stand der Gesellschaft und kann sich dementsprechend ändern[696]. *Summer* weist beispielsweise für den derzeit ablaufenden Prozeß der Verwaltungsmodernisierung darauf hin, daß der jeweilige Dienstherr aus Fürsorgeerwägungen heraus der Förderung seiner verbeamteten Mitarbeiter die gleiche Aufmerksamkeit widmen muß wie der

---

[690] BVerfG (Beschluß des Zweiten Senats vom 14. Juni 1960), BVerfGE 11, S. 203 ff. (210); BVerfG (Beschluß des Zweiten Senats vom 30. März 1977), BVerfGE 44, S. 249 ff. (265); BVerfG (Beschluß des Zweiten Senats vom 07. Juli 1982), BVerfGE 61, S. 43 ff. (57 f.); Leibholz/Rinck/Hesselberger, Grundgesetz, Art. 33, Rn. 397; *Lecheler*, in: Isensee/Kirchhof(Hrsg.), § 72, Rn. 56; *Maunz*, in: Maunz/Dürig, Grundgesetz, Art. 33, Rn. 69; *Leisner*, ZBR 1996, S. 290; *Günther*, ZBR 1996, S. 72; *Schütz*, DÖD 1977, S. 242.

[691] § 15a Abs. 4 BeamtVG. Dies gilt entsprechend bei Versetzung in den Ruhestand wegen Dienstunfähigkeit, vgl. § 15a Abs. 5 BeamtVG.

[692] *Bayer*, PersV 1999, S. 350. A. A. *Günther*, ZBR 1996, S. 72, und *Leisner*, ZBR 1996, S. 290, die wegen der fehlerhaften Ausgestaltung des Versorgungsrechts eine Beeinträchtigung des Alimentationsprinzips durch die Vergabe von Spitzenpositionen auf Zeit bejahen.

[693] BVerfG (Beschluß des Ersten Senats vom 02. Dezember 1958), BVerfGE 8, S. 332 ff. (356); BVerfG (Urteil des Zweiten Senats vom 27. April 1959), BVerfGE 9, S. 268 ff. (286); BVerfG (Beschluß des Zweiten Senats vom 15. Dezember 1976), BVerfGE 43, S. 154 ff. (165); BVerfG (Beschluß des Zweiten Senats vom 13. November 1990), BVerfGE 83, S. 89 ff. (100).

[694] *Kunig*, in: von Münch/Kunig, Grundgesetz, Art. 33, Rn. 63.

[695] Leibholz/Rinck/Hesselberger, Grundgesetz, Art. 33, Rn. 201.

[696] *Maunz*, in: Maunz/Dürig, Grundgesetz, Art. 33, Rn. 68; *Summer*, ZBR 1998, S. 151.

angestrebten Leistungs- und Ertragssteigerung[697]. Weiterhin gehört zu den aus dem Fürsorgeprinzip abgeleiteten Pflichten des Dienstherrn, daß er seine Beamten gegen unberechtigte Angriffe in Schutz nimmt und sie entsprechend ihrer Eignung und Leistung fördert[698], ihnen in Notlagen Beihilfen gewährt[699] und sie betreffende Ermessensentscheidungen gerecht und wohlwollend fällt[700]. Dies erfordert insbesondere die Ausschaltung aller sachfremder Überlegungen[701].

Mißt man nun die gesetzliche Regelung des Art. 32a BayBG an diesen Aussagen, so ist keine Beeinträchtigung des Fürsorgeprinzips ersichtlich: Wird dem Beamten auf Zeit nach Ablauf der zweiten Dienstzeit das Amt nicht dauerhaft übertragen, weil aufgrund der bisherigen Amtsführung zu erwarten ist, daß er den Anforderungen nicht in vollem Umfang gerecht werden wird[702], so erfolgt die Entlassung aus dem Beamtenverhältnis auf Zeit aus einem sachlichen Grund und ist deshalb verfassungsrechtlich nicht zu beanstanden. Nichts anderes gilt für die Entlassung des Beamten auf Zeit nach Ablauf der ersten Amtszeit. Zwar spricht die gesetzliche Regelung davon, daß dem Beamten das Amt für eine weitere Amtszeit übertragen werden kann, was auf ein weites Ermessen des Dienstherrn hindeutet. Allerdings dürfte dieses Ermessen in der Weise eingeschränkt sein, daß dem jeweiligen Beamten das Amt nur dann nicht erneut zu übertragen ist, wenn er sich entweder fachlich oder leistungsmäßig nicht bewährt hat, beziehungsweise zu erwarten ist, daß er den Anforderungen im Verlauf der zweiten Amtszeit nicht in vollem Umfang gerecht werden wird, oder aber ein anderer Bewerber für das Amt zur Verfügung steht, bei dem davon auszugehen ist, daß er aufgrund seiner bisherigen Beurteilungen den Anforderungen des Amtes noch besser als der bisherige Amtsinhaber gerecht werden wird. Die erforderliche Auswahlentscheidung muß selbstverständlich nach dem Leistungsprinzip des Art. 33 Abs. 2 GG erfolgen[703]. Da auch dies einen sachlichen Grund darstellt, ist das

---

[697] *Summer*, ZBR 1998, S. 153.
[698] BVerfG (Beschluß des Zweiten Senats vom 15. Dezember 1976), BVerfGE 43, S. 154 ff. (165); Leibholz/Rinck/Hesselberger, Grundgesetz, Art. 33, Rn. 201; *Lübbe-Wolff*, in: Dreier, Grundgesetz, Art. 33, Rn. 79.
[699] BVerfG (Beschluß des Zweiten Senats vom 13. November 1990), BVerfGE 83, S. 89 ff. (100); *Lecheler*, in: Isensee/Kirchhof(Hrsg.), § 72, Rn. 50.
[700] *Lecheler*, ZBR 1972, S. 129.
[701] BVerwG (Urteil des Zweiten Senats vom 30. August 1962), BVerwGE 15, S. 3 ff. (7).
[702] Ist eine derartige Prognose nicht möglich, muß das Amt dauerhaft übertragen werden, vgl. Art. 32a Abs. 1 S. 5 BayBG.
[703] *Züngl*, in: Weiß/Niedermaier, Bayerisches Beamtengesetz, Art. 32a, S. 11.

Fürsorgeprinzip ebenfalls nicht betroffen[704]. Natürlich muß man sich darüber im klaren sein, daß es zu Verstößen gegen das Fürsorgeprinzip kommen wird, wenn einem Beamten das Amt auf Zeit entzogen beziehungsweise nicht dauerhaft verliehen wird, obwohl er der am besten geeignete Bewerber ist, weil er nicht das richtige oder kein Parteibuch in der Schublade hat. Dieser Verfassungsverstoß ist dann aber Folge einer rechtswidrigen Ausübung des Verwaltungsermessens im Einzelfall und nicht der gesetzlichen Regelung des Art. 32a BayBG.

3.5. Zwischenergebnis

Nach den gemachten Ausführungen läßt sich zunächst feststellen, daß die Übertragung von Ämtern mit leitender Funktion auf Zeit nach Art. 32a BayBG zumindest eine Beeinträchtigung des Lebenszeitprinzips darstellt, welches als hergebrachter Grundsatz des Berufsbeamtentums im Sinne des Art. 33 Abs. 5 GG anerkannt ist. Diese Beeinträchtigung ist dann verfassungsgemäß, wenn die Übertragung von Ämtern auf Zeit in dieser Form als zulässige Erweiterung einer verfassungskonformen Ausnahme vom Lebenszeitprinzip anzusehen oder durch zwingende Gründe gerechtfertigt ist.

3.6. Vorformung der Übertragung von Ämtern auf Zeit in bisheriger Gesetzgebung

3.6.1. Der politische Beamte

Möglicherweise stellt Art. 32a BayBG nur eine Erweiterung der Institution des politischen Beamten dar[705]. Ein politischer Beamter bekleidet ein Amt, dessen Ausübung eine dauernde Übereinstimmung mit den grundsätzlichen politischen Ansichten und Zielen der Regierung erfordert. Ist diese Übereinstimmung etwa infolge eines Regierungswechsels nicht mehr gegeben, kann dieser Beamte jederzeit in den einstweiligen Ruhestand versetzt werden[706]. Zweck dieser Institution ist es, durch gegensätzliche politische Ansichten ausgelöste Reibungsverluste zwischen politischer Führung

[704] Zu dem gleichen Ergebnis kommt *Bayer*, PersV 1999, S. 350, mit der Begründung, daß der Grundsatz der Fürsorge keinen Anspruch auf Übertragung oder Beibehaltung einer Führungsposition begründet. A. A. *Leisner*, ZBR 1996, S. 290 f., der darauf hinweist, daß die Dienstherrn als Pendant zur Treuepflicht des Beamten „Vertrauen um Vertrauen" schulden, was ihnen verbietet, die einmal anvertraute Funktion beliebig und unvorhersehbar wieder zu entziehen. Dies ist jedoch gerade nicht der Fall, da eine ersatzlose Entlassung aus dem Amt auf Zeit nur nach Ablauf einer der beiden Amtszeiten und nur aus den genannten Gründen erfolgen darf.

[705] Vgl. § 36 BBG. Bayern hingegen hat von der Ermächtigung des § 31 BRRG keinen Gebrauch gemacht und den politischen Beamten nicht eingeführt.

[706] Vgl. den Wortlaut des § 31 BRRG.

und Verwaltungsspitze zu vermeiden[707]. Nach überwiegender Auffassung stellt die ohne weiteres mögliche Versetzung politischer Beamter in den einstweiligen Ruhestand einen hergebrachten Grundsatz des Berufsbeamtentums dar[708].

Die Institution des politischen Beamten kann nicht als Rechtfertigung für die Einführung der Vergabe von Ämtern mit leitender Funktion auf Zeit herangezogen werden: Selbst wenn man die Auffassung vertritt, daß eine Ausdehnung der Rechtsfigur des politischen Beamten auf die von Art. 32a BayBG erfaßten Ämter verfassungsrechtlich zulässig wäre[709], so stellt jedenfalls der Beamte auf Zeit ein aliud gegenüber dem politischen Beamten dar: Der Beamte auf Zeit darf eben gerade nicht jederzeit abberufen werden, sondern behält das Amt grundsätzlich bis zum Ende der vorgesehenen Amtszeit[710]. Außerdem soll die Einführung des Beamten auf Zeit nach Art. 32a BayBG das Leistungsprinzip in der Verwaltung stärken, während die Institution des politischen Beamten die Funktionsfähigkeit der Spitzenbürokratie (und damit auch die Handlungsfähigkeit der Regierung) sicherstellen soll[711]. Wegen dieser unterschiedlichen Zielrichtungen kann die Erweiterung der Figur des politischen Beamten nicht als Rechtfertigung für die Einführung des Beamtenverhältnisses auf Zeit nach Art. 32a BayBG herangezogen werden[712]. Nur ergänzend sei darauf hingewiesen, daß das Zurückfallen des Beamten auf Zeit in das niedrigere Amt auch keinen sanfteren Einschnitt darstellt als die Versetzung des politischen Beamten in den Ruhestand[713]. Abgesehen davon, daß der „entlassene" politische Beamte anders als der Beamte auf Zeit regelmäßig keine finanzielle Einbuße erleidet, weil er seine Arbeits-

[707] BVerwG (Urteil des 2. Senats vom 29. Oktober 1964), BVerwGE 19, S. 332 ff. (333); BVerwG (Urteil des 2. Senats vom 27. Januar 1977), BVerwGE 52, S. 33 ff. (34f.); *Battis*, Bundesbeamtengesetz, § 36, Rn. 2; *Maunz*, in: Maunz/Dürig, Grundgesetz, Art. 33, Rn. 73; *Summer*, in: Fürst, GKÖD, Band I, Teil 2a, K § 36, Rn. 4; *Wiese*, Beamtenrecht, S. 67.

[708] BVerfG (Beschluß des Ersten Senats vom 17. Oktober 1957), BVerfGE 7, S. 155 ff. (166 f.); BVerwG (Urteil des 2. Senats vom 29. Oktober 1964), BVerwGE 19, S. 332 ff. (333); *Summer*, in: Fürst, GKÖD, Band I, Teil 2a, K § 36, Rn. 4; *Wiese*, Beamtenrecht, S. 66 f. A. A. *Battis*, Bundesbeamtengesetz, § 36, Rn. 3, mit der Begründung, daß die Versetzung des politischen Beamten in den einstweiligen Ruhestand keine entscheidende Bedeutung für den Bestand des Berufsbeamtentums hat und damit keinen grundsätzlichen Charakter im Sinne des Art. 33 Abs. 5 GG besitzt.

[709] *Günther*, ZBR 1996, S. 73, verneint bereits die verfassungsrechtliche Zulässigkeit der Erweiterung des § 36 Abs. 1 BBG um Ministerialämter.

[710] *Böhm*, DÖV 1996, S. 406.

[711] *Summer*, DÖV 1986, S. 718; *Leisner*, ZBR 1996, S. 292.

[712] Auch wenn man natürlich *Summer*, DÖV 1986, S. 715, recht geben muß, daß mancher politische Beamte nur wegen schlechter Leistung in den einstweiligen Ruhestand versetzt wird.

[713] So aber *Kewenig*, in: Lückerath(Hrsg.), S. 31 f., für das in dieser Beziehung vergleichbare Zulagenmodell des § 52 Abs. 1 BremSchulVwG.

kraft außerhalb des öffentlichen Dienstes vermarkten darf[714], beeinträchtigt es das Ansehen und das Selbstwertgefühl eines Beamten in viel geringerer Weise, wenn er wegen nicht mehr gegebener Übereinstimmung mit den Vorstellungen und Zielen der Regierung in den Ruhestand versetzt wird, als wenn er wegen (angeblicher) Nichterfüllung der Anforderungen des höheren Amtes „zurückgestuft" wird[715].

3.6.2. Vor Erlaß des DRRG existierende Beamtenverhältnisse auf Zeit

Unter Umständen stellt die Regelung des Art. 32a BayBG nur eine zulässige Erweiterung des Kreises der bereits bisher existierenden Beamtenverhältnisse auf Zeit dar. Rahmengesetzlich kann ein Beamtenverhältnis dann auf Zeit begründet werden, wenn der Beamte nur auf bestimmte Dauer für hoheitsrechtliche Aufgaben verwendet werden soll[716]. Die Fälle und die Voraussetzungen der Ernennung von Beamten auf Zeit sind gesetzlich zu bestimmen[717]. Hauptanwendungsfälle sind hier die kommunalen Wahlbeamten[718] und im Hochschulbereich die wissenschaftlichen Assistenten[719] [720].

Auch diese eng begrenzten Ausnahmen vom Lebenszeitprinzip[721] lassen sich nicht auf die in Art. 32a BayBG genannten Fallgruppen ausdehnen: Während beim kommunalen Wahlbeamten die Festlegung der Legislaturperioden und die damit mögliche Abwahl des Beamten die Ernennung auf Zeit rechtfertigt[722], ist ein derartiger Austausch der Beamten in der allgemeinen Verwaltung gerade nicht möglich. Auch läßt sich die befristete Ernennung nach Art. 32a BayBG nicht etwa damit begründen, daß die jeweiligen Beamten nur zur Erledigung von zeitlich begrenzten Aufgaben eingesetzt werden sollen, weil es sich bei den Aufgaben der Verwaltung und insbesondere derjenigen der Beamten in leitender Funktion grundsätzlich um dauerhafte handelt[723].

---

714 *Summer*, DÖV 1986, S. 718; *Günther*, ZBR 1996, S. 73.
715 *Summer*, ZBR 1997, S. 120.
716 § 3 Abs. 1 S. 1 Nr. 2 BRRG.
717 § 95 Abs. 1 BRRG.
718 Vgl. für Bayern Art. 152 BayBG; 1 ff. KWBG.
719 Vgl. §§ 57a ff. i. V. m. 53 HRG; Art. 127 BayBG; 18 f., 20 f. BayHSchLG.
720 *Summer*, DÖV 1986, S. 715; *Böhm*, DÖV 1996, S. 406.
721 *Günther*, ZBR 1996, S. 73.
722 *Ziemske*, DÖV 1997, S. 611.
723 Vgl. *Summer*, DÖV 1986, S. 714, der dies in der Weise formuliert, daß „für Spitzenpositionen für befristete Aufgaben kein nennenswerter Bedarf entstehen dürfte."

Weiterhin kann auch die Ernennung von wissenschaftlichen Assistenten auf Zeit nicht als Begründung für die Zulässigkeit von Beamtenverhältnissen auf Zeit herangezogen werden: Das Bundesverfassungsgericht führt in einer Entscheidung, in der es sich mit der Rechtmäßigkeit der Befristung von Arbeitsverträgen mit wissenschaftlichem Personal an Hochschulen nach §§ 57a ff. HRG auseinandersetzt, unter anderem aus, daß nur durch diese Befristung „der Zustrom junger Wissenschaftler und neuer Ideen" gewährleistet sei, „ohne den die Forschung erstarren würde." Außerdem dürfe diese Phase beruflicher Qualifikation, die auf eine vollwertige wissenschaftliche Tätigkeit vorbereiten soll, nur einen gewissen Zeitraum andauern, da sich ansonsten der Einübungseffekt abnutze[724]. In gleicher Weise läßt sich argumentieren, daß das (Hochschul)Assistenten-Verhältnis deshalb begründet wird, um dem Assistenten innerhalb eines angemessenen Zeitraums die Fertigung seiner Habilitationsschrift zu ermöglichen, und daß sich nach Ablauf dieses Zeitraums die Aufrechterhaltung des Beamtenverhältnisses nicht mehr rechtfertigen läßt[725]. Jedenfalls liegt der Zweck der Befristung des Beamtenverhältnisses in der Besonderheit von Lehre und Forschung[726] und kann nicht als Rechtfertigung für Beamtenverhältnisse auf Zeit in der Verwaltung herangezogen werden.

3.6.3. Das Beamtenverhältnis auf Probe

Auch die Fallgruppe der Beamtenverhältnisse auf Probe kann nicht in der Weise erweitert werden, daß sie als Rechtfertigungsbasis für die Vergabe von Ämtern mit leitender Funktion auf Zeit nach Art. 32a BayBG dienen könnte. Abgesehen von der ebenfalls durch das DRRG neu eingeführten Möglichkeit der Vergabe von (statusrechtlichen) Ämtern mit leitender Funktion auf Probe[727], kann ein Beamtenverhältnis nur dann auf Probe begründet werden, wenn der Beamte später als Lebenszeitbeamter verwendet werden soll[728]. Die Probezeit dient anders als das Zeitbeamtenverhältnis nach Art. 32a BayBG nicht der Feststellung, ob ein Beamter den Anforderungen

---

[724] BVerfG (Beschluß des Ersten Senats vom 24. April 1996), BVerfGE 94, S. 268 ff. (286).

[725] *Thieme*, Deutsches Hochschulrecht, Rn. 503.

[726] *Ziemske*, DÖV 1997, S. 611. *Summer*, in: Weiß/Niedermaier, Bayerisches Beamtengesetz, Art. 128, S.3, sieht als Rechtfertigung für die Befristung der Beamtenverhältnisse der Assistenten scheinbar allein die Tatsache an, daß diese Beamtengruppe früher nur im Beamtenverhältnis auf Widerruf standen, und im Vergleich zu diesem Beamtenverhältnis das Beamtenverhältnis auf Zeit eine Verbesserung darstellt. Diese Schlußfolgerung erscheint nicht zwingend.

[727] §§ 5 Abs. 1 Nr. 2b, 24a BBG; 3 Abs. 1 S. 1 Nr. 3b, 12a BRRG; Art. 6 Abs. 1 S. 1 Nr. 3b, 32b BayBG; dazu später.

[728] Vgl. den Wortlaut der §§ 5 Abs. 1 Nr. 2a BBG; 3 Abs. 1 S. 1 Nr. 3a BRRG; Art. 6 Abs. 1 S. 1 Nr. 3a BayBG.

eines höheren statusrechtlichen Amtes genügt, sondern soll vielmehr die Klärung der Frage ermöglichen, ob es vertretbar ist, einem Bewerber den Status eines Beamten auf Lebenszeit zu verleihen[729]. Dementsprechend kann der Beamte auf Probe entlassen werden, wenn er sich in seiner Probezeit nicht bewährt[730], während der Beamte, dem ein Amt mit leitender Funktion auf Zeit verliehen wurde, im Fall seiner Nichtbewährung nach Ablauf der Amtszeit „nur" in sein bisheriges Amt zurückfällt. Wegen dieser unterschiedlichen Zielrichtung stellt Art. 32a BayBG ein aliud gegenüber dem Beamtenverhältnis auf Probe als notwendigem Durchgangsstadium auf dem Weg zum Beamtenverhältnis auf Lebenszeit dar.

3.6.4. Das Beamtenverhältnis auf Widerruf

Auch das Beamtenverhältnis auf Widerruf weist keine Vergleichbarkeit zu der Vergabe von Ämtern auf Zeit nach Art. 32a BayBG auf. Ein Beamtenverhältnis auf Widerruf kann grundsätzlich nur zur Ableistung eines Vorbereitungsdienstes eingegangen werden[731] [732]. Diese Form des Beamtenverhältnisses zeichnet sich insbesondere dadurch aus, daß der Beamte jederzeit entlassen werden kann, wobei das Ermessen des Dienstherrn allerdings dadurch eingeschränkt ist, daß er dem Beamten die Gelegenheit geben soll, den Vorbereitungsdienst abzuleisten und die abschließende Prüfung abzulegen[733]. Der Beamte auf Widerruf ist spätestens dann zu entlassen, wenn er die entsprechende Abschlußprüfung abgelegt oder eine vorgeschriebene Zwischenprüfung endgültig nicht bestanden hat[734]. Da das Beamtenverhältnis auf Widerruf in erster Linie zur Ableistung des Vorbereitungsdienstes und nicht zur Klärung der Frage, ob ein Beamter dauerhaft den Anforderungen eines höheren Amtes gerecht werden wird, begründet wird, liegt eine ganz andere Zweckbestimmung vor als bei Art. 32a BayBG. Darüber hinaus bedeutet es für den Dienstherrn auch einen erheblichen Unterschied, ob sich ein Beamter auf Widerruf oder ein Beamter, dem ein

---

[729] Die erfolgreiche Ableistung dieser Probezeit ist Voraussetzung für die Ernennung eines Beamten auf Lebenszeit, vgl. §§ 9 Abs. 1 Nr. 3 BBG; 6 Abs. 1 BRRG; Art. 11 Abs. 1 Nr. 3 BayBG.

[730] §§ 31 Abs. 1 S. 1 Nr. 2 BBG; 23 Abs. 3 Nr. 2 BRRG; Art. 42 Abs. 1 S. 1 Nr. 2 BayBG.

[731] §§ 5 Abs. 2 Nr. 1 BBG; 3 Abs. 1 S. 1 Nr. 4a BRRG; Art. 6 Abs. 1 S. 1 Nr. 4a BayBG.

[732] Daneben kann ein Widerrufsbeamtenverhältnis auch dann begründet werden, wenn der Beamte nur nebenbei oder vorübergehend für hoheitliche Aufgaben verwendet werden soll (§§ 5 Abs. 2 Nr. 2 BBG; 3 Abs. 1 S. 1 Nr. 4b BRRG; Art. 6 Abs. 1 S. 1 Nr. 4b BayBG). Diese Möglichkeit, der nach der Privatisierung von Bahn und Post keine praktische Bedeutung mehr zukommt (*Summer*, in: Fürst, GKÖD, Band I, Teil 2a, K § 5, Rn. 11), kann offensichtlich nicht als Begründung für die Zulässigkeit von Zeitbeamtenverhältnissen nach Art. 32a BayBG herangezogen werden.

[733] Vgl. §§ 32 Abs. 1 S. 1, Abs. 2 S. 1 BBG; 23 Abs. 4 BRRG; Art. 43 Abs. 1 S. 1, Abs. 2 S. 1 BayBG.

[734] Vgl. § 32 Abs. 2 S. 2 BBG; Art. 43 Abs. 2 S. 2 BayBG.

Amt mit leitender Funktion auf Zeit übertragen wurde, bewährt hat: Während dem Beamten auf Zeit nach Ablauf der zweiten Amtszeit das jeweilige Amt auf Dauer zu übertragen ist[735], steht es für den Widerrufsbeamten, der den Vorbereitungsdienst erfolgreich abgeleistet und die vorgeschriebenen Prüfungen bestanden hat, nicht fest, ob er nach seiner Entlassung aus dem Beamtenverhältnis auf Widerruf zum Beamten auf Probe[736] ernannt wird. Dies hängt vielmehr davon ab, ob überhaupt entsprechende Planstellen zur Verfügung stehen. Daneben hat die Auswahlentscheidung unter mehreren Bewerbern nach dem Leistungsprinzip des Art. 33 Ans. 2 GG zu erfolgen. Wegen dieser grundsätzlichen Unterschiede läßt die Existenz des Beamtenverhältnisses auf Widerruf ebenfalls keine Rückschlüsse auf die Zulässigkeit der Vergabe von Ämtern mit leitender Funktion auf Zeit zu.

3.6.5. Die Zulagenregelung des § 46 Abs. 1 S. 2 BBesG

Möglicherweise läßt sich die verfassungsrechtliche Zulässigkeit von Ämtern mit leitender Funktion auf Zeit aus dem Rechtsgedanken des § 46 Abs. 1 S. 2 BBesG ableiten. Diese Vorschrift besagt, daß ein Beamter, dem auf Grund besonderer landesrechtlicher Rechtsvorschriften ein Amt mit zeitlicher Befristung übertragen worden ist, für die Dauer der Wahrnehmung eine Zulage erhält, wenn er das höherwertige Amt auf dem übertragenen Dienstposten wegen der besonderen (landesrechtlichen) Rechtsvorschrift nicht durch Beförderung erreichen kann. Die Zulage beträgt den Unterschiedsbetrag zwischen dem Grundgehalt der Besoldungsgruppe, in der sich der Beamte befindet, und dem Grundgehalt (der Besoldungsgruppe), der das höherwertige Amt zugeordnet ist[737].

Die nach dieser Vorschrift mögliche Übertragung eines höheren Amtes auf Zeit bei entsprechender Bezahlung ist jedoch nicht geeignet, die durch Art. 32a BayBG erfolgte Beeinträchtigung des Lebenszeitprinzips zu rechtfertigen: Zum einen sollte der Erlaß dieser Norm lediglich bereits existierenden landeseigentümlichen Besonderheiten Rechnung tragen, und keine Ermächtigung an den Landesgesetzgeber darstellen, durch Schaffung von (weiteren) Besonderheiten die erreichte Vereinheitlichung

---

[735] Art. 32a Abs. 1 S. 5 BayBG. Vgl. auch die in Kapitel V.3.4. aus Fürsorgeerwägungen abgeleitete Bindung des Dienstherrn bezüglich der erneuten Übertragung des Amtes nach Ablauf der ersten Dienstzeit.

[736] Vgl. Abschnitt V.3.6.3.

[737] § 46 Abs. 1 S. 2, Abs. 2 S. 1 BBesG.

der Besoldung der Beamten des Bundes und der Länder wieder in Frage zu stellen[738]. Zum anderen erfaßt § 46 BBesG gerade nicht den Fall, daß das Amt im statusrechtlichen Sinne zeitlich begrenzt übertragen wird. Stattdessen geht es bei dieser Norm um die zeitlich begrenzte Übertragung von Ämtern im konkret-funktionellen Sinne[739]. Eine Übertragung des Rechtsgedankens dieser Norm auch auf statusrechtliche Ämter ist vor allem deshalb nicht möglich, weil in § 46 Abs. 1 S. 2 BBesG vorausgesetzt wird, daß das höherwertige statusrechtliche Amt wegen der besonderen landesrechtlichen Rechtsvorschrift eben nicht durch Beförderung erreicht werden kann. Art. 32a BayBG sieht jedoch gerade eine derartige Verleihung eines höheren Amtes im statusrechtlichen Sinne vor, die nach zwei erfolgreichen Amtsperioden sogar auf Dauer zu erfolgen hat[740].

3.6.6. Ergebnis

Die durchgeführte Untersuchung hat ergeben, daß die Vergabe von Ämtern mit leitender Funktion auf Zeit ein aliud gegenüber allen bisher existierenden Ausnahmen vom Lebenszeitprinzip darstellt. Aus diesem Grund kann die durch Art. 32a BayBG erfolgte Beeinträchtigung nicht durch eine mögliche Erweiterung einer dieser Aus-

---

[738] BVerfG (Beschluß des Zweiten Senats vom 03. Juli 1985), BVerfGE 70, S. 251 ff. (263); Clemens/Millack/Engelking/Lantermann/Henkel, Besoldungsrecht, Band II, Teil II, § 46, S. 2. *Siedentopf*, DÖV 1985, S. 1041, vertritt die gegenläufige Meinung, daß sich aus der Entstehungsgeschichte der Norm nicht herleiten läßt, daß der Gesetzgeber nur die bereits bestehenden landesrechtlichen Sonderregelungen für zulässig erklären und gleichzeitig andere, zeitlich spätere Sonderregelungen ausschließen wollte. Dieser Auffassung kann jedoch mit Blick auf die Begründung der Bundesregierung zum Entwurf des damaligen § 49 BBesG nicht gefolgt werden. Dort heißt es nämlich, daß durch die Vorschrift „insbesondere den beamten- und besoldungsrechtlichen Besonderheiten in Hamburg (Bezirksamtsleiter) und Berlin (Dirigierende Ärzte) Rechnung getragen (wird)" (BT-Drs. 7/1906, S. 88). Aus der Formulierung, daß mit dem Erlaß des § 49 BBesG (alt) bereits existierenden Besonderheiten Rechnung getragen wird, läßt sich implizit herauslesen, daß sich die (nach Ansicht der Bundesregierung notwendige bundesrechtliche) Ermächtigung nicht auch auf noch nicht existierende Besonderheiten beziehen soll.

[739] *Siedentopf*, DÖV 1985, S. 1040. *Summer*, in Schwegmann/Summer, Bundesbesoldungsgesetz, § 46, Rn. 6, vertritt zwar ebenfalls die Ansicht, daß es sich bei dem Amt i. S. d. § 46 Abs. 1 S. 2 BBesG jedenfalls nicht um das Amt im statusrechtlichen Sinne handeln kann, meint dann aber mit Blick auf § 46 Abs. 2 BBesG, daß darunter auch nicht das Amt im konkret-funktionellen oder abstrakt-funktionellen Sinne verstanden werden kann, weil diesen Amtsbegriffen (zumindest unmittelbar) kein Grundgehalt zugeordnet ist. Vielmehr soll es sich um ein Rechtsinstitut handeln, das zwischen dem konkret-funktionellen und dem statusrechtlichen Amt liegt. Auch wenn man *Summer* aufgrund der Formulierung der Vorschrift dogmatisch recht geben muß, sollte man sich doch mit Blick auf die Wirkungsweise des § 46 Abs. 1 S. 2 BBesG und zur Vermeidung des (bisher unbekannten) Rechtsbegriffs des „beinah statusrechtlichen" Amtes dahingehend einigen, daß das Amt im konkret-funktionellen Sinne gemeint ist, und der Gesetzgeber nur ungenau formuliert hat.

[740] Vgl. Kapitel V.3.4.

nahmen beziehungsweise durch Übertragung eines darin enthaltenen Rechtsgedankens gerechtfertigt werden.

3.7. Rechtfertigung durch zwingende Gründe

Möglicherweise existieren aber zwingende Gründe, die die Beeinträchtigung des Lebenszeitprinzips rechtfertigen können. Nach Auffassung des Bundesverfassungsgerichts beläßt Art. 33 Abs. 5 GG dem Gesetzgeber grundsätzlich einen weiten Spielraum, um das Beamtenrecht an veränderte Bedingungen anzupassen. Dieses Ermessen ist allerdings in der Weise eingeschränkt, daß die Bedeutung jedes einzelnen Grundsatzes „für die Institution des Berufsbeamtentums in der freiheitlichen rechts- und sozialstaatlichen Demokratie zu würdigen (ist)." Davon hängt ab, ob und inwieweit ihm bei den gesetzgeberischen Vorhaben Rechnung zu tragen ist[741]. Mit anderen Worten ist bei der vorliegenden Beeinträchtigung des Lebenszeitprinzips zu fragen, ob die für die Regelung des Art. 32a BayBG sprechenden Gründe gewichtig genug sind, um dafür das Lebenszeitprinzip (und die damit verbundene Sicherung der Unabhängigkeit des Beamten) zumindest teilweise aufzugeben[742]. Im Rahmen dieser Abwägung ist natürlich auch zu berücksichtigen, wie wahrscheinlich der Eintritt der positiven Folgen ist, und ob zu erwarten ist, daß die neu geschaffene Institution Führungsämter auf Zeit auch negative Begleiterscheinungen mit sich bringen wird. Da der Bundesrat, auf dessen Initiative ja der Erlaß des § 12b BRRG zurückgeht, keine Gründe für die Einführung von Ämtern mit leitender Funktion auf Zeit nennt[743], wird man auf die von anderer Seite geäußerten Argumente zurückgreifen müssen, die unter Umständen auch zu dem in dieser Hinsicht vergleichbaren Modell des § 52 Abs. 1 BremSchulVwG gemacht wurden. Allgemein läßt sich zunächst sagen, daß die Vergabe von Ämtern auf Zeit zu einer Stärkung des Leistungsprinzips und zu einer Steigerung der Leistungsfähigkeit der Verwaltung beitragen soll[744].

---

[741] BVerfG (Beschluß des Zweiten Senats vom 14. Juni 1960), BVerfGE 11, S. 203 ff. (215); BVerfGE (Beschluß des Ersten Senats vom 08. Februar 1977 auf die mündliche Verhandlung vom 09. November 1976), BVerfGE 43, S. 242 ff. (278); BVerfG (Beschluß des Zweiten Senats vom 07. November 1979), BVerfGE 52, S. 303 ff. (335 f.). Ebenso *Böhm*, DÖV 1996, S. 407; *Ule*, DVBl. 1986, S. 1030.

[742] *Bayer*, PersV 1999, S. 351; ähnlich *Leisner*, ZBR 1996, S. 292; *Knaier*, Kommunales Haushalts- und Dienstrecht, S. 143.

[743] BR-Drs. 885/95 (Beschluß), S. 4 f. *Leisner*, ZBR 1996, S. 292, bezeichnet die Tatsache, daß ein oberstes Verfassungsorgan in einem verfassungsrechtlich hochsensiblen Bereich eine Regelung vorschlägt, ohne auch nur den Anschein einer Begründung zu geben, als „Ausdruck einer vollständigen Verfassungsblindheit."

[744] *Ule*, DVBl. 1986, S. 1030, bezweifelt, ob die in Frage stehende Neuerung im Beamtenrechts überhaupt auf geänderte Bedingungen im Sinne der Rechtsprechung des Bundesverfassungsgerichts zur

Ein Argument, das zur Rechtfertigung der Vergabe von Ämtern mit leitender Funktion auf Zeit vorgetragen wird, ist die Funktion der Führungskräfte als Gelenk zwischen Verwaltung und Politik[745]. Es sollen also durch gegensätzliche politische Einstellungen verursachte Reibungsverluste bei der Umsetzung der Vorgaben der Regierung vermieden werden. Diesem Anliegen wird jedoch bereits in ausreichendem Maße durch die Institution des politischen Beamten Genüge getan[746]. Die Tatsache, daß man in Bayern den politischen Beamten nicht eingeführt hat, kann nicht als Rechtfertigung für den Erlaß des Art. 32a BayBG herangezogen werden: Es wurde bereits dargestellt, daß der Verlust des auf Zeit gewährten Amtes das Selbstwertgefühl und das Ansehen des betroffenen Beamten in stärkerer Weise belastet als dies bei der Versetzung eines politischen Beamten in den einstweiligen Ruhestand der Fall ist[747]. Damit existiert eine die persönliche Unabhängigkeit des jeweiligen Amtsinhabers weniger beeinträchtigende Möglichkeit, die den verfolgten Zweck, nämlich eine reibungslose Zusammenarbeit zwischen Politik und Verwaltungsspitze, in gleicher Weise erfüllt. Aus diesem Grund besteht für den Gesetzgeber kein Wahlrecht zwischen der Vergabe der betreffenden Ämter an politische Beamte oder der Vergabe auf Zeit. Darüber hinaus umfaßt Art. 32a BayBG auch Ämter, die nicht an politische Beamte vergeben werden dürften, weil diese nicht an der Schnittstelle zwischen Politik und Verwaltung angesiedelt sind, und damit kein Bedürfnis nach einer fortdauernden Übereinstimmung des Amtsinhabers mit den Ansichten und Zielen der Regierung besteht. Beispielsweise werden nach Art. 32a BayBG alle Ämter der Leiter und stellvertretenden Leiter von Behörden, soweit sie in der Besoldungsordnung B eingestuft sind, zunächst auf Zeit vergeben[748]. Natürlich könnte man auch bei diesen Ämtern argumentieren, daß die verwaltungsmäßige Umsetzung von politischen Maßnahmen in einigen Fällen besser funktionieren dürfte, wenn eine „Grundübereinstimmung" der jeweiligen Amtsinhaber mit der politischen Zielrichtung besteht.

Abänderbarkeit von hergebrachten Grundsätzen des Berufsbeamtentums (vgl. oben) zurückgeführt werden kann, da die vorgetragenen Gründe allesamt rechtspolitischer Natur seien, die mit neuen Entwicklungen und neuen Sachverhalten nichts zu tun haben. Dazu läßt sich jedoch sagen, daß gerade in der heutigen Zeit der Globalisierung vollkommen neue Anforderungen an den Wirtschaftsstandort Deutschland gestellt werden als noch vor wenigen Jahren, die auch eine Modernisierung der staatlichen Verwaltung erforderlich machen, um investitionsbereiten Unternehmen günstige Rahmenbedingungen bieten zu können.

745 *Thieme*, DÖV 1987, S. 934; *Leisner*, ZBR 1996, S. 292.

746 Vgl. Abschnitt V.3.6.1. Nach *Thieme*, Verwaltungslehre, Rn. 579, kann die im Bereich der politischen Beamten vorkommende Partei-Patronage bis zu einem gewissen Grad hingenommen werden, sofern gleichzeitig die erforderliche Sachqualifikation vorliegt.

747 Kapitel V.3.6.1.

748 Art. 32a Abs. 1 S.1 Nr. 2 BayBG.

Damit kann natürlich nicht gemeint sein, daß eine teilweise rechtswidrige Amtsführung erwartet wird, weil ein derartiger illegitimer Zweck niemals eine Beeinträchtigung des Lebenszeitprinzips rechtfertigen kann. Im übrigen ist die Vergabe der betreffenden Ämter auf Zeit jedoch nicht erforderlich, um eine unparteiische Amtsführung der Beamten unterhalb der Schnittstelle Verwaltung-Politik zu gewährleisten. Schließlich steht es auch dem bayerischen Gesetzgeber frei, die Einführung von politischen Beamten zu normieren, die dann durch entsprechende Weisungen und notfalls mit den Mitteln des Disziplinarrechts eine rechtmäßige Amtsführung der ihnen unterstellten (Spitzen)Beamten sicherstellen können. Außerdem wäre es gerade in Bayern widersprüchlich, dieses Argument als Rechtfertigung für die Vergabe dieser Ämter auf Zeit heranzuziehen, kann man doch aufgrund der Nichtexistenz von politischen Beamten davon ausgehen, daß die Zusammenarbeit zwischen Politik und Verwaltung ohnehin reibungslos und ohne nennenswerte Zwischenfälle funktioniert[749].

Auch der Tatsache, daß die Vergabe von Ämtern auf Zeit eine größere Dispositionsfreiheit bei der Personalführung bietet[750], kann keine rechtfertigende Wirkung beigemessen werden. Schließlich handelt es sich dabei um eine automatische Folge der zeitlich begrenzten Ämtervergabe ohne nennenswertes Legitimationsgewicht[751].

Die Begründung, daß Ämter auf Zeit eine personalpolitische Lösung für befristete Aufgaben bieten[752], kann ebenfalls nicht als Rechtfertigungsbasis für die Beeinträchtigung des Lebenszeitprinzips dienen: Zum einen wurde bereits angesprochen, daß es sich bei den Aufgaben der Verwaltung und insbesondere derjenigen der Spitzenbeamten grundsätzlich um dauerhafte handelt[753]. Wenn damit aber nur in Ausnahmefällen das Bedürfnis nach einer zeitlich begrenzten Aufgabenerfüllung besteht, kann dieses Argument niemals zur Rechtfertigung einer unterschiedslos für alle Ämter einer bestimmten Hierarchieebene geltenden Vorschrift herangezogen werden[754]. Darüber hinaus ist auch für (ausnahmsweise anfallende) zeitlich befristete Aufgaben die Vergabe von Ämtern auf Zeit nicht erforderlich, weil der jeweilige Dienstherr die

[749] Wollte man polemisch sein, könnte man sogar sagen, daß dieses Zusammenspiel manchmal zu gut verläuft.
[750] Studienkommission 1973, Bericht, Rn. 523; *Siedentopf*, DÖV 1985, S. 1034; *Günther*, ZBR 1996, S. 68; *Bayer*, PersV 1999, S. 351.
[751] *Leisner*, ZBR 1996, S. 292.
[752] *Siedentopf*, DÖV 1985, S. 1034 f.
[753] Vgl. Abschnitt V.3.6.2.
[754] *Leisner*, ZBR 1996, S. 293.

sachgerechte Bewältigung dieser Aufgaben bereits durch die üblichen Organisationsmaßnahmen wie Abordnung oder Umsetzung erreichen kann[755].

Weiterhin wird als Argument für die Vergabe von Ämtern auf Zeit vorgebracht, daß dadurch die Mobilität, die Leistungsmotivation und der Wettbewerb bei der Besetzung von Spitzenpositionen gesteigert werde. Insbesondere sollen dadurch auch jüngere Beamte, deren bisherige Beurteilungen Spitzenleistungen erwarten lassen, schneller in Spitzenpositionen gebracht werden[756]. Diese pauschale Behauptung mag in einigen Fällen durchaus zutreffen. Dabei darf man aber einige Gesichtspunkte nicht vergessen, die dieses auf den ersten Blick äußerst positiv anmutende Argument in gewisser Weise relativieren: Zum einen stellt sich die Frage, ob gerade bei den in Frage stehenden Spitzenämtern eine größere Mobilität überhaupt wünschenswert ist. Schließlich werden an die jeweiligen Amtsinhaber sehr hohe Anforderungen gestellt, was natürlich auch eine relativ lange Einarbeitungszeit erforderlich macht. Während dieser Zeit ist nur eine verminderte Leistungsfähigkeit zu erwarten. Es dürfte kaum nachzuweisen sein, daß sich durch die Vergabe dieser Ämter auf Zeit insgesamt ein Leistungsgewinn für die Verwaltung erzielen läßt[757] [758]. Ähnlich verhält es sich mit der Steigerung der Leistungsmotivation. Es ist zwar durchaus wahrscheinlich, daß die Amtsinhaber zumindest zum Ende der Amtsperiode hin ihr Engagement erhöhen. Die höhere Leistung kann aber auch in einer Verbesserung der Beziehung zu den über die Wiederbestellung entscheidenden Personen oder in einer übersteigerten Selbstdarstellung liegen[759], was regelmäßig von der eigentlichen Sacharbeit ablenkt. Unter Umständen lassen manche der betreffenden Beamten sogar durchblicken, daß sie im Falle der erneuten Übertragung des Amtes eine höhere „Loyalität" gegenüber der politischen Ebene an den Tag legen werden. Weiterhin fragt sich, ob die Vergabe der in Art. 32a BayBG aufgeführten Ämter wirklich eine Steigerung des Wettbewerbs erwarten läßt. Aufgrund der Vergabe auf Zeit besteht zwar ständig eine Kon-

[755] *Leisner*, a. a. O.
[756] Studienkommission 1973, Bericht, Rn. 523; *Siedentopf*, DÖV 1985, S. 1034; *Leisner*, ZBR 1996, S. 293; *Günther*, ZBR 1996, S. 68 f.
[757] Auch *Ule*, DVBl. 1986, S. 1030, und *Ellwein*, DÖV 1987, S. 473, bezweifeln, ob gerade bei Führungspositionen eine Erhöhung der Mobilität wünschenswert ist, weil eine lange Verweildauer im Amt immer auch ein Positivum war.
[758] Außerdem besteht die Gefahr, daß der öffentliche Dienst für besonders hochqualifizierte Bewerber nicht mehr interessant erscheint, weil bei vergleichbarem Arbeitsplatzrisiko in der Privatwirtschaft höhere Gehälter winken, vgl. *Achterberg*, DVBl. 1977, S. 546.
[759] Auch *Knaier*, Kommunales Haushalts- und Dienstrecht, S. 144, weist auf die Gefahr hin, daß der einzelne Beamte am Ende seiner Amtszeit alle Kraft dazu nutzen wird, die Verlängerung seiner Amtsstellung zu erreichen.

kurrenzsituation um das jeweilige Amt. Es ist aber fraglich, ob die jeweiligen Konkurrenten mit vollem Einsatz um die Beförderung kämpfen werden, weil als Siegpreis nur eine (zumindest zunächst) zeitlich begrenzte Übertragung des Amtes winkt. Die Lukrativität des Wettbewerbseinsatzes ist also geringer als bei einer dauerhaften Verleihung des Amtes[760]. Darüber hinaus ist zu befürchten, daß manche Beamte ihren Vorgesetzten nicht ihre volle Unterstützung gewähren, wenn sie selbst bereits ein Auge auf deren Amt geworfen haben[761].

Schließlich kann auch die verstärkt mögliche Einbeziehung jüngerer Beamter in Spitzenämter nicht pauschal als Rechtfertigung für die Einführung der Vergabe dieser Ämter auf Zeit herangezogen werden. Es ist zwar durchaus richtig, daß sich jüngere Beamte im Regelfall durch eine höhere körperliche und geistige Leistungsfähigkeit und einen größeren Ideenreichtum auszeichnen. Daß das Nachlassen der Leistungsfähigkeit sogar kurz vor Ende der normalen Dienstzeit eines Beamten in einer signifikanten Anzahl von Fällen besorgniserregende Werte annimmt, kann jedoch nicht angenommen werden[762]. Ansonsten wäre das Festhalten an der gegenwärtigen Altersgrenze nahezu unverantwortlich. Auf der anderen Seite sind ältere Beamte nach allgemeiner Lebenserfahrung häufig besser in der Lage, zu organisieren, zu koordinieren und zu überwachen[763]. Dabei handelt es sich um Eigenschaften, die gerade von einer Führungskraft erwartet werden. Bei näherer Überlegung muß man das Argument, daß es mit Hilfe von Ämtern mit leitender Funktion auf Zeit schneller möglich ist, jüngeren Bewerbern Führungsämter zu verleihen, als nahezu unseriös bezeichnen: Scheinbar sollen besonders leistungsfähige und innovative junge Beamte mit dem Hintergedanken in kürzester Zeit durch ihre entsprechender Laufbahnämter[764] getrieben und in Führungsämtern erprobt werden, daß man diese Ämter nach relativ kurzer Zeit wieder entziehen kann, wenn diesen Beamten die wohl nur in der Minderzahl der Fälle zu erwartende Reife für ein Spitzenamt fehlt[765]. Damit soll kei-

---

760 *Leisner*, ZBR 1996, S. 293. Nach Auffassung von *Böhm*, ZBR 1996, S. 408, kann diese geringere Attraktivität von Beförderungsämtern auf Zeit unter Umständen auch eine Förderung der Unabhängigkeit bewirken, weil „die Beute für die parteigebundene Führungsspitze weniger interessant wird."

761 Es ist auch nicht ausgeschlossen, daß einige dieser Beamten in diesen Fällen sogar aktiv am Stuhl ihres Vorgesetzten sägen.

762 Damit ist natürlich nicht gesagt, daß der verkalkte oder vertrottelte Inhaber eines Spitzenamtes nicht existiert, vgl. *Leisner*, ZBR 1996, S. 293.

763 *Leisner*, ZBR 1996, S. 293.

764 Die sie ja trotz der Einführung von Ämtern auf Zeit noch zu durchlaufen haben.

765 Schließlich nimmt man durch dieses Vorgehen den Beamten die Möglichkeit, die notwendige Erfahrung in den unteren Ämtern zu sammeln.

neswegs gesagt werden, daß es nicht durchaus sinnvoll und berechtigt sein kann, auch einen jungen Beamten in die Verwaltungsspitze zu bringen, wenn er neben seiner jugendlichen Dynamik (ausnahmsweise) auch die erforderliche Ruhe und Erfahrung besitzt. Es sollte lediglich die naheliegende Befürchtung ausgesprochen werden, daß man bei Beförderungsentscheidungen dem Leistungsprinzip des Art. 33 Abs. 2 GG nicht hundertprozentig Rechnung trägt, wenn die getroffene Auswahlentscheidung nach relativ kurzer Zeit wieder rückgängig gemacht werden kann[766].

Das wohl am häufigsten zur Rechtfertigung der Vergabe von Spitzenämtern auf Zeit herangezogene Argument ist, daß damit Fehlbesetzungsentscheidungen rückgängig gemacht werden können, und ein erleichterter Kräfteaustausch möglich ist, wenn ein Beamter den Anforderungen seines Amtes nicht mehr (in vollem Umfang) entspricht[767]. Dazu läßt sich jedoch sagen, daß gerade die Vermeidung von anfänglichen Fehlbesetzungen keinesfalls als Rechtfertigung für die Vergabe von Ämtern auf Zeit herangezogen werden kann, weil dieser Problematik vielmehr durch eine Verbesserung der Methoden zur Verwendungsbeurteilung und gegebenenfalls auch durch eine Ausweitung des Instruments der Probezeit begegnet werden muß[768]. Weiterhin ist zweifelhaft, ob die Möglichkeit der Auswechslung von Amtsinhabern wegen zwischenzeitlich eingetretenen Leistungsabfalls die Vergabe von Spitzenämtern auf Zeit rechtfertigen kann. Ganz abgesehen von der Tatsache, daß ein nicht durch Erfahrung kompensierbarer körperlicher oder geistiger Leistungsabfall vor Erreichen der Altersgrenze in der Praxis den Ausnahmefall darstellen dürfte[769], stellt sich die Frage, ob man nicht mit den bereits existierenden Mitteln der Personalwirtschaft wie Umsetzung oder Versetzung einer derartigen Verringerung der Leistungsfähigkeit in ausreichendem Maße Rechnung tragen kann[770]. Da es jedoch weder durch eine Umsetzung noch nach gegenwärtiger Gesetzeslage durch eine Versetzung möglich ist, einem Beamten (zumindest ohne seine Zustimmung) wegen Leistungsabfalls ein

---

[766] Im Ergebnis ebenso *Ule*, DVBl. 1986, S. 1030.
[767] Studienkommission 1973, Bericht, Rn. 523; *Siedentopf*, DÖV 1985, S. 1034; *Thieme*, DÖV 1987, S. 934; *Bayer*, PersV 1999, S. 351 f.; *Günther*, ZBR 1996, S. 69; *Kohler/Teufel*, DÖV 1995, S. 1057.
[768] *Günther*, ZBR 1996, S. 69; *Leisner*, ZBR 1996, S. 293; *Ule*, DVBl. 1986, S. 1030.
[769] *Ule*, DVBl. 1986, S. 1030; *Leisner*, ZBR 1996, S. 293.
[770] *Siedentopf*, DÖV 1985, S. 1034, sieht als Hauptgründe für die seiner Meinung nach mangelhafte Durchsetzung des Leistungsprinzips im öffentlichen Dienst weniger das geltende Dienstrecht, als vielmehr die mangelnde Führungs- und Durchsetzungskraft der Verwaltungsführung und den wirksamen Widerstand von Interessengruppen und Personalvertretungen.

Amt mit niedrigerem Grundgehalt zu verleihen[771], ist eine Steigerung der Leistungsfähigkeit der Verwaltung durch die Vergabe von Spitzenpositionen auf Zeit denkbar, weil es gerade im Bereich von Spitzenämtern äußerst schwierig ist, einen Beamten, der nicht mehr (vollständig) den Anforderungen eines bestimmten Amtes genügt, ohne bereits dienstunfähig zu sein, mit Hilfe einer Um- oder Versetzung sinnvoll weiter zu beschäftigen. Das Zurückfallen in ein niedrigeres Amt bietet in diesem Fall eine echte Alternative, weil es auf einer niedrigeren Hierarchieebene mehr Möglichkeiten gibt, dem betreffenden Beamten eine Tätigkeit zuzuweisen, die seine Fähigkeiten nicht überfordert[772].

Nach den vorstehenden Ausführungen läßt sich als Zwischenergebnis feststellen, daß eine Stärkung des Leistungsprinzips beziehungsweise eine Steigerung der Leistungsfähigkeit der Verwaltung durch die Vergabe von Ämtern mit leitender Funktion auf Zeit nicht ausgeschlossen ist. Diesen möglichen Produktivitätsgewinn gilt es nun abzuwägen mit denkbaren negativen Folgen, die eine zeitlich begrenzte Übertragung von Spitzenämtern mit sich bringt.

Ein Argument, das gegen Spitzenämter auf Zeit ins Feld geführt wird, ist, daß es in vielen Fällen zu einer Verminderung der Führungskraft kommen wird[773]. Welcher Vorgesetzte, der sich um seine Wiederbestellung Sorgen machen muß, wird nicht zumindest zum Ende seiner Amtszeit hin versuchen, größeren Konflikten mit seinen Mitarbeitern aus dem Weg zu gehen? Schließlich muß er befürchten, daß sich ein verstimmter Beamter bei höherer Stelle negativ über seinen Führungsstil äußert oder aber nur noch Dienst nach Vorschrift leistet. Um dies zu vermeiden, wird er den Schulterschluß mit allen seinen Mitarbeitern suchen und versuchen, sie „vor seinen Wagen zu spannen"[774]. Dementsprechend ist zu erwarten, daß viele Spitzenbeamte auf Zeit überdurchschnittlich viele gute und nur in Ausnahmefällen schlechte Beur-

---

[771] Vgl. §§ 18 BRRG; 26 BBG; Art. 34 BayBG. Es stellt sich die Frage, ob es verfassungsrechtlich zulässig wäre, einen Beamten in ein Amt mit niedrigerem Endgrundgehalt zu versetzen, wenn er die bei der Verleihung des gegenwärtigen Amtes vorhandene Eignung, Befähigung und fachlicher Leistung später verloren hat. Dies bejahen z. B. *Thieme*, *Ule* und *Achterberg*, vgl. Studienkommission 1973, Anlageband 5, S. 301 ff. (*Thieme*) (342) und S. 441 ff. (*Ule*) (513); *Achterberg*, DVBl. 1977, S. 545. A. A. OVG Bremen ((Vorlage-)Beschluß vom 07.11.1960), DVBl. 1961, S. 174 f.

[772] Dieser Zielsetzung widerspricht es natürlich, daß ein Amt auf Zeit nach Ablauf von zehn Jahren im Fall der Bewährung des jeweiligen Amtsinhabers doch auf Lebenszeit zu übertragen ist (vgl. Art. 32a Abs. 1 S. 5 BayBG).

[773] *Bayer*, PersV 1999, S. 351.

[774] *Leisner*, ZBR 1996, S. 294.

teilungsnoten vergeben werden. Daneben werden viele dieser Beamten Leistungsprämien und -zulagen möglichst nach dem Gießkannenprinzip verteilen[775] [776].

Auch wird der Vorgesetzte auf Zeit seinen Mitarbeitern regelmäßig kein verläßlicher Partner sein, auf dessen Unterstützung sie bei schwierigen und zweifelhaften Entscheidungen vertrauen können. Es wird also zu einem Verlust an Entscheidungsfreudigkeit kommen, der bei den Vorgesetzten auf Zeit beginnt und sich von dort auf die Mitarbeiterebene überträgt[777]. In Extremfällen kann dies sogar zu einem rechtswidrigen Verwaltungshandeln führen, wenn aus Angst vor Fehlern staatliche Interessen gegenüber Bürgern nicht mehr hundertprozentig durchgesetzt werden. Zusätzlich wird dieser Verlust an Entscheidungsbereitschaft auch die Stellung der Personalvertretung schwächen, weil ein „schwacher" Behördenleiter gemeinsame Interessen nicht wirkungsvoll nach außen und nach oben vertreten kann[778].

Ein weiteres Argument gegen die Vergabe von Spitzenämtern auf Zeit ist der Verlust von Transparenz und Vorhersehbarkeit für den Bürger[779]. Zum einen ist es zur Vermeidung unnötiger Investitionen in vielen Fällen wichtig, bereits im voraus zu wissen, wie die Verwaltung Ermessensentscheidungen treffen wird. Zum anderen ist es in bestimmten staatlichen Tätigkeitsgebieten, die sich wie der fiskalische Bereich durch besondere Komplexität auszeichnen, häufig sinnvoll, wenn sich Verwaltung und Bürger über strittige Fragen verständigen. Dabei handelt die Verwaltung nicht rechtswidrig, wenn sie zur Abwendung von langwierigen Prozessen mit ungewissem Ausgang bei kontrovers diskutierten Rechtsfragen oder auch schwer zu beweisenden Tatsachen in gewissem Umfang Zugeständnisse macht, wenn im Gegenzug auch der Bürger auf die gerichtliche Geltendmachung eines Teils seiner (ebenfalls strittigen) Rechte verzichtet oder Tatsachen unstreitig stellt, und die zu erwartenden Gerichts- und Anwaltskosten in keinem Verhältnis zum Wert des Streitgegenstands stehen. Welcher Bürger beziehungsweise welches Unternehmen wird mit einem Amtsinha-

---

[775] *Knaier*, Kommunales Haushalts- und Dienstrecht, S. 145.

[776] Er wurde bereits dargestellt, daß eine derartige Vergabepraxis vor allem dann wenig motivierend wirkt, wenn die gewährten Prämien und Zulagen wegen zu geringer dafür bereitgestellter Haushaltsmittel nur einen geringen Gehaltszuwachs bedeuten, vgl. Abschnitt IV.3.4.

[777] *Bayer*, PersV 1999, S. 351; *Leisner*, ZBR 1996, S. 294.

[778] *Leisner*, ZBR 1996, S. 295, weist darauf hin, daß der Vorgesetzte auf Zeit durchaus keine Stärkung der Personalvertretung bedeutet, weil man sich zwar diesem gegenüber leichter durchsetzen kann, dann aber die weit wichtigere Unterstützung nach „weiter oben" fehlt.

[779] *Bayer*, PersV 1999, S. 351; *Leisner*, ZBR 1996, S. 295.

ber auf Zeit zu derartigen „Vergleichen“ mit damit einhergehendem Verlust der Rechtsschutzmöglichkeiten aufgrund Ablaufs der Einspruchs-, Widerspruchs- oder Klagefrist bereit sein, wenn damit zu rechnen ist, daß der Verhandlungspartner auf seiten der Verwaltung ausgewechselt wird, und der neue Amtsinhaber sich nicht an die getroffenen Vereinbarungen gebunden fühlt? Natürlich bestand diese Gefahr auch schon bisher, allerdings konnte man mit einer gewissen Wahrscheinlichkeit davon ausgehen, daß der betreffende Beamte in nächster Zeit (am besten bis zu seiner Versetzung in den Ruhestand) an seinem Entscheidungsplatz bleiben würde[780]. Diese Sicherheit für den Bürger wird durch die Vergabe von Ämtern mit leitender Funktion auf Zeit erheblich gemindert. Außerdem erweckt das Zurückfallen des bisherigen Amtsinhabers in ein niedrigeres Amt für einen Außenstehenden den Eindruck, daß er bisher keinem kompetenten Ansprechpartner gegenüberstand. Dies untergräbt die Glaubwürdigkeit der Verwaltung und kann dazu führen, daß Verwaltungsentscheidungen in erhöhtem Maße angefochten werden, weil man aufgrund einer vermeintlich schlechteren Sachkunde der Spitzenbeamten eine höhere Fehlerwahrscheinlichkeit unterstellt. Diese Erhöhung der Anzahl der Rechtsschutzbegehren würde wiederum eine Aufblähung des Verwaltungsapparats erforderlich machen.

Weiterhin ist zu erwarten, daß gerade Spitzenpositionen auf Zeit verstärkt nach Parteibuch besetzt werden[781], weil die politische Führung verständlicherweise versucht, ihren Einfluß auf die Verwaltungsebene zu vergrößern. Nach einem Regierungswechsel werden die von der bisherigen Regierung ernannten Spitzenbeamten auf Zeit nur in Ausnahmefällen nach Ablauf ihrer Amtszeit wiederernannt werden. Schließlich kann man davon ausgehen, daß es sich bei diesen Amtsinhabern regelmäßig um der alten politischen Führung nahestehende Personen handelt. Ein derartiger nach jedem Regierungswechsel stattfindender Austausch von Spitzenbeamten wird einige äußerst bedenkliche Folgen nach sich ziehen: Zum einen ist zu befürchten, daß innerhalb des Bewerberkreises für ein wieder zu besetzendes Spitzenamt eine dem Leistungsprinzip widersprechende grobe Vorauswahl nach politischer Ausrichtung vorgenommen wird[782]. Unter Umständen werden Spitzenämter auf Zeit sogar an nur

---

[780] *Leisner*, ZBR 1996, S. 295.

[781] *Günther*, ZBR 1996, S. 70; *Bayer*, PersV 1999, S. 351; *Summer*, DÖV 1986, S. 715; *Studenroth*, ZBR 1997, S. 219; *Schnellenbach*, ZBR 1998, S. 224; *Mayer*, BayVBl. 1977, S. 538; *Battis*, in: Achterberg/Püttner(Hrsg.), S. 911 (Rn. 37); *Knaier*, Kommunales Haushalts- und Dienstrecht, S. 140.

[782] Diese Gefahr illegitimer Rekrutierung sehen z. B. *Günther*, ZBR 1996, S. 70; *Leisner*, ZBR 1996, S. 295; *Summer*, ZBR 1997, S. 120.

mittelmäßige Beamte als Belohnung für eine besonders wertvolle Unterstützung (zum Beispiel im Wahlkampf) vergeben[783]. Dieser Gefahr läßt sich auch nicht dadurch begegnen, daß man die Amtsperioden der Zeitbeamten so festlegt, daß eine Überschneidung mit den Wahlperioden vermieden wird[784], weil damit lediglich eine zeitliche Verschiebung des Problems erreicht wird[785]. Natürlich könnte man sagen, daß Spitzenämter ohnehin nach Parteiproporz besetzt werden, so daß gar keine Änderung des bisherigen Zustands eintreten würde[786]. Dagegen läßt sich jedoch vorbringen, daß es vielmehr Ziel einer Reform des Beamtenrechts sein sollte, den Einfluß der Politik auf die Verwaltung zu begrenzen, anstatt die gegebenen Mißstände zu legitimieren[787]. Außerdem würde die Vergabe von Spitzenämtern auf Zeit nicht nur eine Festschreibung des bisherigen Zustands, sondern sogar eine Erweiterung der Einflußmöglichkeiten der Regierung auf die Verwaltung bedeuten, weil sich bisher eine neue politische Führung auch mit den von der Opposition ernannten Amtsinhabern auf Lebenszeit verständigen mußte[788], während nunmehr unbequeme Amtsinhaber in ein hierarchisch niedrigeres Amt „zurückgestuft" werden können. Diese verstärkt mögliche Auswechselbarkeit von Spitzenbeamten wird weiterhin dazu führen, daß weniger hochqualifizierte Menschen in den öffentlichen Dienst eintreten[789], weil der Staatsdienst durch diese Einschränkung der Garantie des einmal erreichten Status quo erheblich an Attraktivität gegenüber der Privatwirtschaft mit ihren weit besseren Verdienstchancen verloren hat[790].

---

[783] Dieser Gedanke ist vor allem deshalb naheliegend, weil dem jeweiligen Beamten anders als bei einer Ernennung auf Lebenszeit im Fall seiner (häufig voraussehbaren) Nichtbewährung nach einem relativ kurzen Zeitraum das Amt wieder entzogen werden kann, und damit der durch diesen Beamten verursachte volkswirtschaftliche Schaden überschaubar ist.

[784] *Böhm*, DÖV 1996, S. 409.

[785] Statt am Anfang der Legislaturperiode werden die Zeitbeamten dann eben in der Mitte oder am Ende der Legislaturperiode ausgewechselt. Genauso wenig wird das Problem dadurch gelöst, daß man die zeitliche Dauer der Amtsperioden der Spitzenbeamten anders wählt als die Dauer der Legislaturperioden, vgl. *Mayer*, DÖV 1977, S. 350, der auch bei einer derartigen Ausgestaltung der Zeitbeamtenverhältnisse die Gefahr eines Übergangs zum sogenannten Spoil-System für gegeben hält.

[786] *Böhm*, DÖV 1996, S. 408. *Lecheler*, RiA 1997, S. 161 f., sieht die Vergabe von Spitzenämtern auf Zeit sogar als demokratische Notwendigkeit an, weil eine politisierte Verwaltungsspitze einen Machtfaktor darstellt, und Macht in einer Demokratie nur zeitlich begrenzt ausgeübt werden darf.

[787] *Studenroth*, ZBR 1997, S. 219.

[788] Natürlich gab es schon immer die Möglichkeit, diese Beamten zu versetzen und neue Spitzenpositionen zu schaffen, die man mit „loyalen" Beamten besetzen konnte, vgl. z. B. *Lecheler*, RiA 1997, S. 161; *Wichmann*, ZBR 1988, S. 367. Allerdings sind dieser Möglichkeit gerade in unserer heutigen Zeit sehr enge Grenzen gesetzt, weil die damit einhergehende Erhöhung der Personalausgaben von der Bevölkerung (=vom Wahlvolk) mit Argusaugen beobachtet wird.

[789] Studienkommission 1973, Bericht, Rn. 526; *Günther*, ZBR 1996, S. 69; *Mayer*, DÖV 1977, S. 350.

[790] *Achterberg*, DVBl. 1977, S. 546.

Das sicherlich am häufigsten gegen die Vergabe von Ämtern mit leitender Funktion auf Zeit angeführte Argument ist, daß der dadurch leichter mögliche Austausch der Spitzenbeamten die sachliche und persönliche Unabhängigkeit der jeweiligen Amtsinhaber einschränkt[791]. Gerade bei Spitzenpositionen wird diese Unabhängigkeit als Grundlage der Stabilität der öffentlichen Verwaltung angesehen[792]. Man muß sich natürlich darüber im klaren sein, daß die Verwaltung ihre Tätigkeit niemals vollkommen unbeeinflußt von der politischen Ebene verrichten wird, weil gerade an der Spitze der Verwaltung sowohl bei Beförderungsentscheidungen als auch bei Sachentscheidungen parteipolitische Überlegungen nicht völlig auszuschließen sein werden. Weiterhin wird es auch nicht gelingen, die Abnahme der Unabhängigkeit in Zahlenform auszudrücken. Grundsätzlich läßt sich jedoch folgendes feststellen: Obwohl es in Einzelfällen Beamte auf Zeit geben wird, die ihre Entscheidungen auch auf die Gefahr des Verlusts des Amtes hin völlig frei von politischen Interessen treffen, werden viele der auf Zeit ernannten Spitzenbeamten ihre Entscheidungen besser überdenken und auf einen entsprechenden Hinweis hin auch gelegentlich anders fällen, als wenn ihnen ihr gegenwärtiges Amt auf Lebenszeit verliehen worden wäre. Natürlich muß auch der Amtsinhaber auf Lebenszeit damit rechnen, daß er nicht weiter befördert wird, wenn er sich (bewußt) gegenüber der jeweiligen Regierung nicht kooperativ zeigt. Gerade die Inhaber von Spitzenämtern, die regelmäßig nicht mehr übermäßig weit von ihrer Versetzung in den Ruhestand entfernt sind, wird diese Gefahr jedoch relativ unbeeinflußt lassen, weil sie bereits eine Position erreicht haben, die auf eine sehr erfolgreiche Karriere schließen läßt. Außerdem werden viele dieser Beamten wegen der geringen Zahl der Ämter auf dieser Hierarchieebene ohnehin die Wahrscheinlichkeit einer weiteren Beförderung äußerst niedrig beurteilen. Das Zurückfallen in ein niedrigeres Amt wegen „Nichterfüllung der Anforderungen" hingegen stellt eine erheblich schwerere Beeinträchtigung des Selbstwertgefühls und des Ansehens eines Beamten dar[793]. Da ein Großteil der betroffenen Amtsinhaber diese Folge (verständlicherweise) um (nahezu) jeden Preis vermeiden möchte, verdient das Argument, daß die Einführung der Vergabe von Spitzenämtern auf Zeit die Unabhängigkeit der jeweiligen Beamten (weiter) einschränkt, volle Unterstützung.

---

[791] *Battis*, DVBl. 1977, S. 666; *Isensee*, ZBR 1988, S. 145; *Studenroth*, ZBR 1997, S. 218 f.; *Knaier*, Kommunales Haushalts- und Dienstrecht, S. 140.

[792] Studienkommission 1973, Bericht, Rn. 526; Gegenäußerung der Bundesregierung zur Stellungnahme des Bundesrates zum Entwurf des DRRG, BT-Drs. 13/3994, S. 79; *Achterberg*, DVBl. 1977, S. 545 f.; *Badura*, ZBR 1996, S. 325; *Günther*, ZBR 1996, S. 70; *Ule*, VerwArch 1985, S. 155; *Leisner*, ZBR 1996, S. 295 f.; *Summer*, ZBR 1997, S. 120.

[793] Vgl. Abschnitt V.3.1.

Stellt man nun die für und gegen die befristete Verleihung von Spitzenämtern vorgebrachten Gesichtspunkte gegenüber, so ist ein deutliches Überwiegen der Nachteile feststellbar. Vor allem kann eine nur potentielle Stärkung des Leistungsprinzips die Beeinträchtigung der Unabhängigkeit der Verwaltung, die von herausragender Bedeutung für das rechtsstaatliche System ist, nicht rechtfertigen.

3.8. Zusammenfassung

Die Vergabe von Ämtern mit leitender Funktion auf Zeit nach Art. 32a BayBG stellt einen Verstoß gegen das Lebenszeitprinzip dar, da sie weder als zulässige Erweiterung einer bereits anerkannten Ausnahme von diesem hergebrachten Grundsatz des Berufsbeamtentums angesehen werden kann, noch durch zwingende Gründe gerechtfertigt ist.

VI. Ämter mit leitender Funktion auf Probe

Neben der Vergabe von Ämtern mit leitender Funktion auf Zeit eröffnet das DRRG den Ländern auch die Möglichkeit, Spitzenämter auf Probe zu vergeben[794]. Der Freistaat Bayern hat von dieser Möglichkeit mit Erlaß des Art. 32b BayBG Gebrauch gemacht. Auch im Bereich des Bundes werden seit Inkrafttreten des DRRG bestimmte Spitzenämter zunächst auf Probe übertragen[795]. Gleichzeitig wurde § 11 S. 2 BLV aufgehoben[796], der die Möglichkeit der Erprobung auf einem Beförderungsdienstposten für die Ämter regelte[797], die nunmehr im wesentlichen von § 24a BBG erfaßt werden[798]. Die Bundesregierung begründet die Einführung dieser Erprobungszeit in Führungspositionen damit, daß gerade an Führungspersonal besondere Anforderungen, insbesondere hinsichtlich der Fähigkeit zur Personalführung, gestellt werden, und deshalb der Dienstherr die Möglichkeit zur Korrektur haben muß, wenn sich seine Erwartungen bei dem jeweiligen für die Position ausgewählten Beamten nicht erfüllen[799]. Bisher wurde eine Führungsposition in der öffentlichen Verwaltung in der Regel sofort auf Dauer inklusive des zugehörigen Amtes übertragen. Dieses Amt konnte allenfalls durch eine disziplinarrechtliche Entscheidung wieder entzogen werden[800]. Anders als bei der sonst im Bereich des Bundes und des Freistaates Bay-

---

[794] § 12a BRRG.
[795] § 24a BBG.
[796] BGBl. I, 1997, S. 322 ff. (329).
[797] Vgl. § 11 S. 2 BLV (alt), BGBl. I, 1990, S. 449 ff. (453).
[798] *Zängl*, in: Fürst, GKÖD, Band I, Teil 2a, K § 24a, Rn. 1.
[799] BT-Drs. 13/3994, S. 27.
[800] BT-Drs. 13/3994, S. 31.

ern vor jeder Beförderung grundsätzlich erforderlichen Erprobungszeit auf dem höherbewerteten Dienstposten[801], wird bei § 24a BBG und Art. 32b BayBG das Amt im statusrechtlichen Sinne probeweise übertragen[802].

1. Betrachtung der gesetzlichen Ausgestaltung

1.1. Bereich des Bundes

Nach § 24a BBG werden die Ämter der Abteilungsleiter und Unterabteilungsleiter in den obersten Bundesbehörden und die der Bundesbesoldungsordnung B angehörenden Ämter der Leiter der übrigen Bundesbehörden, soweit sie nicht richterliche Unabhängigkeit besitzen, zunächst im Beamtenverhältnis auf Probe übertragen[803]. Genau wie bei der Übertragung von Ämtern auf Zeit nach Art. 32a BayBG entsteht ein Doppelbeamtenverhältnis, wobei auch hier die Rechte und Pflichten aus dem zuletzt innegehabten Amt auf Lebenszeit für die Dauer der Probezeit ruhen[804]. Die Probezeit beträgt höchstens zwei Jahre, wobei die oberste Dienstbehörde eine Verkürzung bis auf ein Jahr zulassen kann[805]. Weiterhin können Zeiten, in denen dem Beamten die leitende Funktion bereits übertragen worden war, angerechnet werden[806]. Die Anrechnung kann auch auf die verkürzte Probezeit erfolgen[807], so daß einem Beamten das höhere Amt auch sofort auf Lebenszeit übertragen werden kann, wenn er die dem Amt entsprechende Funktion bereits vorher mindestens zwölf Monate innegehabt hatte, und bereits bei Ernennung aufgrund dieser zeitweisen Funktionsausübung feststeht, daß der Beamte die Anforderung des höheren statusrechtlichen Amtes erfüllt[808].

---

[801] Vgl. §§ 11, 12 Abs. 2 S. 1 BLV; Art. 21 Abs. 2 S. 2 Nr. 4 BayBG; §§ 11 Abs. 2 S. 1 Nr. 3, 10 Abs. 2 LbV.

[802] *Zängl*, in: Weiß/Niedermaier, Bayerisches Beamtengesetz, Art. 32b, S. 3.

[803] § 24a Abs. 6 i. V. m. Abs. 1 S. 1 BBG.

[804] § 24a Abs. 2 S. 2 BBG. Vgl. auch Kapitel V.2.

[805] § 24a Abs. 1 S. 2, 3 und 5 BBG. Eine Verkürzung kommt nur dann in Betracht, wenn die verbleibende Zeit ausreicht, um eine positive Entscheidung über die Erprobung zu treffen. Dementsprechend darf über eine Verkürzung nicht bereits bei Berufung in das Beamtenverhältnis auf Probe, sondern frühestens nach der Mindesterprobungszeit von einem Jahr entschieden werden (*Zängl*, in: Fürst, GKÖD, Band I, Teil 2a, K § 24a, Rn. 19), sofern nicht eine Anrechnung nach § 24a Abs. 1 S. 4 BBG in Betracht kommt (dazu sogleich).

[806] § 24a Abs. 1 S. 4 BBG. Dies setzt voraus, daß dem Beamten das Amt im funktionellen Sinn (durch Umsetzung) ausdrücklich übertragen worden war. Eine Wahrnehmung der Aufgaben als ständiger Vertreter genügt nicht, vgl. *Zängl*, in: Fürst, GKÖD, Band I, Teil 2a, K § 24a, Rn. 20.

[807] *Zängl*, in: Fürst, GKÖD, Band I, Teil 2a, K § 24a, Rn. 21.

[808] A.A. ist *Zängl*, in: Weiß/Niedermaier, Bayerisches Beamtengesetz, Art. 32b, S. 10, für die in dieser Hinsicht vergleichbare Regelung des Art. 32b Abs. 1 S. 3 bis 5 BayBG. Hier soll das Erfordernis einer Probezeit nur dann entfallen, wenn dem jeweiligen Beamten das Amt (im funktionellen Sinn) bereits mindestens zwei Jahre übertragen worden war. In allen anderen Fällen soll die Mindestprobezeit von

Voraussetzung für die Berufung in ein Amt auf Probe ist grundsätzlich, daß sich der Beamte in einem Beamtenverhältnis auf Lebenszeit befindet und in das probeweise übertragene Amt auch als Beamter auf Lebenszeit berufen werden könnte[809]. Der Beamte ist mit Ablauf der Probezeit, mit Beendigung des Beamtenverhältnisses auf Lebenszeit, mit Versetzung zu einem anderen Dienstherrn oder mit Verhängung einer nur im förmlichen Disziplinarverfahren zulässigen Disziplinarmaßnahme aus dem Beamtenverhältnis auf Probe zu entlassen[810]. Wird die Probezeit erfolgreich absolviert, soll dem Beamten das probeweise innegehabte Amt auf Lebenszeit übertragen werden[811]. Während der Probezeit darf der Beamte sowohl in als auch außerhalb seiner Dienstzeit nur die Amtsbezeichnung des Amtes auf Probe führen[812] und wird nach dem probeweise übertragenen Amt besoldet[813]. Nach der Übertragung eines Amtes auf Lebenszeit, das nach § 24a BBG zunächst im Beamtenverhältnis auf Probe übertragen werden muß, darf innerhalb eines Jahres kein erneutes Beamtenverhältnis auf Probe zur Übertragung dieses Amtes begründet werden[814].

1.2. Spitzenämter auf Probe nach Art. 32b BayBG

Die bayerische Umsetzung der rahmenrechtlichen Ermächtigung in § 12a BRRG entspricht in weiten Teilen der bundesrechtlichen Regelung über die Vergabe von Ämtern mit leitender Funktion auf Probe[815] [816]. Daneben hat der bayerische Gesetzgeber die Ausgestaltung dieser Probebeamtenverhältnisse weitestgehend der Vergabe von Spitzenämtern auf Zeit nach Art. 32a BayBG angepaßt[817]. Auch bei Art. 32b BayBG entsteht ein Doppelbeamtenverhältnis, und ruhen für die Dauer des Probebeamtenverhältnisses die Rechte und Pflichten aus dem zuletzt im Beamtenverhältnis

---

einem Jahr unberührt bleiben. Da sich diese Auslegung nicht zwingend aus dem Gesetz ergibt, ist sie abzulehnen: Schließlich ist es unsinnig, einen Beamten, der bereits annähernd zwei Jahre die leitende Funktion ausgeübt hat, und bei dem die Eignung hierfür feststeht, noch einmal ein Jahr zu erproben, während dieses Erfordernis entfiele, wenn er nur wenige Tage länger (und damit insgesamt zwei Jahre) die Position zeitweise innegehabt hätte. Auch wenn man berücksichtigt, daß in Bayern im Gegensatz zum Bund die Anrechnung der bereits zeitweisen Ausübung der Funktion zwingend zu erfolgen hat (vgl. Art. 32b Abs. 1 S. 5 BayBG), kann dieser Ansicht nicht gefolgt werden.

[809] § 24a Abs. 2 S. 1 BBG. Der Bundespersonalausschuß kann hiervon Ausnahmen zulassen, vgl. § 24a Abs. 3 S. 1 BBG.

[810] § 24a Abs. 4 S. 1 BBG.

[811] § 24a Abs. 5 S. 1 HS. 1 BBG.

[812] § 24 Abs. 7 S. 1 BBG.

[813] Vgl. § 24a Abs. 5 S. 2 BBG e. c.

[814] § 24a Abs. 5 S. 1 HS. 2 BBG.

[815] Abschnitt VI.1.1.

[816] Vgl. auch § 10a LbV, der über § 32b BayBG hinausgehend die Zuständigkeit für die Entscheidung über eine Verkürzung der Probezeit und über das Ergebnis der Probezeit regelt.

[817] Vgl. Kapitel V.3.

auf Lebenszeit übertragenen Amt[818]. Auch in Bayern beträgt die regelmäßige Probezeit zwei Jahre und ist eine Verkürzung auf ein Jahr zulässig[819]. Anders als im Bereich des Bundes sind hier Zeiten, in denen dem Beamten die jeweilige leitende Funktion bereits früher (ausdrücklich durch Umsetzung[820]) übertragen worden war, zwingend anzurechnen[821]. Art. 32b BayBG ermächtigt die Staatsregierung zur Festlegung der Ämter, die zunächst im Beamtenverhältnis auf Probe vergeben werden. Dabei darf es sich nur um Ämter der Leiter von Behörden oder Teilen von Behörden handeln, die mindestens der Besoldungsgruppe A 15 angehören[822], und die nicht bereits von Art. 32a BayBG erfaßt werden[823]. Die Bayerische Staatsregierung ist dieser Ermächtigung mit Erlaß der Verordnung über die im Beamtenverhältnis auf Probe zu übertragenden Ämter vom 16. Juni 1998[824] nachgekommen. Danach werden etwa bei den obersten Landesbehörden die Ämter der Leiter von Organisationseinheiten, die dem leitenden Beamten direkt unterstellt sind, und der Leiter der Referate oder Sachgebiete und bei den sonstigen Behörden die Ämter der Leiter und der Leiter von Organisationseinheiten statusrechtlich zunächst im Beamtenverhältnis auf Probe vergeben, sofern diese Ämter mindestens der Besoldungsgruppe A 15 angehören und nicht bereits von Art. 32a BayBG erfaßt sind.

Bezüglich der Voraussetzungen für die Berufung in ein Amt mit leitender Funktion auf Probe[825] und der Entlassungsgründe[826] wird auf die zu § 24a BBG gemachten Ausführungen verwiesen[827], da hier keine nennenswerten Unterschiede zur Regelung des Bundes bestehen. Gleiches gilt für die Besoldung und die zu gebrauchende Amtsbezeichnung während der Dauer der Probezeit[828]. Mit erfolgreichem Abschluß der Probezeit ist dem Beamten das probeweise ausgeübte Amt auf Lebenszeit zu

---

818 Art. 32b Abs. 2 S. 1 i. V. m. 32a Abs. 5 S. 1 BayBG. Dementsprechend werden Dienstvergehen so verfolgt, als stünde der Beamte nur im Beamtenverhältnis auf Lebenszeit, vgl. Art. 32b Abs. 2 S. 1 i. V. m. 32a Abs. 5 S. 2 BayBG.

819 Art. 32b Abs. 1 S. 3 und 4 BayBG. Eine Verlängerung der Probezeit auf mehr als zwei Jahre ist ausgeschlossen, vgl. Art. 32b Abs. 1 S. 6 BayBG.

820 Vgl. Kapitel VI.1.1.

821 Art. 32b Abs. 1 S. 5 BayBG. Bezüglich der Frage, ob eine Anrechnung nur auf die normale oder auch auf die verkürzte Probezeit zulässig ist, wird auf die zu § 24a BBG gemachten Ausführungen (Abschnitt VI.1.1.) verwiesen

822 Art. 32b Abs. 1 S. 1 BayBG.

823 Art. 32b Abs. 1 S. 7 BayBG.

824 GVBl. 1998, S. 302.

825 Art. 32b Abs. 2 S. 1 i. V. m. 32a Abs. 4 S. 1 und 2 BayBG.

826 Art. 32b Abs. 2 S. 2 i. V. m. 32a Abs. 7 S. 1 Nr. 2 bis 4 BayBG.

827 Abschnitt VI.1.1.

828 Art. 32b Abs. 3 S. 2 i. V. m. 32a Abs. 8 BayBG.

übertragen. Danach darf der Beamte innerhalb eines Jahres nicht erneut in ein Beamtenverhältnis auf Probe zur Übertragung dieses Amtes berufen werden[829]. Soll dem Beamten während der Dauer der Probezeit ein einer höheren Besoldungsgruppe angehörendes Amt übertragen werden, ist zunächst das Probebeamtenverhältnis in ein solches auf Lebenszeit umzuwandeln[830]. Schließlich entfällt für die in Art. 32b BayBG genannten Ämter die sonst vor jeder Beförderung erforderliche Erprobungszeit auf dem höherbewerteten Dienstposten[831].

2. Verfassungsrechtliche Würdigung

Wirft man nun die Frage nach der verfassungsrechtlichen Zulässigkeit der Vergabe von bestimmten Spitzenämtern zunächst im Beamtenverhältnis auf Probe auf, so kann grundsätzlich auf die zu Spitzenämtern auf Zeit gemachten Ausführungen verwiesen werden[832]. Auch hier ist eine Beeinträchtigung des Lebenszeitprinzips gegeben, weil das Statusamt nicht mehr sofort unwiderruflich übertragen wird[833]. Während der Probezeit ist die Unabhängigkeit der jeweiligen Amtsinhaber ebenfalls gefährdet, weil viele dieser Beamten empfänglicher für Beeinflussungen durch die politische Ebene sein werden als dies ohne die bevorstehende Entscheidung über die Bewährung in dem neuen Amt der Fall wäre. Allerdings ist diese Beeinträchtigung des Lebenszeitprinzips geringer als bei der Vergabe von Spitzenämtern auf Zeit nach Art. 32a BayBG: Zum einen ist der Zeitraum bis zur endgültigen (Nicht)Übertragung des Amtes auf Lebenszeit mit maximal zwei Jahren erheblich kürzer als bei Art. 32a BayBG[834]. Zum anderen kann hier ein Amtsinhaber nicht einfach mit der Begründung ausgewechselt werden, daß er sich zwar bewährt habe, aber ein anderer Bewerber zur Verfügung stünde, bei dem aufgrund der bisherigen Beurteilungen seiner Leistung zu erwarten sei, daß er den Anforderungen des Amtes noch besser gerecht werde[835]. Obwohl sich bei Bedarf auch bei Beamten auf Probe in den meisten Fällen

---

[829] Art. 32b Abs. 3 S. 1 BayBG.

[830] Art. 32b Abs. 2 S. 1 i. V. m. 32a Abs. 6 BayBG.

[831] Art. 32b Abs. 2 S. 1 i. V. m. 32a Abs. 9 i. V. m. 21 Abs. 2 S. 2 Nr. 4 BayBG.

[832] Kapitel V.3.

[833] Natürlich bestand schon immer die Möglichkeit der Versetzung in ein Amt mit niedrigerem Grundgehalt durch eine disziplinarische Entscheidung, vgl. § 10 BDO; Art. 11 BayDO.

[834] Eine Verringerung dieser maximalen Probezeit ist nicht zu empfehlen, da ansonsten in manchen Fällen die Gefahr besteht, daß der Dienstherr nicht genügend Eindrücke von dem Beamten erhält, um sich ein zutreffendes Bild über dessen Fähigkeiten zu machen, vgl. *Summer*, ZBR 1995, S. 133.

[835] Ein Spitzenbeamter kann mit dieser Begründung zumindest nach Ablauf der ersten Amtszeit abgelöst werden, vgl. Kapitel V.3.4.

eine Beurteilung fertigen lassen wird, die die Nichtbewährung attestiert, ist deren Stellung weitaus gefestigter als die der Zeitbeamten nach Art. 32a BayBG.

Genau wie bei der Vergabe von Spitzenämtern auf Zeit kann keine der bisher existierenden Ausnahmen vom Lebenszeitprinzip in der Weise verallgemeinert werden, daß sie als Rechtfertigung für die erfolgte Beeinträchtigung dienen könnte. Insbesondere das Beamtenverhältnis auf Probe nach §§ 5 Abs. 1 Nr. 2a BBG; 3 Abs. 1 S. 1 Nr. 3a BRRG; Art. 6 Abs. 1 S. 1 Nr. 3a BayBG kann nicht als Rechtfertigungsbasis herangezogen werden, da dieses nur der Klärung der (einmaligen) Frage dient, ob man den jeweiligen Bewerber dauerhaft als Lebenszeitbeamten mit allen dazugehörigen Rechten und Pflichten in den Staatsdienst aufnehmen sollte[836].

Die Beeinträchtigung des Lebenszeitprinzips durch die Vergabe von Ämtern mit leitender Funktion auf Probe könnte jedoch durch zwingende Gründe gerechtfertigt sein. Genau wie bei der Übertragung von Spitzenämtern auf Zeit muß also eine Abwägung zwischen den zu erwartenden Vor- und Nachteilen vorgenommen werden, und dann gegebenenfalls die Frage beantwortet werden, ob man aufgrund der überwiegend positiven Erwartungen die Einschränkung des Lebenszeitprinzips für vertretbar hält[837].

Das wesentliche Argument, das für Spitzenpositionen auf Probe spricht, ist, daß dadurch Fehlbesetzungen rückgängig gemacht werden können. An die Amtsinhaber der Ämter des § 24a BBG beziehungsweise des Art. 32b BayBG werden vor allem im Bereich der Personalführung besondere Anforderungen gestellt[838]. Selbstverständlich könnte man einwenden, daß diesen vorkommenden Fehlbesetzungen vielmehr durch eine stärkere Beachtung des Leistungsprinzips begegnet werden sollte[839]. Trotzdem wird es immer Fälle geben, in denen sich der ausgewählte Bewerber im nachhinein als ungeeignet für das Amt erweist, weil die Prognose, ob ein Bewerber aufgrund

---

[836] Vgl. Abschnitt V.3.6.3.
[837] Vgl. Kapitel V.3.7.
[838] So etwa die Begründung der Bundesregierung zum Entwurf des DRRG (BT-Drs. 13/3994, S. 27 und 31).
[839] Nach *Zängl*, in: Weiß/Niedermaier, Bayerisches Beamtengesetz, Art. 32b, S. 4; *ders.*, in: Fürst, GKÖD, Band I, Teil 2a, K § 24a, Rn. 5, dürfte es bei einer leistungsorientierten Auswahl kaum zu einer nennenswerten Quote an Fehlbesetzungen kommen. *Schnellenbach*, ZBR 1998, S. 223, weist darauf hin, daß trotz der nur probeweisen Übertragung des Spitzenamtes bei der Auswahl zwischen mehreren Bewerbern das Bestenausleseprinzip uneingeschränkt zu beachten ist.

seiner bisherigen Leistung den (neuen) Anforderungen des höheren Amtes genügen wird, einer gewissen Fehlerwahrscheinlichkeit unterworfen ist[840]. Auch wenn diese Fehlerquote nicht allzu hoch liegen dürfte, ist gerade bei Spitzenämtern die Auswechslung von ungeeigneten Amtsinhabern besonders wichtig, weil sich eine mangelhafte Leistung von Spitzenbeamten auf den gesamten Verwaltungsbereich nachteilig auswirken kann, der ihnen unterstellt ist[841].

Natürlich kann man durchaus zu Recht die Frage stellen, ob man derartige Fehlbesetzungen nicht auch mit einer (zeitlichen) Ausweitung der Erprobungszeit auf dem höherbewerteten Dienstposten[842] vermeiden kann[843]. Ob dies allerdings die Unabhängigkeit des Amtsinhabers weniger beeinträchtigt als die Vergabe des jeweiligen statusrechtlichen Amtes auf Probe muß ernstlich bezweifelt werden. Schließlich weiß jeder Beamte genau, daß die Entscheidung über eine Beförderung ansteht, wenn ihm oder einem Kollegen ein höherbewerteter Dienstposten probeweise übertragen wird. Die Nichtübertragung des entsprechenden statusrechtlichen Amtes nach Ablauf der Probezeit dürfte das Selbstwertgefühl des betreffenden Beamten in gleicher Weise belasten wie das Zurückfallen in das bisherige Amt auf Lebenszeit nach § 24a BBG beziehungsweise Art. 32b BayBG. Schließlich wird der jeweilige Beamte auch bei der probeweisen Übertragung des höherbewerteten Dienstpostens ohne anschließende Verleihung des zugehörigen statusrechtlichen Amtes davon ausgehen, daß bei (eingeweihten) Außenstehenden der Eindruck entsteht, daß er den Anforderungen des höheren Amtes nicht gewachsen war. Die Vergabe des (statusrechtlichen) Amtes mit leitender Funktion auf Probe kann sogar als Verbesserung gegenüber der probeweisen Übertragung nur des Dienstpostens angesehen werden, weil der jeweilige Amtsinhaber hier sofort aus dem höheren statusrechtlichen Amt besoldet wird, während bei einer dem § 24a BBG und Art. 32b BayBG entsprechenden Ausdehnung der Übertragung des höheren Dienstpostens ohne entsprechendes Statusamt auf Probe nach gegenwärtigem Besoldungsrecht allenfalls nach achtzehn Monaten der ununterbrochenen Wahrnehmung der Aufgaben des höherwertigen Amtes eine Zulage nach

[840] *Studenroth*, ZBR 1997, S. 217.

[841] Studienkommission 1973, Bericht, Rn. 523. Die Vergabe von Ämtern auf Probe soll also eine Stärkung des Leistungsprinzips bewirken, vgl. z. B. *Leisner*, ZBR 1996, S. 298; *Battis*, 1996, S. 197; *ders.*, NJW 1998, S. 1034; *Lorse*, RiA 1998, S. 4.

[842] §§ 11 f. BLV; 10, 11 LbV; 12 Abs. 2 S. 1 Nr. 4 BRRG; Art. 21 Abs. 2 S. 2 Nr. 4 BayBG.

[843] *Studenroth*, ZBR 1997, S. 217, vertritt die Auffassung, daß die Einführung von Führungsämtern auf Probe nicht viel weiter reicht als die bisher schon bestehenden Möglichkeiten. Damit meint er ersichtlich die vor einer Beförderung mögliche Erprobung auf dem höherbewerteten Dienstposten.

§ 46 Abs. 1 S. 1 BBesG in Betracht kommt. Aus den genannten Gründen stellt die probeweise Übertragung des höherbewerteten Dienstpostens vor der (endgültigen) Verleihung des zugehörigen statusrechtlichen Amtes keine vorzugswürdige Alternative zur Vergabe von Ämtern mit leitender Funktion auf Probe dar. Zusätzlich widerspricht eine längere statusrechtliche Unterbesetzung von Ämtern mit leitender Funktion im allgemeinen dienstlichen Interessen[844]. Im übrigen wurde bereits dargestellt, daß bei sachgerechter Bewerberauswahl nach dem Leistungsprinzip und objektiver Beurteilung der Spitzenbeamten auf Probe der nicht erfolgreiche Abschluß der Probezeit den Ausnahmefall darstellen wird, weil sich aufgrund der in den bisherigen Ämtern gezeigten Leistung regelmäßig eine zuverlässige Prognose über die Eignung eines Beamten für ein höheres Amt abgeben läßt[845].

Wendet man sich nun zur Klärung der verfassungsrechtlichen Zulässigkeit der Vergabe von Ämtern mit leitender Funktion auf Probe der Abwägung zwischen den zu erwartenden Vor- und Nachteilen zu, so ist auf der Negativseite eine mögliche Beeinträchtigung der Unabhängigkeit von Spitzenbeamten während ihrer Probezeit in dem höheren Amt zu verbuchen[846]. Daneben ist zu befürchten, daß (durch Ämterpatronage) Beförderungsämter verstärkt an Personen ohne ausreichende Berufserfahrung übertragen werden, weil man die Entscheidung gegebenenfalls nach Ablauf der Probezeit wieder korrigieren kann[847]. Auf der anderen Seite gilt es zu bedenken, daß die Besetzung eines einzigen Spitzenamtes mit einem den Anforderungen nicht gewachsenen Beamten negative Auswirkungen auf die Leistungsfähigkeit des gesamten ihm unterstellten Verwaltungsbereichs haben wird. Deswegen und weil die Vergabe der in § 24a BBG und Art. 32b BayBG genannten Ämter auch weiterhin auf Dauer angelegt ist, und die Probezeit in einem angemessenen Verhältnis zur Gesamtbesetzungszeit des Amtes steht[848], stellt die Vergabe von Ämtern mit leitender Funktion auf Probe eine verfassungsrechtlich (gerade noch) zulässige Ausnahme vom Lebenszeitprinzip dar[849].

---

[844] *Zängl*, in: Fürst, GKÖD, Band I, Teil 2a, K § 24a, Rn. 7.
[845] *Zängl*, in: Fürst, GKÖD, Band I, Teil 2a, K § 24a, Rn. 5. Auch *Leisner*, ZBR 1996, S. 298, geht davon aus, daß es in aller Regel zu einer endgültigen Beförderung kommen wird, und sieht die Probezeit dementsprechend eher als Einarbeitung und weniger als fortgesetzte Prüfung an.
[846] *Leisner*, ZBR 1996, S. 298; *Zängl*, in: Fürst, GKÖD, Band I, Teil 2a, K § 24a, Rn. 4; *ders.*, in: Weiß/Niedermaier, Bayerisches Beamtengesetz, Art. 32b, S. 3.
[847] *Zängl*, in: Weiß/Niedermaier, Bayerisches Beamtengesetz, Art. 32a, S. 4.
[848] *Summer*, ZBR 1995, S. 133; *Günther*, ZBR 1996, S. 73.
[849] *Battis*, Bundesbeamtengesetz, § 24a, Rn. 2; *ders.*, ZBR 1996, S. 197; *Summer*, ZBR 1995, S. 133; *Lorse*, RiA 1998, S. 4; *Studenroth*, ZBR 1997, S. 217; *Günther*, ZBR 1996, S. 73. Nach *Zängl*, in:

3. Schwächen der gesetzlichen Regelungen/Verbesserungsvorschläge

Nachdem die verfassungsrechtliche Zulässigkeit und damit gleichzeitig die positive Wirkung der Vergabe von Ämtern mit leitender Funktion auf Probe auf die Leistungsfähigkeit der Verwaltung bejaht wurden, soll nunmehr untersucht werden, ob bei § 24a BBG und Art. 32b BayBG Änderungsvorschläge angebracht sind.

Eine widersprüchliche Folge des Art. 32b BayBG sieht *Zängl*: Da bei der Frage, ob eine Probezeit abzuleisten ist, nur auf das statusrechtliche Amt und nicht auch auf die ausgeübte Funktion abgestellt wird, müßte bei einer buchstabengetreuen Befolgung des Art. 32b BayBG ein Beamter bei jeder Übertragung eines höheren statusrechtlichen Amtes mit leitender Funktion eine Probezeit ableisten, obwohl er in der gleichen Funktion bereits früher bei Übertragung eines niedrigeren Amtes erprobt wurde. *Zängl* kommt richtigerweise zu dem Schluß, daß in diesen Fällen keine Probezeit mehr erforderlich ist, leitet dieses Ergebnis aber aus der ratio der Norm ab[850]. Die Lösung dieses Problems ergibt sich jedoch bereits aus dem Gesetz, weil Zeiten, in denen dem Beamten die leitende Funktion bereits übertragen worden war, (zwingend) auf die Probezeit anzurechnen sind[851].

Weiterhin fällt auf, daß im Bereich das Freistaates Bayern das Amt (zwingend) auf Lebenszeit zu übertragen ist, wenn der jeweilige Beamte die Probezeit erfolgreich abgeschlossen hat[852], während § 24a BBG für diesen Fall nur eine Soll-Regelung vorsieht[853]. Da keine Gründe dafür ersichtlich sind, warum dem Dienstherrn vorbehalten werden sollte, in Ausnahmefällen das Amt trotz erfolgreicher Probezeit doch nicht auf Lebenszeit zu verleihen, sollte die bundesrechtliche Regelung entsprechend geändert werden.

Mangels weiterer Kritikpunkte läßt sich abschließend feststellen, daß die gesetzliche Ausgestaltung der Vergabe von Spitzenämtern auf Probe sowohl im Beamtengesetz des Bundes als auch des Freistaates Bayern gelungen ist.

Fürst, GKÖD, Band I, Teil 2a, K § 24a, Rn. 4; *ders.*, in: Weiß/Niedermaier, Bayerisches Beamtengesetz, Art. 32b, S. 3, soll es hingegen fraglich sein, ob die gewählte Konstruktion des Doppelbeamtenverhältnisses noch als zulässige Fortentwicklung des Beamtenrechts oder schon als verfassungswidrige Verletzung hergebrachter Grundsätze des Berufsbeamtentums anzusehen ist.

850 *Zängl*, in: Weiß/Niedermaier, Bayerisches Beamtengesetz, Art. 32b, S. 6 f.

851 Art. 32b Abs. 1 S. 5 BayBG.

852 Art. 32b Abs. 3 S. 1 BayBG.

853 § 24a Abs. 5 S. 1 BBG.

4. Zusammenfassung und Ausblick

Insgesamt läßt sich sagen, daß die durch das DRRG eingeführte Vergabe von Spitzenämtern auf Probe eine Leistungssteigerung der Verwaltung insgesamt erwarten läßt, weil damit Beförderungsentscheidungen rückgängig gemacht werden können, wenn sich der ausgewählte Beamte unerwarteterweise als ungeeignet für das höhere Amt erweist. Da es auch nach der Verleihung des Amtes auf Lebenszeit vorkommen kann, daß der jeweilige Beamte infolge eines starken Nachlassens der körperlichen oder geistigen Kräfte den Anforderungen des Amtes nicht mehr gewachsen ist, sollte auch für diesen Fall die Möglichkeit geschaffen werden, den betroffenen Beamten auszuwechseln. Es wurde bereits festgestellt, daß die generelle Vergabe von Spitzenämtern auf Zeit zur Erreichung dieses Ziels aus verfassungsrechtlichen Gründen nicht zu empfehlen ist. *Summer* denkt die Möglichkeit der Rückernennung bei einem auf Tatsachen zurückzuführenden Leistungsabfall an, wobei der gesetzliche Tatbestand allerdings in der Weise gefaßt sein muß, daß Tatsachen und Wertungen gerichtlich voll überprüfbar sind[854]. Da der Leistungsabfall jedoch im Regelfall nicht verschuldet sein wird, erscheint es zweifelhaft, ob diese Lösung in verfassungsrechtlicher Hinsicht zulässig wäre. Denkbar wäre jedoch, dem jeweiligen Beamten das statusrechtliche Amt zu belassen, ihn jedoch auf eine niedrigere Funktion umzusetzen, deren Anforderungen er (noch) gewachsen ist. Diese Trennung von Amt und Funktion stellt zwar ebenfalls eine Beeinträchtigung des Lebenszeitprinzips dar[855], dürfte aber vor dem Hintergrund der Funktionsfähigkeit der Verwaltung zulässig sein. Außerdem stellt sie für den betroffenen Beamten eine viel geringere Beeinträchtigung als der Entzug des statusrechtlichen Amtes dar, weil er in finanzieller Hinsicht keine Abschläge hinnehmen muß, und der Dienstherr durch das Belassen in dem jeweiligen statusrechtlichen Amt zum Ausdruck bringt, daß die erwähnte Umsetzung keine Strafe, sondern eine Notwendigkeit darstellt. Natürlich muß auch hier durch eine entsprechende Gesetzesfassung sichergestellt sein, daß der Beamte effektiven Rechtsschutz erwarten kann, wenn die Umsetzung nicht auf einen Leistungsabfall zurückzuführen ist.

VII. Schlußbetrachtung

Will man nun eine Antwort auf die Frage geben, ob das Dienstrechtsreformgesetz mit seinen Regelungen über leistungsbezogene Bezahlungselemente und die Vergabe

---

[854] *Summer*, ZBR 1995, S. 134.

[855] Vgl. Abschnitt V.3.1.

von Ämtern mit leitender Funktion auf Zeit und auf Probe geeignet ist, das Leistungsprinzip in der Verwaltung zu stärken, so läßt sich mit Ausnahme der Vergabe von Führungspositionen auf Zeit, die aus verfassungsrechtlichen Gründen abzulehnen ist, eine insgesamt positive Prognose abgeben. Die durchgeführte Untersuchung hat jedoch gezeigt, daß die Ausgestaltung der Gewährung von leistungsabhängigen Bezahlungselementen im Bundesbesoldungsgesetz und in den entsprechenden Verordnungen des Bundes und des Freistaates Bayern verbesserungsbedürftig ist, um eine maximale Motivationswirkung bei den Beschäftigten zu bewirken. Abschließend ist der dringende Appell an den Bund und den Freistaat Bayern als Dienstherrn zu richten, die Vergabe von Leistungsstufen, Leistungsprämien und Leistungszulagen durch die zuständigen Vorgesetzten zu überwachen und notfalls unterstützend einzugreifen, weil ansonsten die Gefahr besteht, daß bei den Beamten ein gegenteiliger Effekt oder zumindest keine höhere Leistungsbereitschaft erzeugt wird.

➲ von Damm, Christoph
Selbsteintrittsrecht der Bauaufsichtsbehörde
Art. 81 BayBO und seine Vereinbarkeit mit der gemeindlichen Planungshoheit
Band 1, 1998, 224 S., ISBN 3-8255-0201-5, 40,39 €

Die Studie betrifft vor allem die Interessen der Gemeinde und deren Verbände, weil hierbei Maßnahmen diskutiert werden, die unter Umständen in die Selbstverwaltung eingreifen. Das Buch bietet eine wissenschaftliche Auseinandersetzung mit den verwaltungs- und verfassungsrechtlichen Aspekten der beschleunigten Ersetzung des gemeindlichen Einvernehmens durch die Bauaufsichtsbehörde. Dabei wird diese Problematik als Teil der Bestrebungen eines „schlankeren" Staates dargestellt.

➲ Koebke, Max
Das Recht auf Umweltinformation unter besonderer Berücksichtigung von Betriebs- und Geschäftsgeheimnissen und der Paragraphen 207-277 UGB-KomE
Band 2, 1999, 182 + XVIII S., ISBN 3-8255-0264-3, 40,39 €

Die Studie führt ein in das Recht der Umweltinformation, wie es durch das UIG geschaffen wurde. Der Autor zeigt den Hintergrund der Informationsfreiheit auf und zieht einen Vergleich mit den Informationsrechten in den USA und in den EU-Staaten. Die Darstellung des konkreten Inhalts des UIG findet ihren Schwerpunkt im Konflikt der Informationsfreiheit mit dem Schutz von Betriebs- und Geschäftsgeheimnissen.

➲ Hamers, Antonius
Der Petitionsausschuß des Europäischen Parlaments und der Europäische Bürgerbeauftragte
Zu den außergerichtlichen Beschwerdeeinrichtungen der Europäischen Gemeinschaft
Band 3, 1999, 290 + XIV S., ISBN 3-8255-0285-6, 40,39 €

Das Buch befaßt sich mit den beiden Einrichtungen Petitionssausschuß und Bürgerbeauftragter auf Ebene der Europäischen Gemeinschaft und geht der Frage nach, ob ein Nebeneinander beider Institutionen sinnvoll und notwendig ist. In diesem Zusammenhang wird insbesondere untersucht, wie die Aufgaben, Kompetenzen und Zuständigkeiten beider Einrichtungen voneinander abgegrenzt werden können.

➲ Knödler, Christoph
Mißbrauch von Rechten, selbstwidersprüchliches Verhalten und Verwirkung im öffentlichen Recht
Band 4, 2000, 260 + XLVI S., ISBN 3-8255-0293-7, 40,39 €

Die Untersuchung zum Rechtsmißbrauch und seinen konkreten Erscheinungen beruht auf ca. 800 Gerichtsentscheidungen, vornehmlich des Bundesverfassungsgerichts, Bundesverwaltungsgerichts und des Bundessozialgerichts, sowie ca. 750 Literaturquellen. Sie zielt auf eine Schärfung der unklaren Konturen des Rechtsmißbrauchs durch Bündelung der Gemeinsamkeiten und Unterschiede der verschiedenen Mißbrauchsfeststellungen und dient weiter der dogmatischen Erfassung und rechtsstaatlichen Anfrage an die Mißbrauchsfigur, ehe sie mit 16 bilanzierenden Thesen zum Rechtsmißbrauch schließt.

➲ Reumann, Ute
Die Europäische Zentralbank:
Zwischen Selbstbestimmung und vertragsmäßiger
Zusammenarbeit mit der Gemeinschaft
Band 5, 2001, 340 S., ISBN 3-8255-0325-9, 40,39 €

Ziel dieser Arbeit ist die Darstellung, in welcher Weise die Unabhängigkeit der Europäischen Zentralbank (EZB) in den Verträgen von Maastrich und Amsterdam rechtlich abgesichert wurde und wie die EZB in das System der Gemeinschaft und ihrer Institutionen eingebunden ist. Im Falle einer Interessenkollision zwischen den einzelnen Institutionen der Europäischen Union muß eine eindeutige Abgrenzung von Aufgabenbereichen und Befugnissen vorgenommen werden können. Das Buch arbeitet diese nicht immer eindeutige Grenzlinie heraus und fragt auch nach der Rolle des EuGH als Rechtsschutzinstanz und nach der tatsächlichen Effektivität des Rechtsschutzes für die EZB.

➲ Bernard, Claudia
Rundfunk als Rechtsbegriff
Bedeutung, Inhalt und Funktion des Rundfunkbegriffs
unter besonderer Berücksichtigung der Multimediadienste
Band 6, 2001, 270 S., ISBN 3-8255-0342-9, 32,90 €

Im Mittelpunkt dieser Arbeit steht ein globaler Ansatz der rundfunkrechtlichen Regelungen. Unter Bezugnahme auf den Rundfunkbegriff in den internationalen und nationalen Regelungen werden seine Funktionen und sein Inhalt dargestellt und die Möglichkeit einer einheitlichen globalen Rundfunkordnung untersucht. Dies bildet den Ausgangspunkt für die Erörterung der rechtlichen Erfassung und Regulierung der Multimediadienste.

➲ Otto, Christian
Die Grenzen gemeindlicher Wirtschaftsbetätigung
Band 7, 2001, 298 S., ISBN 3-8255-0353-4, 30,70 €

Die jüngsten Expansionstendenzen der Kommunalwirtschaft veranlassen zu einer dezidierten Analyse der Grenzen gemeindlicher Wirtschaftsbetätigung, die, wie hier ausführlich dargestellt, bereits durch das Grundgesetz zu einem zwingenden Prinzip der Subsidarität gemeindlicher Wirtschaftsbetätigung formuliert sind. Weiter klärt das Buch die Möglichkeiten eines gerichtlichen Vorgehens privater Konkurrenten gegen unzulässige kommunale Konkurrenz.

GPSR Compliance

The European Union's (EU) General Product Safety Regulation (GPSR) is a set of rules that requires consumer products to be safe and our obligations to ensure this.

If you have any concerns about our products, you can contact us on ProductSafety@springernature.com

In case Publisher is established outside the EU, the EU authorized representative is:

Springer Nature Customer Service Center GmbH
Europaplatz 3
69115 Heidelberg, Germany

Batch number: 10809466

Printed by Printforce, the Netherlands